大连海关年鉴

2022

《大连海关年鉴（2022）》编纂委员会——编著

中国海关出版社有限公司
·北京·

图书在版编目（CIP）数据

大连海关年鉴 . 2022/《大连海关年鉴（2022）》编纂委员会编著 . —北京：中国海关出版社有限公司，2023. 3
（中国海关史料丛书）
ISBN 978－7－5175－0639－3

Ⅰ. ①大…　Ⅱ. ①大…　Ⅲ. ①海关—大连—2022—年鉴　Ⅳ. ①F752. 55-54

中国国家版本馆 CIP 数据核字（2023）第 012252 号

大连海关年鉴（2022）
DALIAN HAIGUAN NIANJIAN（2022）

作　　者：《大连海关年鉴（2022）》编纂委员会
责任编辑：熊　芬
出版发行：中国海关出版社有限公司
社　　址：北京市朝阳区东四环南路甲 1 号　　邮政编码：100023
编 辑 部：01065194242-7528（电话）
发 行 部：01065194221/4238/4246/5127（电话）
社办书店：01065195616（电话）
https://weidian.com/?userid=319526934（网址）
印　　刷：北京新华印刷有限公司　　经　　销：新华书店
开　　本：889mm×1194mm　1/16
印　　张：21. 25　　字　　数：430 千字
版　　次：2023 年 3 月第 1 版
印　　次：2023 年 3 月第 1 次印刷
书　　号：ISBN 978－7－5175－0639－3
定　　价：240. 00 元

《大连海关年鉴（2022）》编纂委员会

《大连海关年鉴（2022）》编辑部

编辑说明

一、《大连海关年鉴》由大连海关组织编纂，是全面、客观、系统记载大连海关发展历程的编年史料，是集权威性、综合性、实用性为一体的资料性工具书，每年出版一卷，本卷为首卷。

二、《大连海关年鉴（2022）》以习近平新时代中国特色社会主义思想为指导，载录2021年度大连海关工作的基本情况，包括大连海关改革发展的重要举措、重大事件以及成绩和经验，以资政育人，凝心聚力，为建设社会主义现代化海关提供精神动力和史实支撑。

三、《大连海关年鉴（2022）》记述时限为2021年1月1日至12月31日。为保持内容资料的完整性、连续性，根据记述需要，部分资料适当上溯或下延，凡在文中直书月、日的，均指2021年年内的日期，“年内”和“年末”均指2021年。

四、《大连海关年鉴（2022）》记述范围为大连海关及所属部门、隶属海关单位、事业单位和群众团体管辖事务。

五、《大连海关年鉴（2022）》采用分类编辑法，设类目、分目、条目3个层次，以条目为基本记述单元。设特载、专记、党的建设、业务建设、综合保障、隶属海关、事业单位、群众团体、荣誉榜及大事记。卷首设专题图片。撰稿人按姓名笔画排序。

六、《大连海关年鉴（2022）》统计数据和单位名称以及标点符号均按国家有关规定执行，计量单位采用国家法定计量单位和国际单位，技术规范、专业名词从规范要求。

目 录

第四篇　业务建设

第五篇　综合保障

第六篇　隶属海关

第七篇　事业单位

第八篇　群众团体

第九篇　荣誉榜

第十篇　大事记

“中国海关史料丛书” 编委会

海关专题图片

领导活动

▲ 2021 年 2 月 3 日，大连海关工作会议暨全面从严治党工作会议召开

▲2021 年 6 月 25 日，大连海关举办“永远跟党走”庆祝中国共产党成立 100 周年群众歌咏活动展演，党委书记、关长居峰（前排右四），党委委员曹建华（前排右三）、吴志秀（前排左四）、曲罡（前排右二）、戴文涛（前排左三）、孙大为（前排右一）、陈和建（前排左二）、邹峰（前排左一）参加展演

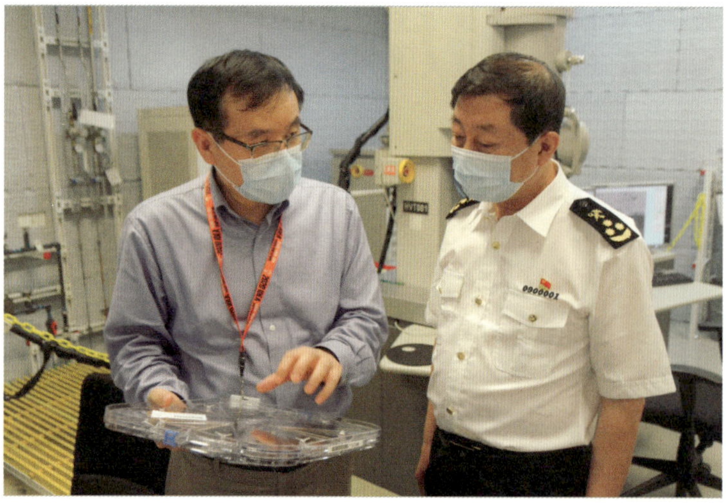

◀2021 年 5 月 27 日，党委书记、关长居峰（右一）在金普海关辖区企业调研

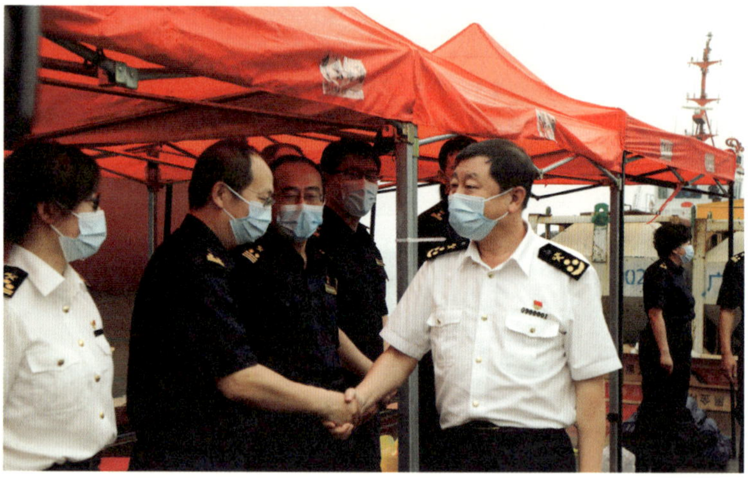

2021 年 7 月 9 日，党委书记、关长居峰（前排右一）在缉毒现场指导工作 ▶

◀2021 年 12 月 23 日，党委书记、关长居峰（右二）在大窑湾海关调研

2021 年 7 月 31 日，党委委员、副关 ▶
长曹建华（左一）在港湾海关调研

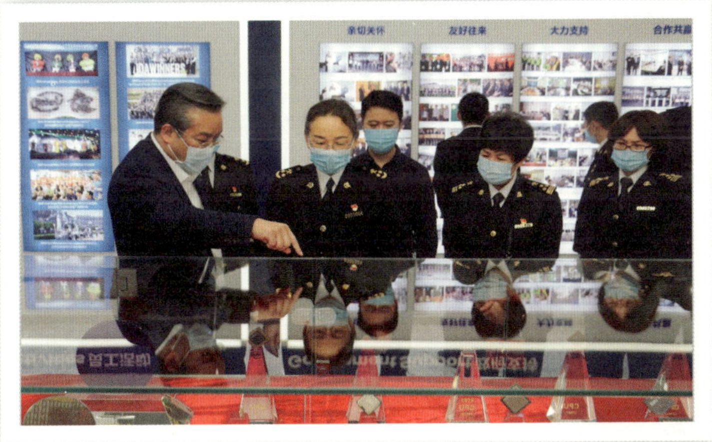

◀ 2021 年 3 月 5 日，党委委员、副关长吴志秀（前排左二）在调研现场督导危险化学品检验工作

2021 年 5 月 11 日，党委委员、副关长 ▶
曲罡（右一）在金石滩海关调研

◀ 2021 年 12 月 30 日，党委委员、政治部主任戴文涛（中）在人事处党支部宣讲十九届六中全会精神

2021 年 5 月 25 日，党委委员、党委纪检组组长孙大为（中）与新任副处级领导干部开展任前廉政谈话 ▶

◀ 2021 年 3 月 24 日，党委委员、缉私局局长陈和建（右二）现场督导“301”打击“水客”走私专案

2021 年 6 月 22 日，党委委员、副关长邹峰（左一）在金普海关调研 ▶

党的建设

2021 年 4 月 25 日，法规处党支部在大连烈士陵园朗诵诗歌《百年建党颂》 ▶

◀2021 年 6 月 25 日，大连海关召开“大连海关庆祝中国共产党成立 100 周年‘两优一先’表彰大会”

2021 年 6 月 25 日，大连海关举行“光荣在党 50 年”纪念章颁发仪式 ▶

◀ 2021 年 6 月 28 日，自贸处联合大连自贸片区制度创新一局、大连海尔电冰箱有限公司三个党支部共同举办党建联建活动，重温入党誓词

◀ 2021 年 6 月 28 日，大连港湾海关为庆祝中国共产党成立 100 周年拍摄《再唱山歌给党听》MV

2021 年 6 月 29 日，本溪海关在东北抗联史实陈列馆开展中国共产党成立 100 周年庆祝活动 ▶

◀ 2021 年 7 月 1 日，金石滩海关组织“七一”学习活动

2021 年 7 月 16 日，旅顺海关 ▶
组织进境动物隔离检疫监管人员成立临时党支部并开展组织生活

◀ 2021 年 8 月 11 日，鞍山海关开展“学党史 感党恩 跟党走”党支部读书报告会

2021 年 8 月 19 日，鲅鱼圈海关 ▶
在鲅鱼圈区小望海开展党建学习活动

◀2021 年 8 月 26 日，综合业务处党支部创新开展“联学联建聚合力，携手共进谋新篇”系列活动，实现多维促融合

2021 年 8 月 27 日，统计分析处党支部与大窑湾海关综合业务二处党总支开展“赓续红色血脉”地标巡礼活动 ▶

◀2021 年 9 月 13 日，商品检验处开展“做清正廉洁的党员干部”廉政专题党课

2021 年 9 月 28 日，科技处党支部与大连口岸物流网股份有限公司航运第一党支部在航运交易市场开展结对联建主题党日活动 ▶

◀ 2021 年 11 月 2 日，办公室党支部在大连市档案馆参观“信仰的力量”主题展览

2021 年 12 月 6 日，综合技术服务中心党支部参观周恩来纪念馆 ▶

业务建设

◀ 2021 年 1 月 1 日，大东港海关关员开展进口大豆检疫工作

2021 年 1 月 10 日，长兴岛海关关员对进口混合芳烃抽查采样 ▶

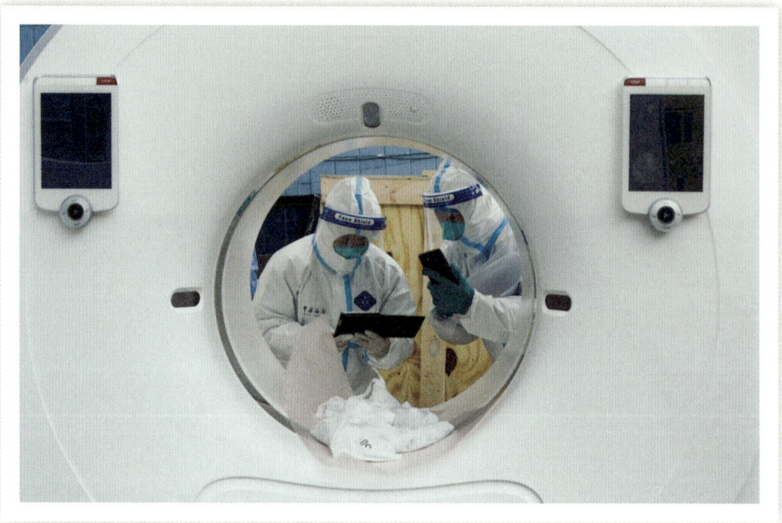

2021 年 1 月 12 日，大连港湾海关关员查验进口医疗器械 ►

◄ 2021 年 1 月 15 日，旅顺海关关员验放出口船舶

◀ 2021 年 3 月 10 日，大窑湾海关关员对免税商店进行监管

2021 年 3 月 24 日，鞍山海关关员对出口菌棒进行现场查检 ▶

◀ 2021 年 4 月 1 日，盘锦海关关员对出口苇帘进行现场查验

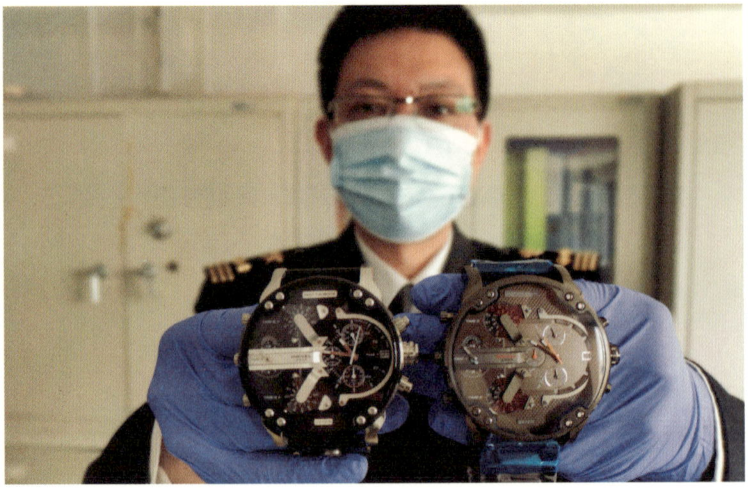

2021 年 4 月 22 日，大连邮局海关查获侵权手表

2021 年 4 月 22 日，风险防控分局关员通过视频连线检查布控货物查验

2021 年 4 月 23 日，鲅鱼圈海关关员对进口原油进行登船取样

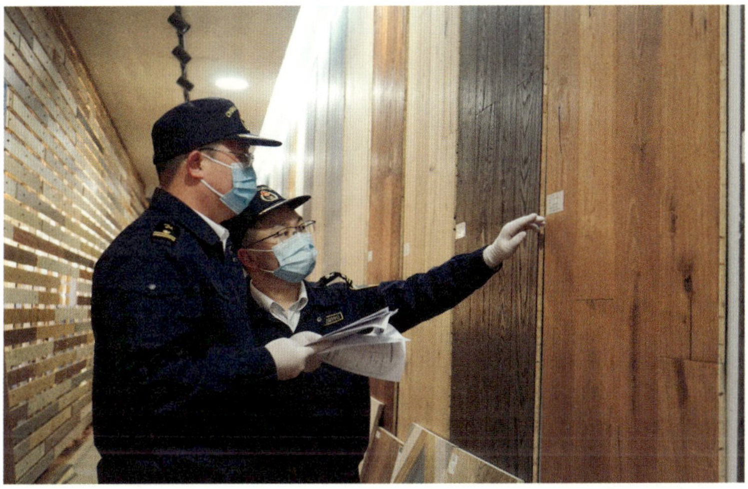

◀ 2021 年 5 月 31 日，庄河海关关员现场查验出口木地板

2021 年 6 月 16 日，进出口食品安全处与大连市市场监督管理局食品流通处开展进口食品安全联合检查 ▶

◀ 2021 年 7 月 8 日，大连海关查获毒品可卡因约 200 千克

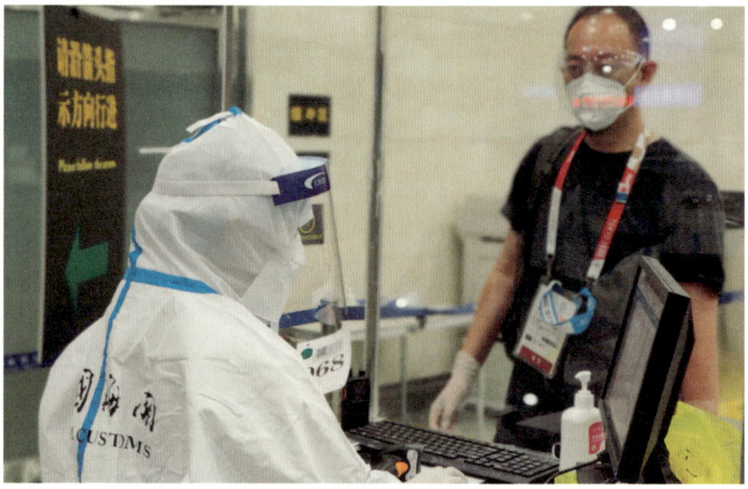

2021 年 8 月 3 日，大连周水子机场海关关员为东京奥运会报道团队人员办理检疫放行手续 ▶

◀ 2021 年 10 月 27 日，本溪海关关员现场查验出口产品

2021 年 11 月 22 日，营口海关关员向企业介绍“信用签证”业务填报规范 ▶

◀ 2021 年 12 月 2 日，丹东海关关员验放出口活鱼

2021 年 12 月 6 日，北良港海关关员对进口液化天然气进行现场监管 ▶

◀ 2021 年 12 月 20 日，大连海关查获走私手表

队伍风采

2021 年 1 月 4 日，大连港湾海关关员浴“雪”奋战，快速验放进境快件 ▶

◀ 2021 年 1 月 6 日，大连周水子机场海关关员完成对进境航班的登临检疫工作

◀ 2021 年 1 月 11 日，旅顺海关关员对入境船舶进行登临检疫

2021 年 1 月 20 日，大东港海关关员开展海关监管场所夜间巡查 ▶

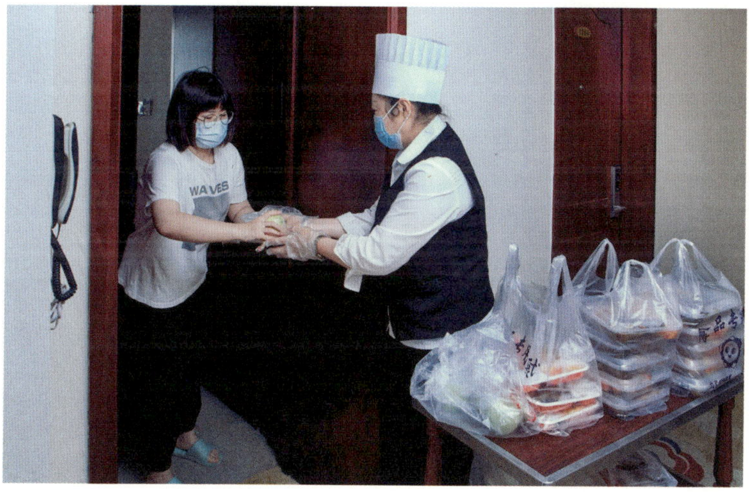

◀ 2021 年 5 月 7 日，检测技术交流中心人民路 39 号大楼服务人员为保健中心实验室检测人员提供后勤服务保障

2021 年 5 月 12 日，营口海关 ▶
开展“青年向党说”主题活动

◀ 2021 年 5 月 19 日，离退休干部办公室组织离退休老干部开展传承红色基因“面对面”访谈活动

2021 年 5 月 19 日，大连长兴 ▶
岛海关关员对进境原木船舶进行登临卫生检疫

◀ 2021 年 5 月 25 日，七贤岭海关关员帮助新能源汽车企业开展出口前产品质量自检自控

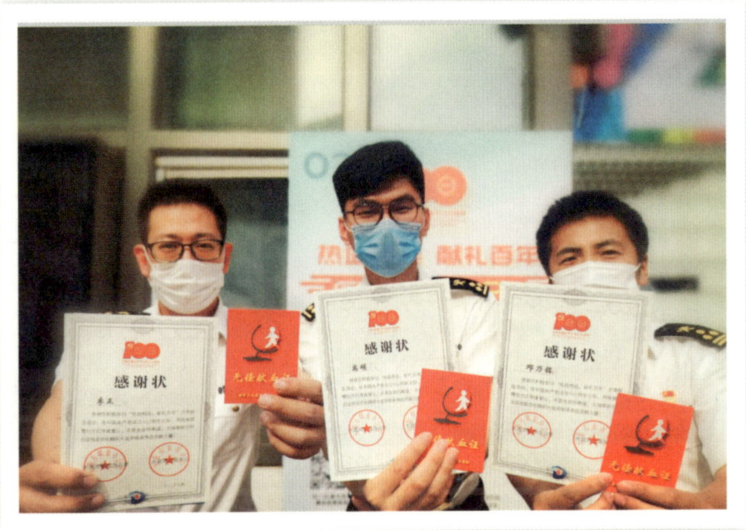

2021 年 7 月 1 日，大连海关青年党员赴献血屋献血 ▶

◀ 2021 年 7 月 21 日，大窑湾海关关员在钢材生产企业现场调研

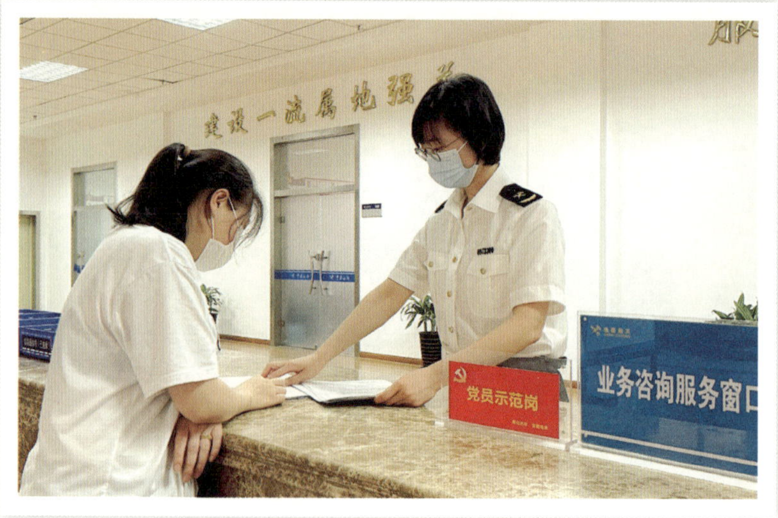

2021 年 7 月 27 日，金普海关关员指导企业人员填报原产地证书 ▶

◀ 2021 年 9 月 7 日，金石滩海关青年关员开展“传颂红色经典”配音主题活动

2021 年 9 月 8 日，大连海关缉私局开展“我为群众办实事”禁毒普法进社区活动 ▶

◀ 2021 年 10 月 23 日，大连海关在“大连市直机关 2021 年职工乒乓球赛”中取得佳绩

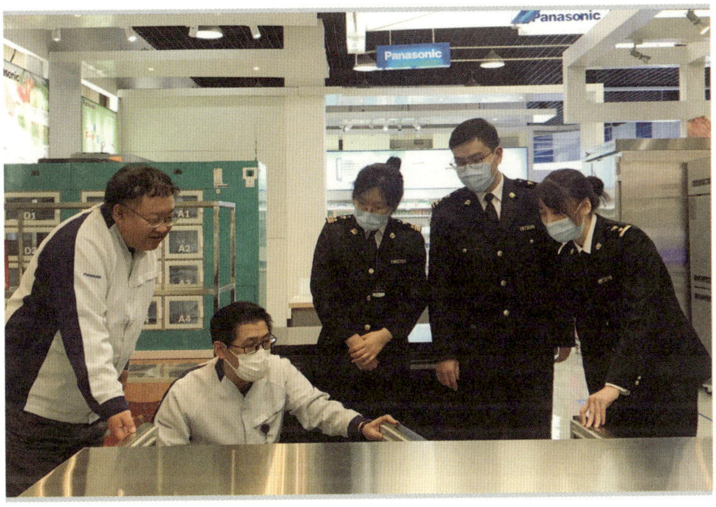

2021 年 12 月 9 日，企业管理和稽查处关员在企业进行实地认证 ▶

◀ 2021 年 12 月 30 日，关税处开展“2021 年关税工匠达人”评选活动

第一篇

特载

大连海关概况、组织机构

概况

中华人民共和国大连海关是受海关总署直接领导，负责指定口岸及相关区域范围内海关工作运行管理、监督监控的正厅级直属海关，辖区范围包括辽宁省大连市、鞍山市、本溪市、营口市、丹东市、盘锦市共6个行政区。

大连海关始建于1907年，1951年2月定称为中华人民共和国大连海关，1980年2月升格为厅局级海关。2018年是海关发展历程中具有里程碑意义的一年，党中央、国务院做出重大决策部署，原出入境检验检疫管理职责和队伍划入海关，海关进入全新发展阶段。

2021年，在总署党委的坚强领导下，面对世纪疫情的重大考验和监管服务的繁重任务，大连海关以政治建设为统领，以“质量提升年”为抓手，全面推进“政治建关、改革强关、依法把关、科技兴关、从严治关”（“五关”建设），坚持稳字当头、稳中求进，完整、准确、全面贯彻新发展理念，服务构建新发展格局，以改革创新为动力，统筹发展和安全，强化监管优化服务，统筹抓好疫情防控和促进外贸稳增长，着力促进高水平开放，各项工作取得新成绩，建设“一流强关”迈上新台阶。

▲大连海关办公大楼

组织机构

大连海关设有17个内设机构、3个工作部门（机关党委、监察室、离退体干部办公室）、14个事业单位；下辖1个副厅级隶属海关——大窑湾海关，18个正处级隶属海关（单位）：大连周水子机场海关、北良港海关、大连邮局海关、七贤岭海关、金普海关、金石滩海关、大连港湾海关、旅顺海关、庄河海关、大连长兴岛海关、营口海关、鲅鱼圈海关、盘锦海关、鞍山海关、大东港海关、丹东海关、本溪海关、大连海关风险防控分局（详见表1-1、表1-2、表1-3）。行政编制实有2,588人，事业编实有447人。

表1-1　2021年大连海关内设机构情况表

名称	设置情况
办公室（党委办公室）	设总值班室、综合科、文秘科、督查科、机要文档科、政务公开科、新闻宣传科、口岸外联科8个科级机构。实有关员33人，中共党员33名。承办督办检查工作；承担党委办公室职责；承担内外协调联络功能；承担大连海关机关文电收发、机要、保密及印信、档案、大连海关社会信用代码证的管理工作；承担拟订年度会议计划，综合性会议的会务工作；编发总关载体的政务信息，向总署报送信息，组织开展政务公开、新闻宣传、舆情收集应对工作，管理12360统一服务热线；承担大连海关机关信访工作；承担总关机关政务值班和值守应急工作；承担安全保卫、人民防空、社会治安综合治理工作；组织协调做好口岸开放工作，组织推动口岸“大通关”建设有关工作；协调做好关领导公务活动的服务保障工作。
法规处	设综合科、法规管理科、复议应诉科、法制监督科4个科级机构。实有关员16人，中共党员14名。承担关区法治建设统筹推进工作，推动关区行政执法规范化管理；承担关区规范性文件管理工作；按分工承担关区海关行业标准化工作；牵头推进关区行政审批规范化管理工作，权责清单管理工作，行政执法资格管理工作和规范行政执法裁量权工作；管理关区行政复议、行政应诉、行政赔偿工作，审理大连海关管辖的行政复议案件，承办大连海关行政应诉、行政赔偿事宜；管理关区海关公职律师事务，管理大连海关法律顾问事务，协调、指导关区民事经济诉讼等案件相关事宜；组织推动法治宣传教育工作；承担案件审理委员会办公室相关工作；承办调查取证、司法鉴定及其他法律事务性工作。
综合业务处	设综合科、业务协调科、改革发展科、业务运行科、规范标准科、知识产权科6个科级机构。实有关员25人，中共党员25名。承担综合性业务的规划、统筹、协调工作；承担综合业务对外协调工作，按分工承办口岸开放有关海关综合协调事宜；承担改革事项、促进外贸发展措施等统筹规划、整体推进、综合协调、督促落实工作；组织落实通关一体化，承担通关运行管理及通关管理系统通用参数维护工作；协调开展与海关管理相关的技术性贸易措施工作；组织实施海关《货物进/出口证明书》及检验、检疫证书管理；组织开展知识产权海关保护，组织实施知识产权执法活动；承担与“一带一路”建设相关的海关事务。
自贸区和特殊区域发展处	设综合科、自贸区发展科、特殊区域发展科3个科级机构。实有关员20人，中共党员20名。承担大连海关推进自贸试验区建设工作组日常工作，与地方政府自贸办联系配合；参与自由贸易试验区建设规划，落实自由贸易试验区工作制度，组织监督管理；组织推动落实自由贸易试验区与海关管理相关的改革任务，推动自由贸易试验区监管制度创新，组织开展复制推广工作；组织落实综合保税区、保税物流中心（B型）等特殊监管区域有关设立、验收、调整、退出及监管等工作制度，组织开展发展情况监督、绩效评估等工作；开展跨境合作区、边境合作区等特殊区域的政策研究。
关税处	设综合科、税收征管一科、税收征管二科、税则税政科、运行监控科5个科级机构。实有关员32人，中共党员28名。承担进出境货物、物品税收和船舶吨税等税费征管工作，组织实施税费征管规定，承担税款担保和税费电子支付的综合管理工作；牵头开展综合治税工作，承担税收分析、征管质量监控与考核工作；组织实施海关减免税管理；组织实施海关商品归类及相关化验工作；组织实施进出口商品海关估价工作；组织实施进出口货物原产地管理，承担原产地规则及原产地证签证管理相关工作；组织实施反倾销和反补贴措施、保障措施及其他关税措施；与海关总署税收征管局开展业务沟通配合。

续表1

名称	设置情况
卫生检疫处	设综合科、检疫查验科、疾病监测科、卫生监督科4个科级机构。实有关员18人，中共党员18名。承担出入境卫生检疫监管工作，拟订工作制度以及口岸突发公共卫生事件处置预案、技术方案，组织开展监督管理；承担境内外传染病疫情收集、分析工作；承担口岸传染病疫情和突发公共卫生事件应对工作并按分工组织实施；开展传染病疫情监测，协助有关部门开展口岸输入性疫情处理；拟订出入境微生物、人体组织、生物制品、血液及其制品等特殊物品（感染性物质）卫生检疫工作制度，组织开展监督管理；拟订出入境人员、交通工具、运载工具、货物、行李、邮包快件、尸体/骸骨等卫生检疫工作制度，组织开展监督管理；承担出入境人员及口岸人员健康体检、预防接种、国际旅行健康指导和服务、卫生宣传的监督管理工作；承担口岸航空食品配餐单位、餐饮服务单位、食品销售单位的卫生许可及日常卫生监督管理；承担口岸饮用水供应和公共场所经营单位的卫生许可，以及口岸饮用水供应、公共场所、储存场地和出入境交通工具的日常卫生监督管理；承担口岸及输入性病媒生物预防与控制管理工作，承担出入境口岸卫生处理监督管理工作；组织开展口岸核心能力建设、国际卫生机场（港口）创建工作。
动植物检疫处	设综合科、动物检疫科、植物检疫一科、植物检疫二科4个科级机构。实有关员20人，中共党员18名。承担出入境动植物、动植物产品、其他应检物的检验检疫、监督管理工作；按分工组织实施境内外有关动植物疫情、有毒有害物质信息、SPS信息、出入境动植物检验检疫技术标准的收集、报送工作；按分工承担出入境动植物及其产品检疫准入风险分析和紧急预防措施工作；组织开展进出境重大动植物疫情和有毒有害物质传入传出的应急处置工作；按分工承担入境动植物、动植物产品及其他应检物、过境动物的检疫审批和监督管理工作；按分工承担出入境动植物、动植物产品的生产、加工、存放单位注册登记和检疫场所指定工作；组织外来有害生物和有毒有害物质监测工作；承担检疫除害处理的监督管理工作，指导除害处理药剂、器械的使用及除害处理新技术、新方法的推广应用；承担出入境生物物种资源查验、转基因生物及其产品检验检疫的监督管理工作；按分工承担被国外通报、退运动植物产品及重大检验检疫问题的处置工作；承办海关总署动植物检疫司交办的动植物检验检疫的国内外合作和技术交流工作。
进出口食品安全处	设综合科、食品一科、食品二科、食品三科4个科级机构。实有关员17人，中共党员17名。承担进口食品、化妆品的检验检疫监督管理工作；按分工承担进口食品境外生产企业注册管理工作；承担进口水产品存储冷库和进境粮谷指定仓库备案职能管理工作；按分工组织实施进口食品、化妆品的安全风险分析和紧急预防措施工作，境外发生的食品、化妆品安全事件可能对我国境内造成影响，或者在接到执行管理部门通报进口食品、化妆品中发现严重安全问题时，组织采取风险预警或者控制措施；组织实施进口动植物源性食品、中药材的检疫审批；承担出口动植物源性食品检验检疫监督管理工作；依据双多边协议要求，承担出口动植物源性食品检验检疫相关工作；承担食源性污染的处置管理工作；组织实施进出口食品、化妆品安全卫生监测和控制（包括疫情疾病监控、残留监控、微生物监控等）计划；按分工承担被国外通报、退运食品及检验检疫重大问题和安全卫生事故、食源性污染的处置工作；承办海关总署进出口食品安全局交办的进出口食品及化妆品安全方面与国内外的合作与技术交流工作；会同有关部门组织实施国际食品安全有关条约和协定。
商品检验处	设综合科、商品检验一科、商品检验二科、检验鉴定科4个科级机构。实有关员19人，中共党员18名。承担进出口商品法定检验监督管理工作；按分工承担进口商品安全风险评估、风险预警和快速反应相关工作；组织实施国家实行许可制度的进口商品验证工作制度，开展监督管理；组织实施法定检验商品数量、重量鉴定监督管理工作制度，开展监督管理；依据多双边协议承担出口商品检验相关工作，按分工承担技术性贸易措施相关工作；承担进口商品装运前检验工作，承担进出口商品检验结果采信管理工作；承办与本处业务相关的国际合作与交流工作。

续表2

名称	设置情况
口岸监管处	设综合科、监管一科、监管二科、监管三科、行邮快件监管科、场所监管科6个科级机构。实有关员25人，中共党员25名。承担国家禁止或限制进出境货物、物品的口岸监管工作，承担海关口岸监管环节的反恐、防扩散、出口管制等工作，承担进口固体废物、进出口易制毒化学品等口岸监管工作，组织口岸监管应急处置工作；组织实施进出境运输工具、货物、物品和人员，包括动植物、食品、化妆品的海关检查、检验、检疫；组织实施物流监控，组织实施运输工具及经营人、代理人和海关监管作业场所及经营人等管理；组织实施边民互市等跨境贸易特殊监管方式下的海关监管作业；组织实施进出境人员及旅客行李物品、免税商店管理；牵头组织实施进出境卫生、动植物、食品、化妆品口岸检验检疫和进出境商品口岸检验等工作；组织实施进出境快件、邮件、跨境电子商务、暂准进出境货物、进出境展览品等监管，承担“扫黄打非”相关口岸监管工作；承担口岸检查、检验、检疫技术装备设施、现场快速检验化验设备保障工作，承担口岸监管工作用犬应用管理工作；承担口岸监管业务日常运行监控指挥工作；牵头承办与口岸相关部门的联系配合工作，参与口岸开放验收相关工作。
统计分析处	设综合科、统计调查科、贸易统计科、统计数据科、贸易分析科、分析研究科6个科级机构。人员编制28名，实有关员22人，中共党员18名。承担报关单数据和单证档案工作，承办报关单数据、贸易统计数据等质量控制和使用安全管理工作；组织实施进出口货物贸易统计，编制并公布进出口货物贸易统计数据；组织实施海关业务统计，编制海关业务统计信息，开展海关业务统计分析；组织开展进出口统计分析、监测预警，撰写进出口监测预警分析报告，发布海关统计信息和海关统计数据；承担检验检疫业务档案保管、查询职能管理工作；承担政策研究工作，分析地方经济和对外贸易形势，提出大连海关发展规划建议；承接总署交办的贸易监测和统计调查工作；指导关区开展统计与政策研究。
企业管理和稽查处	设综合科、资质管理科、信用管理科、认证管理科、保税监管科、稽查管理科、核查管理科7个科级机构。实有关员30人，中共党员29名。组织实施对进出口企业、自然人信用管理，承担对进出口食品的进口商、出口商和出口食品生产企业的信用管理，参与社会信用体系建设相关工作；组织实施企业信用等级认定，推进落实企业信用管理措施；组织推进“经认证的经营者”（AEO）认证工作，承担关区高级认证企业的认证。组织实施报关单位注册登记备案工作；承担进口食品、化妆品进口商备案管理工作；承担出口食品原料种植、养殖场和生产企业备案管理工作；承担出口食品生产企业国外注册推荐上报和国外检查的组织迎检工作；组织实施加工贸易保税监管、出境加工监管，按分工组织实施新兴业态保税监管；组织实施海关特殊监管区域及保税监管场所保税监管；组织落实保税物流中心（B型）以外的保税监管场所有关设立、验收、变更、注销等工作制度；承担企业稽查职能管理工作，组织开展贸易调查、市场调查，收集企业、商品、行业的进出口风险信息并组织关区的专项稽查；承担出口申报前根据风险布控指令在生产地、组货地对出口货物进行检验检疫的实施和监督；承担口岸进口放行后根据风险布控指令在目的地对进口货物进行检验检疫的实施和监督；组织相关业务部门实施在出口申报前和口岸进口放行后检验检疫业务领域的联系配合工作；承担后续核查职能管理工作；组织开展引入中介机构协助稽核查。

续表3

名称	设置情况
财务处	设综合科、预算科、经费科、事业财务科、税费科、罚没财物管理科、资产管理科、装备管理科、基建管理科9个内设机构。实有关员31人，中共党员27名。承担大连海关的预算、决算管理、政府财务报告和会计核算管理工作，承担大连海关国库集中收付管理工作，办理各类经费的领拨手续；组织落实各类资金、基金、税费、财务会计、基本建设、政府采购、涉案财物等管理制度，承担预算绩效管理工作；牵头统筹财务监督检查工作，组织开展财务内部控制工作，联系配合内外部审计、监督、巡视工作；承担大连海关基本建设项目管理工作；承担各项税收资金以及罚没收入等非税收入管理工作，办理税收入库核销统计、非税收入的缴交和会计核算工作；归口管理事业单位及所属经济实体经营服务性收费；指导监督事业单位、社会团体、经济实体的财务管理工作；办理总关机关本级各项经费日常财务管理、会计核算工作，办理总关机关本级在职及离退休人员工资核发、个人所得税、住房公积金、住房补贴、购房补贴等工作，承担在职人员社会保险具体事项办理及待遇落实相关工作；管理大连海关银行账户和各类票据；承担海关缉私警察经费预算、财务管理工作，承担已移交涉案财物的保管、变卖、处置等管理工作；承担政府采购监督管理工作；组织落实车船装备及油料、制装等装备设备的管理制度、配置标准、需求计划、采购预算和分配方案，监督指导施封锁、业务单证及票据等装备设备的管理。承担公务用车制度改革工作；组织落实国有资产管理制度，办理固定资产对外出租、出借、处置的审核、审批事项，承担办公用房、公有住房管理工作；组织落实公共机构节能工作管理制度；组织落实海关系统后勤管理制度，指导和协调后勤服务工作。
科技处	设综合科、科研与标准管理科、科技装备科、软件开发科、运行监控科、网络通信科、项目管理科、信息安全科、实验室与设备管理科9个科级机构。实有关员41人，中共党员38名。承担大连海关网络安全和信息化领导小组办公室和大连海关科技委秘书处日常工作，综合协调、督促落实相关决定事项；拟订海关科技发展规划、科技装备保障规划、科技管理工作制度、信息化标准规范、科技预算并组织实施；承担科技装备管理工作；承担海关实验室管理与仪器设备配备工作；承担科研、标准项目组织管理工作；承担信息系统应用、数据、技术基础设施、安全、运行管理工作；承担政务及业务信息化应用项目管理工作；承担大数据等新技术的技术研发和管理工作；承担海关科技专家、科技人才队伍建设及科技资料管理工作。
督察内审处	设综合科、督察科、审计科、内控科4个科级机构。实有关员18人，中共党员17名。落实总署执法监督、执法评估、内控机制、内部审计、领导干部经济责任审计、管理审计等相关制度；对海关系统贯彻落实中央重大决策部署情况、贯彻落实总署党委和总关党委工作部署情况开展督察；联系总署对本关督察工作，接受总署对本关督察工作的指导监督；联系协调审计署、总署对本关审计工作，接受审计署、海关总署对本关审计工作指导监督；督促关区督察、审计意见的执行，上报执行结果；指导、监督隶属海关单位开展执法监督、执法评估、内部控制、内部督察；按照权限管理海关内部控制与监督子系统，组织推动关区应用系统开展风险防控工作。
人事处（党委组织部）	设综合科、干部科、公务员管理科、工资科、干部监督科、事业单位人事科、信息档案科7个科级机构。实有关员30人，中共党员29名。承担大连海关党委组织部职责；贯彻落实海关系统干部人事制度，组织协调落实大连海关党委关于人事工作的各项决议决定；按分工履行大连海关政治部组成部门工作职责，组织指导落实关区干部人事管理工作；拟订关区人才队伍建设规划、制度并按干部管理权限组织实施，按干部管理权限承办关区处（关）级领导班子建设和机关干部队伍建设工作；组织落实海关公务员管理工作制度，组织落实海关关衔管理工作制度；按人事管理权限组织实施事业单位人事管理、职称评审等工作；按人事管理权限组织实施海关领导班子和领导干部监督管理、海关选人用人监督检查等工作；承担关区机构编制管理工作；按人事管理权限承担劳动工资、福利待遇、社会保险制度等工作。

续表4

名称	设置情况
教育处	设综合科、教育管理科、培训科3个科级机构。实有关员14人，中共党员14名。组织落实海关系统教育培训工作规划和制度；指导关区各部门、各单位教育培训工作；编制关区培训计划，按分工组织在职干部参加教育培训，承办自主初任培训，承担学时量化考核、培训档案管理、课件工作站建设、教材题库建设等工作；承担在职学历学位认定与继续教育工作；承担兼职教师队伍和教育协作区建设工作。
机关党委（思想政治工作办公室、党委宣传部、党委巡察工作办公室）	设组织工作科、宣传工作科、党风党纪工作科、群团工作科、党委巡察科5个科级机构。实有关员25人，中共党员25名。承担大连海关党的建设领导小组办公室职责，协助总关党委拟订关区党的建设工作规划并组织实施，组织推动全面从严治党主体责任落实，指导关区基层党组织建设；承担总关党委中心组学习和民主生活会相关工作，指导关区党员领导干部民主生活会、组织生活会及各级党委中心组学习相关工作；协助总关党委落实意识形态工作责任制，组织推动关区加强思想政治工作，组织开展精神文明创建工作、推动关区党风廉政建设主体责任落实等；拟订准军事化海关纪律部队建设规划；拟订关区巡察工作规划并组织实施；承担机关党委、机关工会、机关团委、机关妇委会日常工作，大连海关定点扶贫工作领导小组办公室职责。
监察室（党委纪检组）	设综合科、执纪审查科、案件管理科、执纪监督科4个科级机构。实有关员52名，中共党员52名。承担大连海关党委纪检组职责；在大连海关党委领导下，监督促进大连海关党委领导班子落实全面从严治党主体责任，监督促进本单位党政一把手当好第一责任人；监督检查大连海关党委领导班子及其成员遵守党章党纪、执行党的路线方针政策和决议，推进党风廉政建设和反腐败斗争及廉洁自律等情况；按照干部管理权限负责本关区监督、执纪、问责工作，按权限初步核实有关问题线索或参与审查违反党纪的案件；受理本单位党组织、党员和行政监察对象的检举、控告；配合处分决定机关对党员、行政监察对象不服处分的申诉；对下级纪检监察机构进行业务指导和工作检查；对纪检监察干部进行培训和监督；对派驻纪检组进行日常管理。
离退休干部办公室	设综合科、管理科、服务科3个科级机构。实有关员14人，中共党员14名。承担离退休干部的政治、思想、组织建设，组织离退休干部开展政治理论学习，做好离退休干部党支部建设；宣传贯彻海关系统离退休干部工作规定，落实离退休干部的政治、生活待遇，发挥离退休干部的作用；承担离退休干部活动场所的建设、使用管理工作，办好老年大学，开展适合老年人特点的文体娱乐活动；承担离休干部离休待遇落实、退休人员社会保险事项办理、基本养老金及其他各项待遇落实，协调落实离退休干部的生活福利、健康休养等服务工作；指导非大连地区海关单位做好离退休干部服务管理工作；承担备案人员因私出国（境）申请、在企业和社会团体兼（任）职事项的初核上报工作；发布离退休干部去世讣告，协助去世离退休干部家属办理丧葬有关事宜；协调处理离退休干部来信来访和落实政策工作。

表 1-2 2021 年大连海关隶属海关单位情况表

名称	设置情况
大窑湾海关	设办公室（党委办公室）、综合业务一处、综合业务二处、卫生检疫处、查检一处、查检二处、物流监控处、保税监管处、财务处、人事政工处（党委组织宣传部）10 个正处级机构。实有关员 448 人，中共党员 379 名。其中，办公室（党委办公室）下设总值班室、综合协调科、信息宣传科、法制科、文秘科、督审科 6 个科级机构；综合业务一处下设业务一科、业务二科、业务三科、业务四科、业务五科、税收征管科 6 个科级机构；综合业务二处下设单证科、统计分析科、处置一科、处置二科 4 个科级机构；卫生检疫处下设船舶监管一科、船舶监管二科、卫生监督科、应急管理科 4 个科级机构；查检一处下设集装箱查检一科、集装箱查检二科、集装箱查检三科、集装箱查检四科、集装箱查检五科、集装箱查检六科 6 个科级机构；查检二处下设查检一科、查检二科、查检三科、查检四科、查检五科、查检六科 6 个科级机构；物流监控处下设物流监控一科、物流监控二科、舱单科、转运监管科、图像分析科 5 个科级机构；保税监管处下设保税监管一科、保税监管二科、保税监管三科、保税监管四科、保税监管五科、跨境电商科 6 个科级机构；财务处下设财务科、税费科、关产科、科技科 4 个科级机构；人事政工处（党委组织宣传部）下设政工科、群团科、组织人事科、劳资科 4 个科级机构。功能类型为偏口岸综合型，管辖范围为：大窑湾港区、汽车码头港区、保税港区以及辖区口岸后置监管作业场所。主要负责党的基层组织建设和干部队伍建设；办理具体海关业务，反馈执法作业结果；完成大连海关交办的其他工作。
大连周水子机场海关	设办公室（党委办公室）、人事政工科（党委组织宣传部）、综合保障科、综合业务科、查验科、物流监控科、机动巡查科、快件综合业务科、快件查验科、快件物流监控科、旅检一科、旅检二科、旅检三科、旅检四科、值机科、保税物流监控科、业务监控科、业务规范科、卫生监督科、检疫监管科 20 个科级机构。实有关员 189 人，中共党员 172 名。功能类型为口岸型海关，管辖范围为：大连空港口岸。主要负责党的基层组织建设和干部队伍建设；办理具体海关业务，反馈执法作业结果；完成大连海关交办的其他工作。
北良港海关	设办公室（党委办公室）、人事政工科（党委组织宣传部）、综合业务科、物流监控科、检疫监管科、查验一科、查验二科、查验三科 8 个科级机构。实有关员 79 人，中共党员 70 名。功能类型为口岸型，管辖范围为：北良港区、新港港区、矿石码头港区等口岸以及辖区口岸后置监管作业场所。主要负责党的基层组织建设和干部队伍建设；承担金普新区内除大窑湾海关以外的口岸业务，反馈执法作业结果；完成大连海关交办的其他工作。
大连邮局海关	设办公室（党委组织宣传部）、综合业务科、监管科、印刷音像制品监管科、检疫监管科、机检科、物流监控科 7 个科级机构。实有关员 43 人，中共党员 36 名。功能类型为口岸型，管辖范围为：大连邮政口岸。主要负责党的基层组织建设和干部队伍日常管理；办理具体海关业务，反馈执法作业结果；完成大连海关交办的其他工作。
七贤岭海关	设办公室（党委组织宣传部）、综合业务科、保税业务科、核查科、查检科 5 个科级机构。实有关员 32 人，中共党员 28 人。功能类型为属地型，管辖范围为：大连高新技术产业园区管委会管理区域。主要负责党的基层组织建设和干部队伍日常管理；办理具体海关业务，反馈执法作业结果；完成大连海关交办的其他工作。
金普海关	设办公室（党委办公室）、人事政工科（党委组织宣传部）、综合保障科、综合业务一科、综合业务二科、核查一科、核查二科、加工贸易一科、加工贸易二科、企业管理科、保税区监管科、出口加工区 A 区监管科、出口加工区 B 区监管科、查检一科、查检二科、业务规范科 16 个科级机构。实有关员 151 人，中共党员 122 名。功能类型为属地型，管辖范围为：大连市金普新区、普兰店区。主要负责党的基层组织建设和干部队伍建设；承担大连市金普新区、普兰店区的属地业务，反馈执法作业结果；完成大连海关交办的其他工作。

续表1

名称	设置情况
金石滩海关	设办公室（党委办公室）、人事政工科（党委组织宣传部）、综合业务科、稽查一科、稽查二科、稽查三科、稽查四科、稽查五科、稽查六科、审核规范科10个科级机构。实有关员94人，中共党员90名。功能类型为属地型，管辖范围为：大连地区。主要负责党的基层组织建设和干部队伍日常管理；承担大连地区的稽查任务，审核并反馈执法作业结果；完成大连海关交办的其他工作。
大连港湾海关	设办公室（党委办公室）、人事政工科（党委组织宣传部）、综合保障科、综合业务科、检疫监管科、物流监控科、查验科、长海监管科、监管艇管理科、企业管理科、保税加工监管科、保税物流监管科、机动监管一科、机动监管二科、免税物品监管科、旅检科、旅检处置科、电商通关科、电商监管科、业务监控科、业务规范科、统计科、驻和尚岛办事处综合科、驻和尚岛办事处监管一科、驻和尚岛办事处监管二科、驻和尚岛办事处查验科26个科级机构。实有关员193人，中共党员181名。功能类型为偏口岸综合型，管辖范围为：大港港区、甘井子港区、大石化港区、大连湾、长海县和大连市中山区、西岗区、沙河口区、甘井子区。主要负责党的基层组织建设和干部队伍建设；办理具体海关业务，反馈执法作业结果；完成大连海关交办的其他工作。大连港湾海关驻和尚岛办事处（以下简称驻和尚岛办事处）是受大连港湾海关直接领导的副处级派驻机构。功能类型为口岸型，按授权负责大连湾区域海关各类管理工作。
旅顺海关	设办公室（党委组织宣传部）、综合业务科、企业管理科、核查科、查检科、船管科6个科级机构。实有关员41人，中共党员36名。功能类型为偏属地综合型，管辖范围为：旅顺新港和大连市旅顺口区。主要负责党的基层组织建设和干部队伍日常管理；办理具体海关业务，反馈执法作业结果；完成大连海关交办的其他工作。
庄河海关	设办公室（党委组织宣传部）、综合业务科、加工贸易科、企业管理科、物流监控科、查检一科、查检二科、查检三科8个科级机构。实有关员47人，中共党员34名。功能类型为偏属地综合型，管辖范围为：庄河港和庄河市、大连花园口经济区。主要负责党的基层组织建设和干部队伍建设；办理具体海关业务，反馈执法作业结果；完成大连海关交办的其他工作。
大连长兴岛海关	设办公室（党委办公室）、人事政工监察科（党委组织宣传部）、综合业务科、查检一科、查检二科、物流监控科、企业管理科7个科级机构。实有关员57人，中共党员49人。功能类型为偏属地综合型，管辖范围为：长兴岛口岸和大连长兴岛经济技术开发区、瓦房店市。主要负责党的基层组织建设和干部队伍建设；办理具体海关业务，反馈执法作业结果；完成大连海关交办的其他工作。
营口海关	设办公室（党委办公室）、人事政工科（党委组织宣传部）、综合业务科、加工贸易科、邮检科、稽查科、企业管理科、查检一科、查检二科、综保区监管科、业务规范科11个科级机构。实有关员74人，中共党员61名。功能类型为属地型，管辖范围为：营口港辽河港区、营口市站前区、西市区、老边区、沿海新区、大石桥市。主要负责党的基层组织建设和干部队伍建设；办理具体海关业务，反馈执法作业结果；完成大连海关交办的其他工作。
鲅鱼圈海关	设办公室（党委办公室）、人事政工科（党委组织宣传部）、综合保障科、综合业务科、物流监控科、保税物流监管科、查验一科、查验二科、查验三科、查验四科、查验五科、望海码头监管科、检疫监管科、旅检科、加工贸易科、企业管理科、业务监控科、业务规范科、驻仙人岛办事处综合科、驻仙人岛办事处监管一科、驻仙人岛办事处监管二科21个科级机构。实有关员197人，中共党员150名。功能类型为偏口岸综合型，管辖范围为：营口港口岸鲅鱼圈港区、仙人岛港区和营口市鲅鱼圈区、盖州市。主要负责党的基层组织建设和干部队伍建设；办理具体海关业务，反馈执法作业结果；完成大连海关交办的其他工作。鲅鱼圈海关驻仙人岛办事处（以下简称驻仙人岛办事处）是受鲅鱼圈海关直接领导的副处级派驻机构。功能类型为口岸型，按授权负责营口港仙人岛港区海关各类管理工作。

续表2

名称	设置情况
盘锦海关	设办公室（党委组织宣传部）、综合业务科、物流监控科、检疫监管科、稽查科、查验一科、查验二科7个科级机构。实有关员41人，中共党员29名。功能类型为偏口岸综合型，管辖范围为：盘锦港口岸、盘锦市。主要负责党的基层组织建设和干部队伍建设；办理具体海关业务，反馈执法作业结果；完成大连海关交办的其他工作。
鞍山海关	设办公室（党委组织宣传部）、综合业务科、保税监管科、稽查科、查检一科、查检二科、查检三科7个科级机构。实有关员49人，中共党员42名。功能类型为属地型，管辖范围为：鞍山市。主要负责党的基层组织建设和干部队伍建设；办理具体海关业务，反馈执法作业结果；完成大连海关交办的其他工作。
大东港海关	设办公室（党委办公室）、人事政工科（党委组织宣传部）、综合保障科、综合业务科、口岸监管科、船管科、旅检科、边贸监管科、检疫监管科、物流监控科、保税物流监管科、查验一科、查验二科、业务监控科、业务规范科15个科级机构。实有关员102人，中共党员88名。功能类型为口岸型，管辖范围：丹东港大东港港区、大台子口岸、大鹿岛口岸、丹纸码头和丹东市振兴区安民镇（不含浪头机场、安民临时开放口岸）、东港市、大孤山经济区。主要负责党的基层组织建设和干部队伍建设；办理具体海关业务，反馈执法作业结果；完成大连海关交办的其他工作。
丹东海关	设办公室（党委办公室）、人事政工科（党委组织宣传部）、综合保障科、离退休干部科、综合业务科、口岸监管科、检疫监管科、统计科、查验一科、查验二科、查验三科、查验四科、物流监控一科、物流监控二科、稽查科、企业管理科、保税监管科、公路旅检科、铁路旅检科、边民互市区监管科、太平湾监管科、邮检科、业务监控科、业务规范科24个科级机构。实有关员207人，中共党员177名。功能类型为偏口岸综合型，管辖范围为：丹东港浪头港区、丹东公路口岸、太平湾口岸、浪头机场、安民临时开放口岸和丹东市振兴区（不含安民镇其他区域）、元宝区、振安区、凤城市、宽甸县。主要负责党的基层组织建设和干部队伍建设；办理具体海关业务，反馈执法作业结果；承担丹东地区的稽查任务；完成大连海关交办的其他工作。
本溪海关	设办公室（党委组织宣传部）、综合业务科、查检科3个科级机构。实有关员25人，中共党员19名。功能类型为属地型，管辖范围为：本溪市。主要负责党的基层组织建设和干部队伍日常管理；办理具体海关业务，反馈执法作业结果；完成大连海关交办的其他工作。
大连海关风险防控分局	设综合业务科、数据信息科、风险分析一科、风险分析二科、风险分析三科、风险分析四科、风险处置科、风险运行监控科8个科级机构。实有关员43人，中共党员36名。承担风险监测工作，建立风险评估指标体系、风险监测预警和跟踪制度、风险管理防控机制；组织实施业务风险管理；组织实施涉及禁限管制、侵权、伪瞒报、夹藏或申报不实等安全准入风险防控，组织协调涉及口岸公共卫生安全、生物、进出口商品和食品安全等安全准入风险防控；组织协调业务风险处置，统筹管理和维护通道决策等业务流程控制，统一下达风险作业指令；统筹管理业务风险信息，组织开展口岸情报收集和交换，定期发布口岸安全运行报告；与海关总署风险防控中心开展业务沟通配合；开展业务运行风险评估和风险防控绩效评估；承担大数据应用工作；承办总关交办的其他工作事项。

表 1-3　2021 年大连海关所属事业单位情况表

名称	设置情况
大连海关后勤管理中心	设综合管理部、人力资源部、财务部、安全保卫部、物业服务部、生活服务部、采购服务部、资产服务部、车辆服务部和经营管理部 10 个机构。实有人员 48 人，中共党员 41 名。承担大连海关机关安全保卫、环境卫生及节能减排等工作；承担大连海关机关固定资产、房产的日常管理，公有用房、集体宿舍的服务管理，办公、生活基础设施设备的使用维护工作；承担大连海关机关人员制式服装量制分发和消耗性办公用品发放工作；承担大连海关机关食堂及内部生活服务管理工作；承担大连海关公务车辆管理及保障工作；承担大连海关机关、后勤管理中心政府采购和一般采购工作；承担后勤产业运营管理工作；承担自身组织建设和队伍建设，按授权承担本单位组织人事管理工作。
大连海关技术中心	设综合管理部、人力资源部、财务部、业务部、食品理化实验室、食品生物实验室、动物检疫实验室、植物检疫实验室、工业消费品实验室、矿产品金属材料实验室、石油产品实验室、危险化学品及包装实验室、双 D 港实验室 13 个机构。实有人员 124 人，中共党员 77 名。承担海关归类化验、检验检疫、检测鉴定等工作，为一线执法和监管提供技术支撑保障；承担科研与技术开发、培训服务，开展有关方法标准的制修订工作；开展社会委托检验检疫和检测鉴定等业务；协助科技处承担关区实验室规划、检测技术支持及指导工作；承担自身组织建设和队伍建设，按授权承担本单位组织人事管理工作；承担所属经济实体运营管理工作。
大连国际旅行卫生保健中心（大连海关口岸门诊部）	设综合管理部、财务部、业务开发部、体检部、检测实验室 5 个机构。实有人员 29 人，中共党员 24 名。承担卫生检疫技术支撑工作；承担传染病监测体检、法定预防接种、国际旅行健康咨询工作；承担口岸病媒生物、口岸传染病监测检测工作；承担卫生检疫实验室建设、运维和管理等工作；承担卫生检疫科研、培训及技术交流工作；承担社会性医疗服务工作；承担自身组织建设和队伍建设，按授权承担本单位组织人事管理工作。
大连海关综合技术服务中心	设综合管理部、人力资源部、财务部、机场管理部、港湾管理部、北良管理部、金普管理部、金石滩管理部、旅顺管理部、庄河管理部、长兴岛管理部 11 个机构。实有人员 90 人，中共党员 56 名。负责大连周水子机场、北良港、大连邮局、七贤岭、金普、金石滩、大连港湾、旅顺、庄河、大连长兴岛、本溪海关的后勤保障工作，后勤保障日常运营和派驻人员日常管理由各隶属海关承担；承担所服务海关单位后勤保障资金的管理工作；协助所服务海关单位开展政府采购和一般采购工作；承担实验室检验检疫、检测鉴定等技术支持工作，开展相关社会委托业务；承担自身组织建设和队伍建设，按授权承担本单位组织人事管理工作。
大连海关检测技术交流中心	设综合管理部、业务管理部 2 个机构。实有人员 10 人，中共党员 10 名。承担海关系统业务理论、业务知识、检测技能培训及检测技术交流服务等工作；承担会议、公务接待等服务工作；承担海关总署党校大连校区、国门宾馆的管理工作，开展经营活动；承担自身组织建设和队伍建设，按授权承担本单位组织人事管理工作。
中国电子口岸数据中心大连分中心	设综合管理部、业务技术部 2 个机构。实有人员 2 人，中共党员 2 名。执行中国电子口岸数据中心和大连海关下达的项目开发、运行维护、推广应用任务；承担电子口岸专网分中心节点、大连关区电子口岸网络系统信息安全、运行维护，以及相关应用项目和联网企业的技术支持、操作培训、热线值班、收集项目运行情况等工作；承办大连关区电子口岸政务卡、企业卡入网的身份鉴别、录入、制作等工作；协助做好大连关区中国国际贸易单一窗口标准版推广和运行维护，参与地方电子口岸、地方国际贸易单一窗口应用项目建设；承担自身组织建设和队伍建设，按授权承担本单位组织人事管理工作。

续表

名称	设置情况
大窑湾海关综合技术服务中心	设综合管理部、财务保障部、物业管理部、后勤管理部、车辆管理部5个机构。实有人员39人，中共党员24名。承担大窑湾海关安全、保卫、环境卫生以及节能减排等工作；承担大窑湾海关固定资产和办公、生活基础设施设备的使用维护及服务管理工作；承担大窑湾海关食堂及内部生活服务管理工作；承担大窑湾海关车辆管理及保障等相关工作；承担实验室检验检疫、检测鉴定等技术支持工作，开展相关社会委托业务；承担自身组织建设和队伍建设，按授权承担本单位组织人事管理工作。
营口海关综合技术服务中心	实有人员8人，中共党员4名。承担营口海关安全、保卫、环境卫生以及节能减排等工作；承担营口海关固定资产和办公、生活基础设施设备的使用维护及服务管理工作；承担营口海关食堂及内部生活服务管理工作；承担营口海关车辆管理及保障等相关工作；承担实验室检验检疫和检测鉴定等技术支持工作，开展相关社会委托业务。
鲅鱼圈海关综合技术服务中心	实有人员44人，中共党员32名。承担鲅鱼圈海关安全、保卫、环境卫生以及节能减排等工作；承担鲅鱼圈海关固定资产和办公、生活基础设施设备的使用维护及服务管理工作；承担鲅鱼圈海关食堂及内部生活服务管理工作；承担鲅鱼圈海关车辆管理及保障等相关工作；统筹营口、鲅鱼圈、盘锦、鞍山海关的实验室检验检疫和检测鉴定等技术支持工作，开展相关社会委托业务。
盘锦海关综合技术服务中心	实有人员4人，中共党员3名。承担盘锦海关安全、保卫、环境卫生以及节能减排等工作；承担盘锦海关固定资产和办公、生活基础设施设备的使用维护及服务管理工作；承担盘锦海关食堂及内部生活服务管理工作；承担盘锦海关车辆管理及保障等相关工作；承担实验室检验检疫和检测鉴定等技术支持工作，开展相关社会委托业务。
鞍山海关综合技术服务中心	实有人员8人，中共党员6名。承担鞍山海关安全、保卫、环境卫生以及节能减排等工作；承担鞍山海关固定资产和办公、生活基础设施设备的使用维护及服务管理工作；承担鞍山海关食堂及内部生活服务管理工作；承担鞍山海关车辆管理及保障等相关工作；承担实验室检验检疫和检测鉴定等技术支持工作，开展相关社会委托业务。
东港海关综合技术服务中心	实有人员16人，中共党员12名。承担大东港海关安全、保卫、环境卫生以及节能减排等工作；承担大东港海关固定资产和办公、生活基础设施设备的使用维护及服务管理工作；承担大东港海关食堂及内部生活服务管理工作；承担大东港海关车辆管理及保障等相关工作；承担实验室检验检疫和检测鉴定等技术支持工作，开展相关社会委托业务。
丹东国际旅行卫生保健中心(丹东海关口岸门诊部)	实有人员8人，中共党员5名。承担丹东地区卫生检疫技术支撑；承担丹东地区传染病监测体检、法定预防接种、国际旅行健康咨询工作；承担丹东地区口岸病媒生物、口岸传染病监测检测工作；承担丹东地区卫生检疫实验室建设、运维和管理等工作；承担丹东地区卫生检疫科研、培训及技术交流工作；承担社会性医疗服务工作。
丹东海关综合技术服务中心	实有人员17人，中共党员11名。承担丹东海关安全、保卫、环境卫生以及节能减排等工作；承担丹东海关固定资产和办公、生活基础设施设备的使用维护及服务管理工作；承担丹东海关食堂及内部生活服务管理工作；承担丹东海关车辆管理及保障等相关工作；承担实验室检验检疫和检测鉴定等技术支持工作，开展相关社会委托业务。

大连海关工作会议、全面从严治党工作会议、庆祝中国共产党成立100周年“两优一先”表彰大会文件选辑

在2021年大连海关工作会议上的讲话

大连海关党委书记　居峰

（2021年2月3日）

这次会议的主要任务是：以习近平新时代中国特色社会主义思想为指导，深入贯彻党的十九大和十九届二中、三中、四中、五中全会及中央经济工作会议精神，认真落实全国海关工作会议、全面从严治党工作会议部署要求，总结工作、分析形势、明确任务，研究安排2021年工作。

一、“十三五”时期和2020年工作回顾

“十三五”时期，大连海关坚持以习近平新时代中国特色社会主义思想为指导，以维护国门安全为根本，以促进贸易便利化为重点，以机构改革为契机，以建设新时代“一流强关”为目标，全面推进“政治建关、改革强关、依法把关、科技兴关、从严治关”，圆满完成各项工作任务，为推动经济高质量发展、促进高水平开放做出应有贡献。一是政治建设不断加强。坚持深入学习习近平新时代中国特色社会主义思想，不断增强“四个意识”、坚定“四个自信”、做到“两个维护”。坚决贯彻习近平总书记重要指示批示精神和中央重大决策部署。党的建设得到有力加强，两级党委设置和运行得到规范，基层党组织“强基提质”取得明显成效。二是

各项改革稳步推进。全面落实《海关全面深化改革总体方案》，推进“三互”大通关改革，加快特殊区域整合优化。实现全国通关一体化。按照机构改革部署，实现关检业务全面融合。稳步推进海关2020改革方案落地实施。三是监管能力全面提升。积极推进关检业务深度融合，完成各业务现场关检优化整合工作，实现“一口对外、一次办理”。构建监管制度体系“四梁八柱”，同步推进制度建设、指令协同、联合作业及信息化系统升级改造，监管制度更加完善，监管流程逐步优化，监管效能全面增强。四是守卫国门严密高效。全面做好口岸传染病、动植物疫病疫情防控，妥善应对进出口食品安全突发事件，强化危险化学品监管，坚决打击“洋垃圾”和濒危动植物及其制品走私，参战蓝天行动，不断筑牢口岸国门防线。五是服务效能显著优化。围绕深化“放管服”改革、提升跨境贸易便利化出台务实举措，持续优化口岸营商环境。大力压缩进口、出口整体通关时间，截至2020年，进口、出口通关时间分别较2017年压缩77.33%和94.07%。创新自由贸易试验区监管制度，2017年以来连续3年入选国务院复制推广案例。建成东北亚进出口商品质量风险监测中心。六是队伍建设坚强有力。从严治党责任进一步压实，政治生态实现根本性好转，准军事化纪律部队建设不断加强，总关机关及全部隶属海关均获得省级以上文明单位称号。

在刚刚过去的2020年，面对突如其来的新冠肺炎疫情，面对严峻复杂的外贸形势，大连海关在总署党委的坚强领导下，在地方党政的大力支持下，保持定力，迎难而上，奋勇前行，以“能力提升年”为抓手，以激发干部队伍活力为着力点，全面推进“五关”建设，各项工作取得新的成绩和进步，干部队伍精气神进一步提升，解决历史遗留问题有了突破性进展，关区稳步发展的态势已经形成，新时代“一流强关”建设迈上新台阶，得到总署及地方党委政府的充分肯定。

（一）政治建关持续深入。

坚持把讲政治贯穿到关区工作各方面、全过程，增强“四个意识”、坚定“四个自信”、做到“两个维护”。

1. 推动学习贯彻习近平新时代中国特色社会主义思想走深走实。

党委围绕习近平总书记重要讲话和十九届四中、五中全会精神等主题，开展专题学习36次、中心组扩大学习4次。开展十九届四中全会精神处级干部培训班3期，实现处以上领导干部全覆盖。各基层党组织通过“三会一课”等多种形式，组织广大党员干部持续深入学理论、用理论，累计学习超5万人次。

2. 贯彻落实习近平总书记重要指示批示精神坚决有力。

始终把学习贯彻习近平总书记重要指示批示精神作为首要政治任务，坚持第一时间传达学习、研究贯彻，坚持作为月例会第一议题，通过任务分解、建立台账、督查督办等方式，确保落地见效。统筹疫情防控和经济社会发展。圆满完成脱贫攻坚任务，扶贫点全部脱贫摘帽。

3. 推动政治机关建设成效明显。

开展政治机关意识教育，提升党员学习意识。认真落实总署模范机关创建意见，抓好关区创建工作。坚持党管意识形态，定期分析研判意识形态情况，不断强化阵地管理，壮大主流声音，扩大正面宣传。固化“不忘初心、牢记使命”长效机制，坚持开展爱国主义、革命传统、先进典型、廉政警示教育，不断提升关警员理想信念。修订完善两级党委班子议事规则，班子运行机制更加健全，党委把方向、管大局、保落实作用更加突出。

4. 扎实推进巡视整改和政治巡察。

全力配合完成总署党委巡视大连海关党委工作，扎实推进问题整改，制定96项整改措施。开展3轮政治巡察工作，制定《巡察监督要点》，被总署巡视办作为海关系统2家基层单位典型之一推荐上报中央巡视办。开展清理历史遗留专项行动并取得明显成效。

（二）疫情防控抓紧抓实。

坚持内外同防、人物同防，抓实抓细抓好各项防控工作，全力打好新冠肺炎疫情口岸防控阻击战。

1. 加强组织领导和制度建设。

坚决贯彻习近平总书记重要指示批示精神，严格落实总署各项工作要求，第一时间成立疫情防控指挥部，加强疫情防控组织领导。加强制度建设，按照防控不同阶段要求，制订并及时调整防控总体工作方案、工作指引，制订包机检疫、分流航班、冷链监测和预防性消毒等专项工作方案预案共计30余个，发布文件摘要38期。强化联防联控和应急处置，加强与边检、卫健、口岸、市场、交通等部门协作，形成防控合力。

2. 加强出入境人员检疫。

严格落实“三查三排一转运”工作要求，严格实施健康申明卡核验、两道测温、流行病学调查等7个100%。持续加强高风险国家入境人员、高风险布控航班卫生检疫。持续监测全球传染病疫情信息，同步严防埃博拉、黄热病等重大传染病传入，防止疫情叠加。

3. 加强冷链食品监管。

严格按照总署要求组织开展进口冷链食品风险监测和口岸预防性消毒。制作核酸采样标准化作业教学视频在全国海关推广。全国首次在厄瓜多尔白虾包装和装载环境中检出新冠病毒阳性并做好应急处置；严格执行总署冷链运输途径风险防控要求；严格监督实施口岸环节预防性消毒，有效防范疫情通过冷链食品传入风险。

4. 加强内部安全防控。

加强一线执法作业人员和实验室检测人员防护，严格实施一线工作人员定期核酸检测和血清抗体检测。编制内部工作人员感染新冠病毒应急处置工作方案，规范指引内部疫情防控相关工作。适时组织开展疫苗接种。加强出差出行管理，规范公共区域和设施消毒、严格楼院管控。

5. 加强疫情防控保障。

第一时间发出政治动员，建好建强一线、应急、预备三支队伍，组织 14 批、329 名关员支援疫情防控工作。认真落实总署激励关爱疫情防控一线党员干部职工担当作为 11 条措施，3 个集体、16 名个人和 2 名民警分别荣获全国海关和总署缉私局抗击新冠肺炎疫情先进表彰，多个集体和个人获地方政府表彰。强化实验室检测能力建设，新冠病毒核酸检测能力由日检测 200 份提升至日检测 2, 000 份。

（三）执法效能稳步提升。

坚持强化正面监管，严格工作措施，持续提升风险防控能力，全方位筑牢国门安全防线。

1. 提升口岸监管效能。

开展安全生产专项整治三年行动、“安全生产月”及“安全生产万里行”活动。组织开展口岸监管业务风险排查整改。完成整改升级及行政审批监管作业场所 75 家。规范进出口货物取样送检工作。加强监管设备配备投入，配备 X 光机、毫米波人体检查设备及音视频执法记录仪等设备、危险化学品查验防护装备等，实现辐射监测设备成功联网。推广应用邮递物品管理子系统，实现进出境邮递物品全口径信息上线。人工分析能力水平有效提升。

2. 筑牢国门安全屏障。

以最严格措施防止口岸非洲猪瘟、高致病性禽流感、沙漠蝗、草地贪夜蛾等重大动植物疫病疫情和外来有害生物传入。加强危险化学品检验监管。建立进口食品全链条监管工作机制，强化食品准入管理，严格执行风险监测计划。

3. 建立综合治税新格局。

强化大局意识，健全税收质量考核机制，常态化开展税收征管指标运行监控，圆满完成总署年度税收任务。完善税收风险防控体系，加强与税管局协同配合，发挥集中验估优势。主动开展重点商品风险排查，关税、风险防控、缉私、企业管理稽查联合研判涉税风险。

4. 坚决打击走私违法活动。

围绕“中央关注、社会关切、群众关心”的突出走私问题，坚持“破大案、打团伙、除网络”，实施持续性打击。从严从重从快打击出口假冒伪劣防疫物资。连续破获非设关地进境走私犯罪案件，接收并办理边检部门移交非设关地走私行为案件。

5. 完善业务领域执法保障。

全面推行行政执法“三项制度”，选取旅检、稽查、处罚领域建立制度模型，以点带面推进实施。强化诉源治理，有效管控风险，前置性化解复议诉讼、税收监管纠纷，实现“遏增量、减存量、零败诉”。开展普法讲师团巡讲活动，做好民法典宣贯。加强“扫黄打非”和知识产权保护。开展国门生物安全宣传教育，创新利用H5新媒体推出线上国门把关体验活动，吸引全球60个国家和地区108万人参与。做好“新海廉”平台应用工作，推进内控节点指标应用和岗位清单落实。

（四）改革创新协调推进。

坚持以改革促融合，以创新促发展，不断拓展改革的广度和深度，成为推动海关发展的强大动力。

1. 推进通关业务改革。

以“两步申报”为牵引，推进海关2020“五项创新”改革落地实施，“两步申报”应用率稳步提升，建立科学随机和人工精准布控动态监控机制，实施入境与入市两段准入监管，全面落实“四自一简”，启动C类快件纳入货物通关一体化作业。深化“放管服”改革，实施行政审批“零接触”网上办理，落实“多证合一”，“证照分离”改革全面落地。深化大宗商品、冷链、船舶等重点领域业务改革，打造六个“大连特色品牌”初见成效。

2. 加快制度创新。

进出口商品智慧申报导航服务入选国务院第六批自贸改革试点经验。出口货物检验检疫证书“云签发”和“无感稽查”新模式获得总署自贸创新举措备案，船舶保税供油“集出分供”新模式等10项创新举措入选辽宁省第四批改革创新经验。深入推进“保税领域八张牌”扩项增量工作，支持保税领域重点产业行业发展。在全国率先开展“多国别、多矿种”保税混矿。推进集约高效监管改革，建成集中审像中心和加工贸易保税监管集中审核作业中心，在全国率先开展市场领域“双随机”跨部门联合检查。

3. 扎实推进科技兴关工作。

开发上线“云签发”“进境旅客电子化辅助系统”信息化项目，在疫情防控、助推企业复工复产工作中发挥重要作用。圆满完成网络攻防演练、数据安全等专项行动，关区信息系统运行安全稳定。持续推进实验室优化整合，加强实验室设备配备，完成丹东口岸P2实验室建设。2020年获总署科研立项11项、行业标准立项7项，5项省部级项目顺利通过验收，获得大连市科技进步奖2项。

（五）服务经济成果显著。

坚持优化服务，聚力“六稳”“六保”，充分发挥职能优势，创新出台多项服务举措，推动外贸促稳提质。

1. 精准服务外贸发展。

出台支持复工复产15条措施、组织落实稳外贸稳外资56条措施。落实税收减免等政策。“百人千企”对口帮扶机制解决各类困难和问题485项。出台支持水产加工行业发展10项举措和冷链产业发展专项措施。技术帮扶解决船务企业生存危机，保障万人就业。精准施策助力草莓、大樱桃等特色农产品开拓出口市场，开辟杂粮国际中转新通道。承担9篇署级课题，数量创历史新高，统计分析报告获中央领导批示 10 次。

2. 优化口岸营商环境。

实施“提速保畅助产”压缩通关时间 2020 行动计划，努力降低疫情影响，保障口岸提速增效。出台便利高级认证企业 16 项措施，开展“线上+线下”多渠道信用培育，AEO 数量突破 100 家。压缩检疫审批时长，开通进口鲜活农产品绿色通道，优化进境粮食锚地检疫流程，服务进口农产品保供稳价。实现全国首票出口退税燃料油通关。开展平行进口汽车跨关区保税展示业务。深化与辽宁港口集团、辽渔集团等战略合作，支持上期所、大商所新增原油、铁矿期货保税交割库。

3. 打造对外开放新高地。

推进特殊监管区域整合优化，大连湾里综合保税区、大窑湾综合保税区先后获得国务院批复。北良港新建泊位、LNG（液化天然气）接收站码头、盘锦港新增泊位实现对外开放，开辟空海陆快件多式联运新邮路和冷链物流新通道，开通邮政航空专机新航线。支持鞍山西柳市场采购业务试点、大连出口二手车试点获批。跨境电商零售进口清单同比增长 32.82%。

（六）全面从严治党纵深推进。

坚持从严治党、从严治关，深化“强基提质”、严明队伍纪律、锤炼过硬作风，不断深化清廉海关建设。

1. 党建基础不断夯实。

开展合格支部验收，评选首批“四强”党支部，召开关区“四强”党支部建设推进会暨机关党建工作现场会。出台加强组织建设和提升品牌质量 21 项措施，4 个党组织被授予全国海关基层党建示范和培育品牌。开展“补短板、强基础”专项行动、“党组织标准化规范化建设”专项巡察、“灯下黑”问题专项整治和“基层党建制度落实年”等活动。

2. 准军建设继续加强。

从严正风肃纪，开展内务规范强化月活动 2 次，开展窗口纪律作风检查和机关内务督察 28 次，组织特约监督员对窗口纪律作风进行暗访和行风评议。推进政务服务平台“好差评”系统建设。深化岗位练兵，在全国海关进口肉类岗位练兵技能比武中获第 4 名。强化教育培训，完成关区范围培训 100 期，培训 7.06 万人次。深化文明创建工作，8 个单位获评或继续保留全国文明单位称号，其余 11 个隶属海关均获评省级文明单位或标兵。离退休干部工作进一步加强，工青妇、海关学会、各企事业单位等围绕中心工作，服务保障水平稳步提升。

3. 领导班子和干部队伍建设全面加强。

坚持“好干部”标准，突出基层实绩导向，选优配强领导班子、持续优化班子结构。加强执法一线科长队伍建设，选拔 2 名执法一线科长担任隶属海关党委委员，执法一线科长全部选配到位。开展优秀年轻干部集中调研，加强干部梯队建设。坚持择优导向，兼顾效率公平。落实专业技术类公务员改革部署和职级公务员评授关衔政策。稳步推进事业单位改革，清理注销非中编办批复事业单位，在大连地区隶属海关推行后勤保障一体化。严格领导干部日常监督管理。

4. 清廉海关建设成效显著。

制定并督导关区落实好全面从严治党主体责任清单，坚持每半年召开党风廉政建设工作例会。深入开展专项监督。创新开展执法专项检查。强化审计监督，配合完成总署执法领域远程联网审计，完成关区审计项目 8 个，持续推进审计整改。精准运用监督执纪“四种形态”，队伍面貌焕然一新，总体积极向上、全面向好的态势已经形成，关区政治生态发生根本性好转。

同志们，过去一年我们迎难而上、砥砺奋进，成绩的取得来之不易，需要我们倍加珍惜，鼓足干劲，继续奋斗。这些成绩的取得，离不开总署党委的正确领导，离不开地方党委政府的大力支持，离不开关区全体干部职工的辛勤努力。在此，我代表总关党委，向一年来关心支持大连海关发展的地方党政、社会各界和新闻媒体表示由衷的感谢！向所有奋战在口岸疫情防控一线的同志们，向为维护国门安全、服务经济发展做出贡献的全体干部职工表示崇高的敬意！向一直以来理解支持关心大连海关建设的离退休老同志和干部职工家属致以美好的祝愿！

回顾一年来的工作，我们深深体会到：建设“一流强关”，必须坚决做到“两个维护”，强化政治担当，旗帜鲜明讲政治，走好第一方阵；必须坚持改革创新，统筹兼顾，提升履职能力水平，打造服务外贸新优势；必须牢牢把握强监管守国门的主体责任，坚持依法把关，坚决防控各类风险，筑牢国门防线；必须坚持科技支撑，提高技术保障能力，持续推动海关高质量发展；必须持续推进全面从严治党，建强班子，带好队伍，为“一流强关”建设提供人才保障。

二、准确把握新发展阶段关区工作面临的新形势新要求

党的十九届五中全会描绘了“十四五”规划、开启建设社会主义现代化国家新征程的宏伟蓝图，对立足新发展阶段、贯彻新发展理念、构建新发展格局做出重大战略部署。总署提出到 2035 年基本建成社会主义现代化海关目标，推进“五关”建设水平大幅提升。我们要完整、准确、全面贯彻新发展理念，准确把握面临的新形势新要求，坚持系统观念，统筹发展和安全，强化监管优化服务，促进更高水平开放，为构建新发展格局做出新贡献。

一要清醒认识旗帜鲜明讲政治提出的新要求。习近平总书记指出，旗帜鲜明讲政治，既是马克思主义政党的鲜明特征，也是我们党一以贯之的政治优势，要善于从政治上观察和处理问题，使讲政治的要

求从外部要求转化为内在主动。倪岳峰署长强调，做到“两个维护”是持续努力和不断深化的过程，需要持之以恒、反复检视，要在提高政治判断力、政治领悟力、政治执行力上下功夫，不折不扣地贯彻落实习近平总书记对海关工作的重要指示批示精神。

二要清醒认识守卫国门安全面临的新挑战。我们必须要深入贯彻总体国家安全观，统筹发展和安全，牢固树立底线思维，随时准备应对更加复杂困难的局面，提高预警研判能力，加强联防联控，全面筑牢国门安全防线。

三要清醒认识促进高水平开放承担的新任务。海关处于对外开放第一线，是国内国际双循环的交汇枢纽，我们必须要增强担当意识，准确识变，科学应变，主动求变，善于在危机中育先机，于变局中开新局，在推动高质量发展方面实现新作为。

四要清醒认识关区队伍建设出现的新情况。当前，大连海关政治生态已发生根本性好转，干部队伍精气神进一步提振。我们必须要保持清醒头脑，坚持严管厚爱，强化正风肃纪，同时要着力破解队伍建设中遇到的新情况新问题，最大限度保障好干部群众的切身利益。

面对新形势新要求，针对当前关区工作质量亟待提升的客观实际，锚定建设新时代“一流强关”目标，总关党委决定，在2019年“管理强化年”和2020年“能力提升年”的基础上，把2021年定位为“质量提升年”。全面提升工作质量，这既是立足新发展阶段，贯彻新发展理念，构建新发展格局的必然要求，也是建设新时代“一流强关”的迫切需要。希望关区各级党组织和干部职工把思想和行动统一到总关党委部署上来，聚焦职责任务，紧盯强关目标，把提升工作质量贯穿“五关”建设各领域、全过程，强化监管，优化服务，为构建新发展格局、推动高质量发展展现更大作为，力争2021年关区各项绩效考核排名比2020年有新提升。

一要提升党建工作质量。要强化政治机关意识，加强政治统领。要严格落实组织生活制度，提升党内政治生活质量。要将党的全面领导贯穿各项工作，强化党建责任落实，坚持党建与业务工作同部署同落实，促进融合发展。要加强“四强”党支部建设，深化“强基提质”工程，提升党建品牌质量和效应，充分发挥党组织功能。要深入推进全面从严治党，高质量打造清廉海关。

二要提升执法工作质量。要进一步明晰执法职责边界，明确岗位职责要求，确保海关职责履行到位。要全面推进行政执法“三项制度”，进一步加强执法基础工作，不断提高执法的规范性统一性。要坚持依法监管，强化制度的刚性约束，按程序办事、按规则办事，确保有法可依、有章可循。要严格公正执法，坚决纠正随意执法、粗放执法、执法不公等问题，让权力在阳光下运行，让企业群众在办理每一项海关业务时，都能感受到公平公正。

三要提升服务发展工作质量。要全面深化“放管服”改革，进一步压缩通关时间，优化通关服务，提高通关效率，不折不扣落实减税降费政策措施，不断释放改革红利。要在强化监管的前提下，积极推动国内国际市场双向开放，高质量抓好精准服务，增强企业的获得感。要鼓励基层一线关员改革创新，推出更多优化服务措施在全国、全省复制推广，在构建新发展格局、推动高质量发展中彰显海关作为。

四要提升综合保障工作质量。要强化法治意识，进一步加强法规制度梳理完善，提升法治保障水平。要优化实验室布局，提高检测能力，按标准建设，按规程检测，确保检得准、检得快。要完善口岸监管场所设施设备，提高人防、技防相结合的风险防控能力。要推进新技术、新装备广泛应用，全面提升关区信息化、智能化、数字化水平。要提高资金使用效益，提升办公、后勤等综合保障效能。

五要提升管理工作质量。要加强人、财、物等日常管理制度建设，提高管理精细化水平。要建立健全强化纪律作风的检查、监督、整治机制，推进日常养成更加规范、政风行风明显提升。要培养既懂业务、又会管理的复合型干部，形成主动管理、善于管理，一级抓一级、层层抓落实的良好局面。

三、勠力同心，乘势而上，高质量做好 2021 年工作

2021 年是“十四五”规划开局之年，也是大连海关建设新时代“一流强关”的关键之年。面对新形势新任务，党委研究认为，今年我关工作的总体要求是：以习近平新时代中国特色社会主义思想为指导，全面贯彻党的十九大和十九届二中、三中、四中、五中全会精神，认真落实中央经济工作会议精神，按照全国海关工作会议、全国海关全面从严治党工作会议部署，立足新发展阶段，贯彻新发展理念，构建新发展格局，以党的政治建设为统领，以推动高质量发展为主题，以改革创新为动力，以“质量提升年”为抓手，坚持系统观念，围绕统筹发展和安全、促进国内国际双循环、保产业链供应链稳定，坚决筑牢国门安全防线，扎实做好常态化疫情防控，全力促进外贸稳增长，全面推进“政治建关、改革强关、依法把关、科技兴关、从严治关”，开启新时代“一流强关”建设新征程，以优异成绩庆祝建党 100 周年。

今年，着重抓好以下 7 个方面工作：

（一）坚持政治建关，走好“第一方阵”。

始终把“政治建关”作为首要任务，坚决做到“两个维护”，不断提高政治判断力、政治领悟力、政治执行力，强化政治机关意识，高质量推进关区政治建设。

1. 坚决落实习近平总书记重要指示批示精神。

坚持“第一时间”学习、落实“第一议题”制度，完善任务分解、台账督办、例会反馈、督查问责等机制，构建学习、传达、落实、问效的闭环链条。坚决落实落细习近平总书记关于禁止“洋垃圾”入境、打击象牙等濒危动植物走私、推动东北全面振兴、促进国内国际双循环等重要指示批示精神，坚持统筹疫情防控和经济社会发展，闻令而动、遵令而行。以高度的政治责任感抓好总署巡视整改，开展巡视整改“回头看”工作，加强评估问效，不折不扣完成整改任务。

2. 深入学习贯彻习近平新时代中国特色社会主义思想。

发挥党委理论学习中心组龙头作用，健全学习情况报备、巡听旁听机制，推动提升学习质量。落实好十九届五中全会精神学习方案，开展好各级培训，深入推进青年理论学习提升工程。推动各级党组织结合实际丰富学习内容、灵活教学形式，真正做到学深悟透、融会贯通。完善党员干部读书自学机制，提升党员干部自学能力。巩固深化“不忘初心、牢记使命”主题教育成果，继续开展爱国主义、革命传统、先进典型教育，宣传和践行好社会主义核心价值观，强化理想信念。

3. 深化政治机关建设。

持续推进“坚持政治建关强化政治机关意识”教育和模范机关创建。落实好意识形态责任制清单内容，加强落实意识形态责任制检查考核机制。开展好建党100周年系列庆祝活动，抓好党的优良传统和作风教育。督导基层党组织认真落实支部工作条例和党员教育管理工作条例，严格党员教育管理监督，把严肃党内政治生活抓在日常、严在经常。

（二）坚持常抓不懈，做好常态化口岸疫情防控。

要强化组织领导，狠抓工作落实，巩固完善境外、口岸、境内三道防线，健全口岸公共卫生体系，有效提升应对重大疫情和处置突发公共卫生事件的能力和水平。

1. 切实做好口岸出入境卫生检疫。

加强风险评估监测和重点布控，严格落实“三查三排一转运”防控措施，做好重点航班、陆路水运口岸的出入境人员及交通工具检疫。加强与地方联防联控机制及各相关单位的信息共享和沟通协作，实现无缝对接、闭环管理。

2. 严格做好高风险货物风险监测和预防性消毒工作。

严格执行总署相关要求，进一步完善进口冷链食品疫情防控工作机制，强化现场采样和规范操作监督，落实应急处置措施，加强口岸风险防控。严格监督落实口岸环节进口冷链食品和高风险非冷链集装箱货物预防性消毒措施，夯实各方责任。严格落实联防联控机制要求，形成防控合力，严防疫情输入风险。

3. 持续做好内部安全防控。

建立健全“三位一体”安全防护体系、“3+2”安全防护监督制度和安全防护监督员队伍，认真执行防护规定，严格落实一线人员应检尽检要求。持续强化干部职工防护，加大一线保障力度。

（三）坚持依法把关，筑牢国门安全防线。

深入贯彻落实总体国家安全观，坚持底线思维和风险意识，大力推进监管能力水平提升工程，补短板、堵漏洞、强弱项，夯实监管之基，严格依法履职，坚决维护国门安全。

1. 提升综合监管效能。

以风险管理为主线，持续推进全领域全链条风险一体化防控，积极开展以供应链为单元的风险防控，建立风险情报信息网络，提升布控针对性和有效性。建立健全口岸监管工作机制，深化“查检合一”改革，提高口岸监管水平。继续推进行李物品、免税品、邮递物品监管智能化、规范化建设，完善旅检“无感通关”模式。严格进出口贸易禁限管控，加强口岸环节反恐维稳，实施安全生产专项整治。强化知识产权海关保护，开展“龙腾行动2021”。规范监管作业场所运行管理，完善口岸三级运行监控指挥体系。深化信用管理体系建设，加强后续监管，推广“互联网+稽核查”监管，开展涉税、涉检等重点领域专项稽核查。

2. 筑牢国门安全防线。

加强埃博拉、拉沙热、鼠疫等重大传染病防控，严防疫情叠加。持续防范非洲猪瘟、高致病性禽流感、沙漠蝗、草地贪夜蛾等疫情疫病传入传出和外来物种入侵。落实“四个最严”要求，精准开展进出口食品农产品监管及安全风险监测，持续推进进口食品“国门守护”行动。强化进出口消费品检验监管，完善质量安全风险预警和快速反应监管体系，加强风险监测点建设。强化进出口危险化学品等重点敏感商品的检验监管。

3. 切实做好税收工作。

坚持量质效并举，完善关区税收征管作业制度，打造顺应发展趋势、“齐抓共管”的综合治税新格局，全力完成税收预算目标。加强税收监控分析，强化归类审价原产地管理，优化非贸税收征管机制，深化属地纳税管理平台建设，推动大连海关与税管局错位监管、优势互补，构建覆盖征管作业全流程的税收风险协同防控新机制。落实关税调整、减税降费等国家税收政策，增强税政调研的覆盖面和精准度，推广关税保证保险、汇总征税、自报自缴等征管便利化措施，积极参与总署“关税大数据攻关”工程，全方位提升税收征管效能。

4. 保持打私高压态势。

落实打击走私工作“1+6”项制度，加强组织领导，各隶属海关关长要把打私“第一责任人”职责履行到位，推进全员打私，强化专业打击，构建防控、监管、打击一体化的海关打私体系。推进“智慧缉私”建设，开展智能化监测分析预警。组织开展“国门利剑2021”以及大连海关“DJ”系列缉私行动，严厉打击成品油等重点涉税商品、冻品食糖等农产品、涉枪涉毒等走私。深化反走私综合治理，推动地方政府主体责任落实，建立多部门打私协作机制，发挥公安专业优势和海关行业优势，强化多警种合成作战。

（四）坚持促稳提质，助力构建新发展格局。

要在管得住的前提下，积极主动作为，提升服务效能，推动外贸高质量发展，促进更大范围、更宽领域、更深层次的对外开放，更好服务构建新发展格局。

1. 支持开放平台建设。

深入推进海关特殊监管区域优化升级，完善政策措施，加强绩效评估，提升综合保税区聚集带动作用，打造高水平开放、高质量发展新引擎。支持中日（大连）地方发展合作示范区、太平湾“港产城”一体化发展等地方重点项目建设。完善国际中转、多式联运、邮轮经济等监管服务体系，助力东北亚国际航运中心建设，支持大连探索建立自由贸易港。围绕“一带一路”建设加强国际合作，加强边境口岸通关协调，支持中欧班列和陆海新通道建设，深入推进AEO互认、落实电子证书联网核查。以加入《区域全面经济伙伴关系协定》（RCEP）为契机，加强与日韩海关的国际间合作，推进国际贸易“单一窗口”互联互通试点。

2. 优化口岸营商环境。

深化“放管服”改革，全面落实“证照分离”，拓展“多证合一”改革、“双随机、一公开”监管，推进涉企经营许可事项分类改革，落实证明事项告知承诺制。落实精简进出口环节监管证件和随附单证要求，巩固压缩整体通关时间成效，降低进出口环节合规成本。扩大“两步申报”“两段准入”“船边直提”“抵港直装”“灵活查验”等措施应用范围，推动跨境贸易便利化措施落地落实。实施“百人千企”扩量提质，提升12360服务热线处置能力，及时解决痛点难点问题。完善全球贸易监测分析中心（大连）工作机制，深度挖掘利用进出口数据信息，加强外贸形势分析和统计监测预警，为政府决策和企业发展提供统计信息服务。

3. 促进外贸新业态发展。

支持跨境电子商务综合试验区建设，规范业态健康发展，争取开展跨境电商B2B出口试点。支持大连二手车出口、鞍山西柳服装城市场采购贸易开展试点。支持大连金普新区进口贸易促进创新示范区建设，支持先进高端装备、改善民生商品进口和展示交易。

4. 维护产业链供应链安全稳定。

推广企业集团加工贸易监管模式，促进保税维修等业务发展，探索高端制造业全产业链保税模式。加强通关保障，支持先进技术、重要设备、关键零部件原材料进口，加强种质资源引进保障。优化监管方式，保障国内紧缺和满足消费升级需求的优质消费品、食品农产品扩大进口，促进国内市场保供稳价。加强技术性贸易措施预警和通报评议，推动出口转型升级，保障产品质量、促进扩大出口。深化与重点地区和企业合作，“一产一策”“一企一策”支持重点行业、龙头企业发展。

（五）坚持系统观念，推动改革创新。

从系统观念出发，落实全面深化改革工作部署，发挥科技创新的引领支撑作用和法治的基础保障作用，不断提升海关制度创新和治理能力建设水平。

1. 深化重点领域改革。

紧扣高质量发展推进海关全业务领域一体化。持续推进关检业务深度融合，深化口岸监管、税收、加贸、检验、检疫等各领域改革创新。提高系统集成水平，强化业务结合部协调联动及口岸与属地协同监管。以“五项创新”为指引，优化监管资源配置，提高监管精准性、有效性。加快推进 RCEP 实施准备工作，研究出台与关区业务实际相适应的监管创新举措。持续推进“保税领域八张牌”扩项增量，在巩固成果的基础上，继续深化保税混兑业务、创新保税研发测试、优化跨境电商监管等重点工作，扩大成效。继续探索自由贸易试验区海关监管制度创新，推出新一批创新举措，提升制度创新水平。

2. 强化科技创新引领支撑。

推进业务科技融合发展，加强科研攻关和新技术转化。全面推广应用 H2018 新一代通关管理系统，加快信息系统整合优化，为业务改革提供技术保障。强化大数据、物联网、区块链等新技术应用，有效提升监管效能。推进专项领域重点实验室建设，提升实验室执法保障能力，加强实验室生物安全风险管控，抓好大连保健中心实验室改造，发挥丹东 P2 实验室和鲅鱼圈移动 P2+实验室作用。提高海关网络及信息化系统的安全保障能力，确保信息化系统安全稳定运行。

3. 加强法治建设。

进一步提高制度供给质量，做好立改废释工作，加强合法性审核，完善制度规范体系。落实落细行政执法“三项制度”，促进严格规范文明执法，维护行政相对人合法权益。推进编制大连海关权责清单，进一步清晰权力归属、规范运行流程。加大简政放权改革力度，精简行政许可事项，动态调整行政许可事项清单。探索诉源治理模式，构建多元解纷机制，实现行政复议诉讼案件源头减量。加大普法宣传力度，提升全员法治素养。

（六）坚持更高标准，全面提升综合保障水平。

建立完善职责明确、分工协作、科学高效的综合保障体系，实现日常工作运转高水平、高质量、高效率，为关区工作有序开展提供有力支撑。

1. 提升办公综合效能。

加强政务保障，严格公文办理和审核把关制度执行。改进文风会风，精简会议文件。强化督查督办，确保各项重大决策部署落实到位。加强新闻宣传和舆论引导，巩固提升信息报送质效，强化机要保密和档案管理，优化值班应急管理。做好建议提案办理，提升政务公开和信访工作满意度。

2. 做好财务后勤保障。

全面统筹资源，优化预算保障机制，严格落实“过紧日子”要求，坚持有保有压，促进预算执行提质增效。加强疫情防控经费物资保障，规范政府采购、涉案财物、基本建设、资产装备、事业单位管理。加强后勤保障工作，强化所属经济实体资产管理，加快推进闲置资产处置利用。

3. 加强督审工作。

完善关级内控体系机制，提升“新海廉”平台应用成效。持续推进署、关两级督察清单式管理，按计划完成离任审计、任中审计任务，对接好署级审计项目。加大督察审计整改力度，倒逼完善制度、加强管理、规范执法。

（七）坚持从严治党，全面加强干部队伍建设。

深化全面从严治党，切实抓好干部队伍建设，强化思想淬炼、政治历练、实践锻炼、专业训练，不断提高各级领导班子和干部贯彻新发展理念、构建新发展格局的能力。

1. 继续夯实机关党建基础。

以推动党建高质量发展为主线，组织开展“强基提质”工程效果评估，总结推广经验，提升支部建设成效。建立健全“四强”党支部创建机制，统筹安排“四强”党支部动态调整、示范引领、成果转化。强化对基层党建分类指导，推动抓好不同条线支部建设。发挥关区党建实训基地作用，组织各级党组织开展观摩培训。深入挖掘基层党建热源，继续开展关区基层党建品牌评选，促进党建品牌创建提质增效。高标准推动文明单位、青年文明号创建工作。

2. 从严从实抓好纪律作风。

持之以恒落实中央八项规定及其实施细则精神，毫不松懈纠治“四风”，深化整治形式主义官僚主义顽瘴痼疾，健全基层减负机制。落实意识形态责任制，加强和改进思想政治工作，定期开展干部队伍思想动态分析。持续抓好准军事化集训，常态化开展视频检查，通报发现问题。用好海关政务服务“好差评”系统，发挥好特约监督员作用，强化外部监督。继续规范领导干部配偶、子女及其配偶从业行为，持续开展“裸官”、违规兼任职、带病提拔、不担当不作为等重点问题专项整治。加强因私出国（境）管理，落实好因私出国（境）前审查、安全承诺和回国回访制度。

3. 建设高素质专业化干部队伍。

持续加强处科级领导班子建设，建立健全动态分析研判机制，加大选配和调整力度，不断优化领导班子知识、年龄、经历结构。推进公务员分类管理改革，统筹用好职级职数，调动各层级各年龄段干部积极性。坚持基层和实践导向，实施优秀年轻干部和专业人才一线培养锻炼计划。全面推行事业单位聘用制度，加强高学历、高层次专业人才引进和培养工作。推进选人用人检查和离任检查。

4. 持续推进清廉海关建设。

健全主体责任清单检查考核机制，坚持好廉政例会制度，做好党建述职评议考核和履责提醒工作，推动严格落实主体责任。完善监督体制机制，对企事业单位实现监督全覆盖。统筹推进政治巡视巡察等各种监督协调贯通，形成常态长效监督合力。常态化抓好廉洁教育和警示教育，加强线上线下廉政文化阵地建设，营造具有新海关特色的廉政教育氛围。完善规范巡察工作流程，推动完成年度常规巡察、专项巡察、回头看等工作。

5. 扎实做好反腐倡廉工作。

认真落实十九届中纪委五次全会精神，长期坚持严的主基调。坚持“大办案、办大案、办精案”，紧盯十九大后不收敛不收手，主动查处、重点查处，削减存量，遏制增量，不断巩固不敢腐的后墙。跟进做好案件成因分析，以案促改、以案促治。精准规范用好问责。强化政治监督，做深日常监督，推动监督落地。深化打私反腐“一案双查”机制。拓展与地方纪委监委联系配合成果。严肃查处诬告陷害行为，及时做好澄清事实工作，为干事创业干部撑腰鼓劲。选优配强纪检监察干部，努力建设纪检监察“铁军”。

旧岁已展千重锦，新年再进百尺竿。同志们，关区今年的工作思路和目标已经明确。让我们积极行动起来，以更加坚定的决心、更加务实的作风，锐意改革，拼搏实干，奋发作为，全力以赴落实好党中央、国务院各项决策部署，高质量完成全年各项目标任务，以优异成绩庆祝建党100周年。

在2021年大连海关全面从严治党工作会议上的讲话

大连海关党委书记　居峰

（2021年2月3日）

这次会议的主要任务是：深入学习贯彻习近平总书记重要讲话和十九届中央纪委五次全会精神，认真落实全国海关工作会议、全面从严治党工作会议部署，回顾

2020年大连海关全面从严治党、党风廉政建设和反腐败工作，部署2021年任务。

一、2020年工作回顾

过去一年，关区各级党组织以习近平新时代中国特色社会主义思想为指导，坚决扛起管党治党政治责任，纵深推进清廉海关建设，全面从严治党各项工作取得新成效。

（一）政治统领作用不断提升。

始终坚持把政治建设摆在首位，切实增强"四个意识"、坚定"四个自信"、做到"两个维护"。坚决贯彻落实习近平总书记重要指示批示精神，把学习贯彻作为每月例会第一议题，建立督办落实长效机制，参与"蓝天2020"专项行动，严厉打击"洋垃圾"、象牙等濒危物种及其制品走私，坚决打赢疫情防控阻击战，全力促进外贸稳增长，决战决胜脱贫攻坚，对口帮扶单位全部脱贫摘帽，党中央、国务院重大决策部署落地落实。不断强化思想引领，把学习贯彻习近平新时代中国特色社会主义思想和党的十九届四中、五中全会精神作为全年工作主题主线，党委理论学习中心组开展日常学习36次，扩大学习4次，对关区处以上干部开展3期集训，实现全覆盖。推进"两学一做"学习教育常态化，建立"不忘初心、牢记使命"长效机制，理论学习不断强化。深化政治机关建设，全员开展"强化政治机关意识"教育，组织开展"灯下黑"问题专项整治。以强烈的责任担当，推进历史遗留问题逐步解决。认真落实意识形态工作责任制，严明政治纪律和政治规矩，落实党委工作规则和"三重一大"要求，严格请示报告制度。

（二）纪律作风建设走深走实。

持续纠治"四风"问题，坚决贯彻落实中央八项规定精神。开展财务领域落实中央八项规定精神专项督查，完善公务用车管理制度、规范政府采购流程。落实党中央、国务院"过紧日子"要求，出台反对铺张浪费6项具体措施。开展"形式主义、官僚主义"专项整治，全年压缩关级文件19.8%，压缩会议27%。不断强化纪律作风养成，丰富内务规范强化月内容，组织准军事化集训演练，建立周检查月通报机制，常态化开展纪律作风现场督察和视频检查28次。召开强化作风建设推进会，加大"放管服"改革落实力度，压缩整体通关时间，邀请特约监督员暗访评议行风，组织外出执法廉政回访，推进政务服务"好差评"系统顺利上线，关区办件好评率100%，政风行风不断优化。加大岗位练兵力度，进口肉类检验检疫岗位技能比武荣获全国海关团体第4名。营造干事创业氛围，坚持激励约束并重，注重在基层一线、急难险重工作中考察识别干部。制定并落实加强执法一线科长队伍建设的若干措施，选优配齐执法一线科长，选拔2名科级干部担任隶属海关党委委员，党员干部干事创业、担当作为的精气神持续提振。

（三）规范权力运行持续深化。

建立健全制约机制，运用“制度+科技”加强执法领域风险防控，健全完善“1+4”风险防控制度体系，开展联合风险研判。推进货物查验、边民互市贸易等监管执法领域双随机落实，推动行政执法“三项制度”全面铺开。开展业务风险管控，着眼“四个全覆盖”全力推动监管领域安全风险隐患排查整改。深入推进“新海廉”平台应用。对 4 个隶属海关、4 个企事业单位开展经济责任审计。强化非执法领域廉政风险防控，持续优化财务管理制度，规范涉案财物和重大财务事项管理，成立事业单位监督管理委员会，全面加强企事业单位监管力度。深化干部管理监督，对 8 个单位开展选人用人工作检查。加大领导干部个人有关事项报告查核比对力度。开展违规兼职、“裸官”、领导干部配偶、子女及其配偶从业行为问题整治，领导干部廉洁从政的自觉性明显提升。

（四）反腐治理成效更加凸显。

深化党风廉政教育，坚持每月推送党风廉政建设文章、重大节假日发布廉政提醒、开展家属助廉活动、举办网上党规党纪知识竞赛、征集廉政文化作品，推动以案促改，常态化开展典型案例警示教育。注重抓早抓小，廉洁教育氛围不断提升。保持反腐高压态势，对违纪违法行为零容忍、强震慑。加强打私反腐“一案双查”。以“关键少数”为重点，以大数据为手段建立领导干部电子廉政档案，形成全方位监督体系，不断提升震慑效果。发挥巡视巡察利剑作用，制定具体措施全方位推进总署巡视整改，标本兼治固化整改成果，全力做好巡视“后半篇文章”。坚守政治巡察职能定位，突出问题导向，开展常规巡察、专项巡察和巡察“回头看”。落实“四个融入”要求，开展实地督导检查，推动巡察上下联动整改，巡察工作质效进一步提升。

（五）管党治党责任不断压实。

落实主体责任，研究制定全面从严治党主体责任清单，实现两级党委全覆盖。结合主体责任落实，党委委员牵头对“第一种形态”“领导干部政治能力训练”“监督体系研究”等 11 项课题开展专题调研并形成课题成果。强化责任压力传导，组织各级领导班子对落实党风廉政建设主体责任情况进行自查，对存在问题进行通报。认真落实问责条例。强化党建引领，以提升组织力为抓手，全面深化“强基提质工程”，制定加强组织建设和提升品牌质量 21 项措施，建立支部月度工作指引和“智慧党建”系统季度检查制度，打造“淬火”党建实训基地，开展党建“补短板、强基础”专项行动和机关部门“党组织标准化规范化建设”专项巡察，建立“合格支部——‘四强’党支部”动态创建体系，召开“四强”党支部建设现场会，评选首批 28 个“四强”党支部，4 个党组织被授予全国海关基层党建示范和培育品牌，党建工作质量持续提升。深化典型激励，大力培树身边典型，深挖基层热源，制作《飘扬的党旗、奋进的大连海关人》先进典型教育片。3 个先进集体、16 名先进个人受到总署抗击新冠肺炎疫情表彰，16 个先进集体和 33 名先进工作者受到机关表彰。精神文明创建取得突破，关区各隶属海关均获评省级及以上文明单位，其中 8 家单位荣获全国文明单位称号。

二、2021 年主要任务

2021 年大连海关全面从严治党工作的总体要求是：以习近平新时代中国特色社会主义思想为指导，深入贯彻党的十九大和十九届二中、三中、四中、五中全会精神，认真落实十九届中央纪委第五次全会精神，按照总署全面从严治党会议部署，增强“四个意识”、坚定“四个自信”、做到“两个维护”，坚持稳中求进、坚持严的总基调、坚持系统观念、坚持高质量发展，一体推进不敢腐、不能腐、不想腐，持续深化清廉海关建设，保持惩治高压态势，锻造准军事化纪律部队，为“五关”建设和新时代“一流强关”建设提供坚强保证。

重点做好以下 7 个方面工作。

（一）坚定不移强化政治机关建设。

习近平总书记强调，全面从严治党首先要从政治上看，不断提高政治判断力、政治领悟力、政治执行力。要强化理论武装，深入推进习近平新时代中国特色社会主义思想和党的十九届五中全会精神的学习贯彻，发挥党委中心组学习带动作用，完善中心组学习情况报备、巡听旁听机制，抓好五中全会精神集中轮训，推动提升学习质量。以庆祝建党 100 周年为契机，巩固深化“不忘初心、牢记使命”主题教育成果，按照总署部署开展“党旗在基层一线高高飘扬”和“四史”教育活动，引导党员干部加强党性修养、传承红色基因、坚定理想信念。认真落实意识形态责任制，强化责任清单落地，完善检查考核机制。要践行“两个维护”，关区各级党组织和党员领导干部要高标准、高质量、高效率贯彻落实习近平总书记重要指示批示精神和党中央重大决策部署，毫不放松落实“第一议题”、效果评估和督查问责机制，抓好常态化疫情防控，推动外贸高质量发展，持续加大打击“洋垃圾”、象牙等濒危动植物及其制品等走私力度，巩固脱贫攻坚成果，闻令而动、遵令而行，百折不挠把自己的事办好，坚决扛起“两个维护”的政治责任。要深化政治机关建设，健全完善两级党委上下贯通、执行有力的组织体系，大力推进模范机关创建。严明政治纪律和政治规矩，凝心聚力做好“十四五”开局各项工作。

（二）标本兼治系统构筑惩防体系。

总书记强调，要坚定不移推进反腐败斗争，不断实现不敢腐、不能腐、不想腐一体推进战略目标，综合发挥惩治震慑、惩戒挽救、教育警醒的功效。要加大

“惩”的力度，在查办案件上实现更大突破，持续用力削减存量，遏制增量。要完善“治”的举措，有效推动干部监督、审计监督、巡察监督形成监督合力，拓展打私反腐“一案双查”，深化问题线索移交、案件办理反馈等工作机制。要精准运用“四种形态”，做深日常监督，推动监督下沉、监督落地、监督于未发生之时，防止由“破纪”向“破法”演变。要坚持惩前毖后、治病救人，定期开展处分执行情况检查和受处分人员教育回访。要严肃查处诬告陷害行为，及时做好澄清事实工作，积极为干事创业的干部撑腰鼓劲。要提升“防”的效果，坚持严惩腐败和严密制度、严格要求、严肃教育紧密结合，开展案件审查同步启动以案促改，分析案发原因，查找深层次问题，做到查处一案、警示一片、治理一域。持续抓好思想道德和党纪国法教育，加强廉政文化建设，用好融媒体宣传平台，营造尊廉崇廉爱廉的浓厚氛围。继续开展警示教育月活动，以发生在身边的违纪违法案例为反面教材，引导党员干部知敬畏、存戒惧、守底线。

（三）驰而不息整治作风弘扬新风。

总书记强调，实现中华民族伟大复兴，离不开优良作风提供坚强保障。必须永远把作风建设挺在前面，毫不松懈纠治“四风”。把干部干事创业的手脚从形式主义、官僚主义的桎梏、套路中解脱出来，形成求真务实、清正廉洁的新风正气。要加大整治力度，坚决贯彻中央八项规定及其实施细则精神，保持定力、寸步不让。持续“过紧日子”，开展节约型机关创建行动，营造浪费可耻、节约光荣的氛围。进一步加强对督查检查考核的统筹规范，继续保持对精文简会的刚性约束，开展“指尖上的形式主义”排查，合理优化学习培训，切实为基层松绑减负。要切实改进政风行风，继续深化“放管服”改革，加大力度推进“单一窗口”建设，不断优化 12360 服务热线，用好海关政务服务“好差评”系统，有效运用评价结果，开展“我为群众办实事”主题实践活动，不断增强企业群众获得感。

（四）从严管理锻造过硬准军队伍。

深入落实“政治坚定、业务精通、令行禁止、担当奉献”要求，以更高标准推进准军事化纪律部队建设。要提升能力素质，从把关服务的实战需要出发，统一规范执法、深化岗位练兵、提升应对突发事件的能力，激发关警员岗位成才的内生动力。开展多形式、分层次的系统培训，不断提高领导班子和党员干部适应新发展阶段、贯彻新发展理念、构建新发展格局的能力和水平。要强化日常管理，从严管思想、管工作、管作风、管纪律，持续深化“强基提质工程”，通过党建实训淬炼、“四强”党支部评审、品牌支部引领、党建跟踪督察不断增强党组织政治功能和组织功能。结合疫情防控常态化实际，灵活开展视频检查、内务规范强化月等活动，加强升国旗、晋职晋衔、宪法宣誓等仪式教育。要严格干部监督，加强选人用人巡察检查，加大干部个人有关事项申报核实力度，加强“八小时”以外监督。要激励担当作为，大力弘扬伟大抗疫精神、劳模精神、工匠精神，开展优秀共产党员、优秀党务工作者和先进基层党组织评选活动，积极培育新时代海关职业精神。鲜明树立重担当重实干重实绩的用人导向。要推动精神文明创建，落实海关文化建设纲要，加强海关文化建设，注重人文关怀和心理疏导，不断增强干部职工的职业荣誉感归属感。

（五）聚焦重点不断提高巡视巡察质量。

总书记强调，要以强有力的政治监督，确保党中央重大决策部署贯彻落实到位，中央重大决策部署到哪里，政治监督就要跟进到哪里。要全面贯彻巡视工作方针，把总署巡视整改任务纳入两级党委常态化工作，定期研究分析巡视整改推进情况，针对长期性、关键性、根本性问题，举一反三，以更高的制度建设标准固化巡视整改成效。开展巡视整改监督检查，采取座谈、问卷等形式加强对整改成效评估。要坚守政治巡察定位，聚焦“四个落实”，重点围绕实施“十四五”规划、落实疫情防控、严禁“洋垃圾”入境、优化口岸营商环境、强化监管优化服务等决策部署加强政治监督。要科学谋划巡察工作计划，坚持在“实、准、细”上下功夫，优化流程、探索创新巡察方法和手段，切实提高巡察质效，综合运用常规、专项、巡察“回头看”等方式开展新一轮巡察。要不断深化成果运用，按照“融入日常工作、融入深化改革、融入全面从严治党、融入班子队伍建设”要求，深化巡察整改和成果运用，压紧压实巡察整改主体责任，强化纪检监察、组织人事部门的巡察整改日常监督责任和派驻纪检组的专责监督责任，推动整改成果落地见效。加强职能部门间的协调合作，推动巡察与纪律、派驻、组织、审计等各类监督贯通融合，增强监督治理效能，推动巡察工作高质量发展。

（六）坚守底线强化权力运行监督。

总书记强调，要把监督贯穿于党领导经济社会发展全过程，把完善权力运行和监督制约机制作为实施规划的基础性建设。海关把守国门第一线，牢固树立底线思维、规范制约权力运行至关重要。要树牢风险意识，深刻把握改革发展稳定大局的关系，紧密结合海关实际，提高防控能力。要强化法治建设，深入学习贯彻习近平法治思想，着力提高权力运行法治化水平，统筹推进规章制度立改废释和权责清单编制，用法治给权力定规矩、划界限。深入推行行政执法“三项制度”，实现执法行为全流程记录、全方位监控、全覆盖监督，做到规范执法、阳光执法。要规范权力运行，全面分析排查制度上的漏洞、监管上的盲点，在强化监管、优化服务的同时，科学配置权力、强化监督制约，运用“制度+科技+监督”“双随机、一公开”等监督手段，把权力关进制度笼子。要强化网络安全建设，开展安全检查。加强财务管理、招标采购、疫情防控物资购置等重点环节管控，切实防范非执法领域风险。要强化风险协同防控，积极探索与地方政府开展信息互联互通、风险联合研判，推动构建资源共享、优势互补的风险多元共治格局。深入剖析海关工作中可能存在的廉政风险，把廉政风险防控要求落实到每个业务领域、每个岗位、每个工作环节，发挥“新海廉”平台监督功能，防范执法风险向廉政风险转化。

（七）不折不扣全面推进从严治党。

总书记强调，推进全面从严治党，最重要的是要把党建设得更加坚强有力，让党旗始终高高飘扬，这是党和国家的根本所在、命脉所在。要狠抓主体责任，各级党委要紧扣高质量发展主题，坚决扛起全面从严治党主体责任，狠抓责任清单落实，拧紧责任链条，强化责任传导。要深入调查研究、定期听取汇报、专题研究部署、强化跟踪问效，加强对全面从严治党正风反腐各项工作的领导和监督。党委书记作为第一责任人要敢抓真管，党委委员要认真履行“一岗双责”，职能部门要主动承担起职责范围内和所管辖业务领域全面从严治党相关工作。要强化监督责任，纪检机构要切实承担党内监督专责，聚焦党中央重大决策部署、全面从严治党责任落实等方面，持续强化监督执纪问责，通过重大事项请示报告、提出意见建议、监督推动党委决策落实等方式，协助党委推进全面从严治党、加强党风廉政建设。要抓好压力传导，统筹党风廉政建设、意识形态工作、基层党建工作等方面考核，结合领导班子和领导干部考核，健全落实全面从严治党主体责任检查考核制度，完善指标体系，抓实考核检查，强化结果运用。要认真落实对党委“一把手”和领导班子监督的意见，推动上级“一把手”抓好下级“一把手”，用好约谈提醒、述责述廉、民主生活会监督等方式，使监督和被监督成为自觉。要提高问责质量，聚焦政治责任，盯住“关键少数”，突出重点领域，对责任不落实或落实不到位的严肃追责问责。坚持“三个区分开来”，落实容错纠错机制，鼓励党员干部敢于担当、踏实做事。

一年之计在于春。无论从自然时序的更替，还是从奋斗目标的时间坐标来看，我们都站在一个新的起点上，所有工作都要围绕“十四五”规划、全面建设社会主义现代化国家新征程开好局、起好步。新的一年，任务更艰巨、使命更光荣。让我们直面问题迎难而上，按照总署党委各项部署，持续推进大连海关全面从严治党、党风廉政建设和反腐败工作高质量发展，以优异成绩迎接建党 100 周年！

在大连海关庆祝中国共产党成立100周年“两优一先”表彰大会上的讲话

大连海关党委书记、关长　居峰

（2021年6月25日）

同志们：

今天，我们在这里召开大连海关庆祝中国共产党成立100周年“两优一先”表彰大会，树立标杆、弘扬先进，目的是回顾党的光辉历史，回望党领导下海关发展的难忘历程，表彰先进典型，引导和激励全体关警员统一思想、凝集力量、开拓进取、攻坚克难，共同朝着把大连海关建成新时代“一流强关”的目标奋力前行。

刚才，我们表彰了大连海关先进基层党组织、优秀共产党员、优秀党务工作者，为关区老党员代表颁发了“光荣在党50年”纪念章。这次受到表彰的先进集体和先进个人是关区各层面、各岗位的优秀代表，荣获纪念章的老党员是在我关各时期、各阶段做出突出贡献的先进模范，他们的事迹充分体现了海关党员干部坚定信念、对党忠诚的政治品格，体现了攻坚克难、勇担重任的拼搏精神和无私奉献、恪尽职守的优秀品质，他们用实际行动为党旗增添了光彩，展现了大连海关的良好风貌。在此，我代表关党委，向受到表彰的先进集体和先进个人表示热烈的祝贺！向曾为海关工作兢兢业业无私奉献的老党员们表示崇高的敬意！并借此机会提前向奋战在大连海关各条战线上的全体党员同志们致以节日的问候！

回忆峥嵘岁月，中国共产党于苦难中诞生，于挫折中奋起，于探索中前进，至今已经走过近百年的光辉历程。百年来，伟大的中国共产党始终坚守为人民谋幸福、为民族谋复兴的初心使命，为实现民族独立、解放、复兴上下求索，为追求国家富强、文明、进步百折不回，为争取人民自由、民主、幸福矢志不渝。新民主主义革命时期，我们党紧紧依靠人民实现了民族独立、人民解放。北伐战争、土地革命战争、抗日战争、解放战争时期，我们党发挥中流砥柱作用，领导人民浴血奋战，在生死存亡的危急关头力挽狂澜，打败日本帝国主义侵略，推翻国民党反动统治，建立了新中国，中华民族从此开启了新的历史纪元。中华人民共和国成立后，面对一穷二白的落后面貌，面对帝国主义经济封锁和经济威胁等各种考验，我们党带领广大党员干部群众自力更生、艰苦奋斗，在社会主义道路上艰辛探索，使占世界人口四分之一的东方大国进入社会主义社会，建立起完整的工业体系和国民经济体系，实现了中国历史上最广泛最深刻的社会变革。党的十一届三中全会以来，我们党把马克思主义同当代中国实际相结合，以巨大的政治勇气、理论勇气、实践勇气实行改革开放，建立和完善社会主义市场经济体制，坚持全方位对外开放，推动社会主义现代化建设取得举世瞩目的伟大成就，从根本上改变了中华民族的前途命运，使有着5,000多年文明史的中国面貌一新，中华民族伟大复兴展现出前所未有的光明前景。党的十八大以来，以习近平同志为总书记的党中央，以非凡的政治勇气、高超的领导智慧、真挚的爱民情怀和坚韧不拔的担当精神，着眼“五位一体”总体布局和“四个全面”战略布局，提出一系列治国理政新理念新思想新战略，确立了习近平新时代中国特色社会主义的行动指南，开创了党和国家事业发展新局面，开启了实现“两个一百年”奋斗目标和中华民族伟大复兴中国梦的新征程。

百年艰辛探索，百年风雨兼程，中国共产党以立志中华民族千秋伟业的壮举创造了中华民族发展史、人类社会进步史上令人刮目相看的奇迹。我们党从最初只有50多名党员，发展到今天拥有9,100多万名党员的世界最大的马克思主义执政党，我们国家从内忧外患、积贫积弱，到今天巍然屹立于世界民族之林，成就令世人敬仰，令世界瞩目，令国人自豪。追忆革命斗争的峥嵘岁月，回首改革开放的艰辛探索，亲历新时代中华民族的巨大变化，我们深刻感受到，中国共产党不愧为伟大的党、光荣的党、正确的党，不愧为领导中国人民不断开创事业发展新局面的坚强核心。只有毫不动摇地坚持中国共产党的领导，坚定不移走中国特色社会主义道路，才能实现国家富强、民族振兴、人民幸福。

在我们党波澜壮阔的前进历程中，海关紧跟党和人民事业发展步伐，在奋斗中成长、在继承中创新、在建设中发展，从屈辱积弱的旧海关中蜕变，一步步成长壮大为以坚守国门为神圣职责的社会主义新海关，并围绕不同时期党的中心任务，积极为国家发展、民族振兴做出应有的贡献。中国共产党成立之初，就带领海关华员为收回海关主权奋力抗争，在苏区、抗日根据地和解放区等探索建设红色海关机构，点燃了反抗西方列强掠夺的星星之火。中华人民共和国成立后，随着海关总署的正式成立，守卫国家经济大门的钥匙终于回到人民手中，海关发展迎来新的纪元，海关在社会主义革命和建设中不断被赋予新使命、肩负新职责。改革开放以来，海关职能进一步拓展，制度机制逐步完善，职能作用发挥愈加全面。2018年机构改革后，海关机构设置更加科学、职能更加优化、权责更加协同、监管更加有力、运行更加高效，在中国特色社会主义建设中承担的职责任务更加重要，各项工作不断实现跨越式发展。

大连海关作为东北地区最大的口岸海关，在百年前的沉浮变迁中诞生，也曾经历过日本统治的屈辱历史，最终在新中国成立的曙光中重生。中华人民共和国成立后，大连海关在总署的坚强领导下，积极投身新中国建设的伟大事业，坚定不移跟党走、砥砺奋进谱新篇，为维护国家主权、加快社会主义建设做出了积极贡献。改革开放后，大连海关进入蓬勃发展的崭新时期，业务量与日俱增，机构设置日益健全，海关人员逐年增加，发展建设有了空前进步。特别是机构改革以后，大连海关深入推进“五关”建设，加快实施新时代“一流强关”战略，着力构建更加科学高效的监管通关和国门安全防控体系，多领域改革取得突破性进展，把关服务能力不断提升，并打造出一支作风优良、纪律严明、坚强有力的准军事化纪律部队，在筑牢疫情防控防线、优化口岸营商环境、促进外贸稳增长、禁止“洋垃圾”进境等重大政治任务中态度坚决、行动迅速、效果显著。

回望百年征程，作为亲历中国崛起的新时代海关人，我们深切感受到：只有坚持对党的绝对忠诚，真正做到“两个维护”，海关前进才有旗帜、有方向，才能始终走在正确的发展道路上；只有坚持崇高理想、拥有坚定信念，海关队伍才有力量、有干劲，才能克服任何艰难险阻取得最终胜利；只有坚持严守政治纪律，一切行动听指挥，海关管理才有规矩、有底线，才能步调一致阔步前行；只有坚持宗旨意识，践行人民海关为人民，海关服务才有意义、有成效，才能全面履行好自身所承担的职责使命。

同志们，中国共产党领导中国走过的百年辉煌，是无数革命先烈用鲜血生命铸就的，永远值得我们铭记；海关跟党走过的风雨征程，是无数海关人以忠诚担当谱写的，永远激励我们向前。站在新的历史起点上，总署明确提出了到2035年基本建成社会主义现代化海关的远景目标，要求我们锚定这一目标，不断丰富“五关”建设新内涵，为建设社会主义现代化海关奠定坚实基础。面对新形势新任务，我们要不忘初心、牢记使命，以新时代共产党人的忠诚和信念，沿着革命先烈为我们铺就的道路坚定前行，全面推进“政治建关、改革强关、依法把关、科技兴关、从严治关”，共同把建设社会主义现代化海关的事业不断推向前进。

一、要坚守信仰信念、坚定“四个自信”，始终对党绝对忠诚

信仰信念是共产党人的灵魂基石，是共产党人经受任何考验的精神支柱。在我们党的奋斗历程中，无数共产党人流血牺牲前仆后继靠的就是信仰信念。历史和实践反复证明，一个政党有了远大理想和崇

高追求，就能经受一次次挫折而又一次次奋起；一名干部有了坚定的理想信念，就能做到“风雨不动安如山”，在任何诱惑面前坚守住自己的初心和底线。

习近平总书记指出：对党员、干部来说，思想上的滑坡是最严重的病变，“总开关”没拧紧，不能正确处理公私关系，缺乏正确的是非观、义利观、权力观、事业观，各种出轨越界、跑冒滴漏就在所难免。思想上松一寸，行动上就会散一尺。我们要把坚定的理想信念作为安身立命之本，把坚持马克思主义信仰、坚定中国特色社会主义信念作为自己的政治命脉，不仅要有“关注脚下”的实干精神，也要保有“仰望星空”的政治情怀，无论何时何地，要牢记入党宣誓时“对党忠诚”的庄严承诺，牢记自己的第一身份是共产党员、第一职责是为党工作，做到党中央提倡什么就认真践行什么，党中央禁止什么就坚决反对什么，任何时候都与党同心同德、步调一致。

当前在全党范围内开展的党史学习教育，重要目的之一就是要通过回顾党的历史，坚定全体党员的信仰信念，力戒思想动摇、信念缺失。各级领导干部要把持续推动党史学习教育走深走实作为重要的政治任务，做到思想上真学真思，政治上笃信笃行。要通过学习，真正做到学史明理、学史增信、学史崇德、学史力行，切实明白中国共产党为什么能、马克思主义为什么行、中国特色社会主义为什么好的本质，进一步理解习近平新时代中国特色社会主义思想的丰富内涵，做到心中有信仰、脚下有力量，把信仰的力量转化成推动工作发展进步的基石。要坚持学以致用、身体力行，将研究解决问题作为学习的着力点，通过学习探索出运用党的创新理论解决问题、推动工作的方式方法。

二、要深入解放思想、深化改革创新，全面发挥党员的先锋模范作用

习近平总书记指出：“惟改革者进，惟创新者强，惟改革创新者胜。”党的十八大以来，以习近平同志为核心的党中央举旗定向、谋篇布局，以前所未有的决心和力度推进全面深化改革，改革涉及范围之广、出台方案之多、触及利益之深、推进力度之大前所未有。实践证明，坚持和加强党对全面深化改革的集中统一领导，是改革不断深化的根本政治保证，是重要的改革经验。

在党领导中国改革发展的历程中，海关始终站在对外开放前沿，在改革中发展、在改革中成长，倪岳峰署长就称“海关是开风气之先的地方”。我们要清醒认识海关改革的艰巨性、复杂性，不断前进、久久为功，始终保持“咬定青山不放松”的强大定力。全体党员要增强紧迫感、提振精气神，当好改革的开路人和实干家，以共产党员的责任和担当推动我关整体工作进步。

一方面，要着力推动维护国门安全方

面的改革实践。为国把关是海关的神圣职责，是我们所有工作的根本和底线。要客观审视监管工作中存在的薄弱环节，创新监管思路、聚焦精准监管，构建更加科学精准有效的国门安全防控体系。另一方面，要着力推动促进对外开放方面的改革实践。我国的对外开放正在往更大范围、更宽领域、更深层次拓展，海关要围绕国家经济发展大局，在空间布局、市场准入、营商环境等多方面发力，用实效举措推动新一轮高水平对外开放。要创新监管理念，敢于打破传统的作业模式，让企业从烦琐的手续中解脱出来，实现既“管得住”又“通得快”，推动改革系统集成、协同高效。要创新监管举措，坚定不移深化重点领域改革，因地制宜加大自选动作比例，在营造稳定公平透明可预期的营商环境、促进新业务新业态发展等方面，出更多新招实招。要创新监管手段，着力在重点系统推广、先进技术运用、检测能力提升等方面挖潜增效，提升海关工作科学化水平。

三、要永葆公仆情怀、践行党的宗旨，全心全意为人民服务

作为中国共产党根本宗旨和初心使命的体现，为人民服务像一根红线贯彻我们党近百年的历史，激励一代代共产党人前仆后继、英勇奋斗。习近平总书记指出：“为人民谋幸福，是中国共产党人的初心。我们要时刻不忘这个初心，永远把人民对美好生活的向往作为奋斗目标。”作为合格党员就是要把人民放在心中最高位置，永远记得自己是劳动人民的普通一员。

从解放战争、革命建设到改革开放，中华民族每一个前行的脚印，都是我们党领导人民、依靠人民探索奋斗出来的，共产党人的为民情怀，是刻在骨子里的。人民是历史的创造者、书写者，是中国共产党执政的最大底气，是强党兴国的根本所在。海关工作只有深深扎根到人民群众的土壤中去，才能汲取到发展壮大无穷的养分和力量。近年来，我们在总署的坚强领导下，始终践行人民海关为人民的宗旨，勇于担当、积极作为，出台了一系列提速降费的通关便利化措施，在服务国家对外开放大局方面取得了显著成效。特别是在防控疫情的特殊时期，陆续推出了促进外贸稳增长的多项举措，缓解企业经营困难，支持企业复工复产，保障了外贸产业链供应链的畅通运转。

全体党员干部要时刻把为民服务的宗旨挂在心头、落到实处，深入开展“我为群众办实事”实践活动，真正将群众拥护不拥护、赞成不赞成、企业方便不方便、适应不适应作为衡量海关工作得失的根本标准，解决好海关执法服务“谁适应谁”的问题，当好国家的“把关人”和人民的“服务员”，使人民群众和进出口企业在海关的改革中有更多的获得感。要坚持问需于企、问策于民，实实在在解决一批群众和企业急盼的热点和难点问题，切实在落

实便民利企政策、简化办事流程、提高服务水平上办实事求实效，真正将“随时准备为党和人民牺牲一切”的政治情怀化于心、践于行。

四、要加强党的建设、强化政治引领，打造一支风清气正、能打硬仗的准军事化纪律部队

办好中国的事情，关键在党。办好海关的事情，关键在党的建设。只有高度重视党的建设，坚持全面从严治关，才能确保海关工作始终走在时代前列。

我们党是高度重视理论建设和理论指导的党。加强党的建设，首要任务是要抓好思想建设，要把理论武装放在首要位置，通过不断学习和思考，提升自身的政治素养和政治高度，以更宽广的视野、更长远的眼光来探索海关发展所面临的各种情况和问题，在理论上不断提升新高度、做出新思考。

党的基层组织和党员队伍建设在党的建设中具有十分重要的地位，习近平总书记强调指出：“加强基层党组织建设，要以提升组织力为重点，突出政治功能。”我们要进一步落实从严治党主体责任，将强化基层党组织建设作为海关党建的重中之重，坚持党的一切工作到支部，深化“强基提质工程”，注重提升基层组织力，推动基层党组织全面进步、全面过硬。要大力弘扬模范精神，积极发挥典型引领作用，要将这次评选表彰出的“两优一先”的感人事迹作为党性教育以及海关职业使命感、荣誉感教育的鲜活教材，引导关区形成向先进看齐、做合格党员的良好风气。要注重理论同实践相统一，切实把党的领导贯穿到关区工作的方方面面，思想建设突出习近平新时代中国特色社会主义思想的政治理论武装；组织建设突出选人用人的政治标准，强化党内政治生活的政治性；作风建设紧扣民心是最大的政治；纪律建设突出锻造政治上绝对忠诚、履职上能打硬仗的准军事化纪律部队。

作为准军事化纪律部队，海关的党员在讲规矩、守纪律方面要标准更高、要求更严，在遵守纪律方面任何时候都绝不能含糊。要时刻绷紧政治规矩这根弦，自觉同党中央精神对标对表。要深入学习党规党纪和党在长期实践中形成的优良传统和工作惯例，全面理解党规党纪明确的党员行为规范、行为准则，在讲规矩、守纪律方面养成习惯。

即将到来的 7 月 1 日是中国共产党的 100 岁生日。届时，党中央会隆重召开庆祝大会，习近平总书记将发表重要讲话。习近平总书记的讲话是全党在新的历史条件下进行伟大斗争、推进伟大事业的政治宣言，是指引我们全面推进党的建设新的伟大工程的纲领性文件，必须认真学习、深刻领会，第一时间把思想和行动统一到讲话精神上来。下半年，我们要把深入贯彻落实习近平总书记的重要讲话精神作为党内政治生活的大事，在持续推进党史学习教育走深走实的基础上，通过各种形式深化对讲话精神的学习领会，进一步提高政治站位，以讲话精神指引我关各项工作提升到新的更高的水平。

同志们，百年正是风华正茂。回顾历史，我们豪情万丈；展望未来，我们心潮澎湃。让我们更加紧密地团结在以习近平同志为核心的党中央周围，在总署党委的坚强领导下，不忘初心、牢记使命，锐意进取、埋头苦干，为全面建设社会主义现代化国家、全面实现中华民族伟大复兴做出新贡献！

第二篇

专记

大连海关庆祝中国共产党成立100周年系列活动和党史学习教育

2021年是中国共产党成立100周年。大连海关紧紧围绕爱党爱国爱社会主义主题，组织开展庆祝中国共产党成立100周年系列宣传教育活动，大力营造“党的庆典、人民的节日”浓厚氛围。同时，认真落实中央精神和总署具体部署，紧紧围绕学史明理、学史增信、学史崇德、学史力行的要求，在总署第六巡回指导组的有力指导下，切实加强组织领导，高要求谋划、高标准推进、高质量落实，达到了“学党史、悟思想、办实事、开新局”目的，党史学习教育取得了实实在在的成效。

一、庆祝中国共产党成立100周年

2021年4月，大连海关党委制定印发大连海关庆祝中国共产党成立100周年活动通知，明确加强理论武装、深入开展党史学习教育等6个方面、20项具体任务。成立大连海关庆祝中国共产党成立100周年活动领导小组，党委书记、关长居峰任组长，领导小组下设办公室，负责日常协调和组织推动工作。各隶属海关单位成立相应的领导机构，认真谋划、精心部署，把各项任务抓实抓细。

（一）开展庆祝建党100周年主题宣传活动。

6月25日，大连海关组织召开庆祝中国共产党成立100周年暨“两优一先”表彰大会，3个党组织、7名党员获得省市级表彰，100名优秀党员、50名优秀党务工作者和30个先进基层党组织获得关区表彰，为221名党员颁发“光荣在党50年”纪念章。组织开展“百名书记讲党课”活动，党委书记、关长居峰以“汲取党史力量 勇于担当作为 奋力走好新时代一流强关建设新征程”为题，为关区全体干部职工讲授专题党课，党委委员结合工作实际，在组织关系所在支部、联系点支部等讲党课20余次。通过“梦海连天”微信平台发布“微党课”视频9期，开展交流学习。

（二）开展系列红色主题教育，传承红色基因。

坚持规定动作和自选动作相结合，因

地制宜开展主题突出、特色鲜明的学习活动，通过集中化授课、专业化宣讲、沉浸式体验提升学习教育成效。办好“学史·铸魂”红色讲坛，邀请省市党校专家教授开展专题辅导61场。结合对象化、分众化、互动化宣讲要求，开展百名书记讲党课、百名关员讲故事、百个案例解难题“三个一百”展播活动，将书记讲、专家讲、典型讲、青年讲有机结合，各层级党员干部开展各类宣讲891场，展播党史“微党课”“微视频”130部。充分利用线上线下各类平台阵地，各级党组织上线“党史微课堂”、掌上学党史、“党史上的今天”等手机栏目11个，以党史脉络、党史人物、党史故事为线索，全景梳理百年党史知识。利用VR（虚拟现实）技术组织虚拟体验“重走长征路”、党史地标“云参观”等活动，提升党史学习感受。开展“红色地标巡礼”活动115场，依托省内45家红色教育基地，组织党员干部就近利用红色资源，开展沉浸式学习和主题教育。利用清明节、“七一”、“八一”等纪念日，组织党员代表前往烈士陵园、革命纪念馆等开展朗诵红色诗歌、重温入党誓词、合唱红色歌曲等纪念活动，现场感触党史，提升学习体验。

（三）开展“永远跟党走”群众性文化活动。

开展丰富多彩的文化活动，庆祝建党百年，表达对党和人民的深厚感情。开展“永远跟党走”群众歌咏活动展演，自编自导自演《旗帜颂》《红船》等5个红色情景剧。开展“永远跟党走”庆祝建党百年主题书画展、“身边典型、榜样力量”主题教育活动、《再唱山歌给党听》红歌传唱活动，征集关区“我想对党说”图片文字材料198份、党史征文99篇。结合党史学习教育，关区共设立党员示范岗、先锋岗71个，围绕为企业解难题，以“优化营商环境体验行”、政策宣讲、推进“互联网+政务服务”等方式，让企业群众少跑腿、让数据多跑路。强化志愿服务，成立志愿服务队22支，打造“大连海关金钥匙志愿者服务队”品牌，开展党员进社区助力文明城市创建、国门生物安全展、微型装置艺术展、直播知识宣讲等活动，多角度、多渠道深入开展国门生物安全系列宣传，提升民众生态保护意识。在“学雷锋纪念日”开展“学雷锋爱心助学”“雷锋园卫生清扫”等活动。

二、党史学习教育

大连海关党委将党史学习教育作为一项重大政治任务、作为落实“两个维护”的具体体现，与庆祝中国共产党成立100周年和学习贯彻党的十九届五中全会、六中全会精神等政治任务统筹开展，有序推进。

（一）做好动员部署，示范带动学习教育全覆盖。

2021年3月15日，总署召开全国海关党史学习教育动员会，对全国海关党史学习教育进行动员部署。大连海关第一时间成立大连海关党史学习教育领导小组，下设综合协调组、教育培训组、巡回指导组3个工作组，具体负责党史学习教育组织推动，并制订学习教育工作方案。

各部门单位按照要求，成立相应组织机构，制订工作方案或安排，层层压紧压实责任。领导带头研讨，党委委员在中心组扩大学习会上分别进行专题发言，处级以上干部在中心组扩大学习会上累计专题发言350余人次。各部门单位领导班子组织专题学习617次，班子成员讲专题党课891次，开展5期党史学习教育处级线下培训班，实现处级干部全覆盖。党委委员带头深入基层、一线和企业调研50余次，带动处级以上干部开展调研1,800余次，帮助基层和企业解决问题。党委委员紧抓分管联系部门落实好民生项目清单，以上率下推动学习教育深入开展。

（二）聚焦主题主线，围绕重点开展学习研讨。

以习近平总书记关于党史学习教育的重要讲话和中央指导的学习材料为根本，围绕习近平总书记在党史学习教育大会上的重要讲话、“七一”重要讲话等，持续开展了11个专题的学习研讨。指导各支部制订集中学习计划和党员自学计划，每月下发学习重点指引，统一配发学习书籍，将离退休干部、企事业单位党员、临时工党员等全部纳入学习教育范围，实现全员覆盖学。组织党史学习教育全员网络培训和党史知识竞赛活动，上线培训课程24门，关区参训28,260人次。各基层党组织通过组织“党史读书会”“党史故事大家讲”等活动开展全员学习，形成人人学党史、谈感受的生动局面，3,000余名党员在各自党支部进行了学习分享发言，推动党史学习入脑入心、走深走实。

（三）突出实际效果，扎实开展“我为群众办实事”实践活动。

坚持学习理论和指导实践相结合，扎实推进“我为群众办实事”实践活动，不断深化学习教育成效。制发实践活动安排，明确12项重点工作要求。广泛征求意见建议，组织各层级座谈会83场，开展谈心谈话1,300余人次，发放企业“联络卡”800余张，开展问卷调查5,000余人次，细致掌握基层、企业的需求和进出口“痛点”“难点”“堵点”。围绕“国门安全”“便民利企”“暖心聚力”三大工程，大连海关机关党委完成民生项目18项，隶属海关党委完成民生项目168项，完成率均达100%，结合办实事完善长效机制148项。集中展示关区办实事优秀案例103个，组织评选“十佳案例”，服务企业受到广泛赞誉，《服务“一带一路”》《助力苹果出口》等10篇次宣传被中央级媒体报道。

（四）加强督促指导，开好专题组织生活会。

开好高质量的专题民主生活会和组织生活会，扎实推动整改落实。领导小组办公室建立月度汇报机制和工作协调机制，下发各类工作安排和通知30余份。成立4个关区指导组，制定《巡回指导工作手册》，召开3次指导组工作及培训会议。指导组坚持清单式管理、精准式指导和沉浸式督查，对关区开展5轮全过程、全覆盖动态督导，有力保障了学习教育扎实开展。大连海关学习教育活动得到总署第六巡回指导组的高度肯定，在总结评估中，党史学习教育开展情况位于全国海关前列。

（五）党史学习教育成效。

一是通过学史明理，强化政治建关，捍卫“两个确立”、做到“两个维护”的思想行动自觉进一步增强。通过党史学习教育，关区广大党员干部深入学习领会党的百年奋斗历程、重大成就和历史经验，深刻领悟党的创新理论最新成果的思想伟力，深刻认识到“两个确立”是关乎党和国家前途命运、党和人民事业成败的根本性问题，对新时代党和国家事业发展、对推进中华民族伟大复兴具有决定性意义，更加坚定自觉地将捍卫“两个确立”内化于心、做到“两个维护”融入血脉，做到维护意识更牢、维护能力更强、维护效果更实。党史学习教育中，关区坚决贯彻“第一议题”制度，闻令而动、遵令而行，坚决筑牢口岸检疫防线，妥善应对本土疫情，做到“打胜仗、零感染”。大力打击“洋垃圾”、濒危动植物及其制品走私，推进“蓝天2021”专项行动和“护卫2021”专项行动。着眼保障产业链供应链稳定，确保习近平总书记重要指示批示精神和中央各项重大决策部署不折不扣落到实处、一贯到底。

二是通过学史增信，牢记初心使命，做新时代忠诚国门卫士的自觉性进一步提升。通过党史学习教育，关区广大党员干部深刻认识到，海关与国家、民族的命运息息相关，党领导下的海关奋斗史，也是海关人践行初心使命、为中华民族伟大复兴不懈奋斗的历史。更加坚定用好党百年奋斗的历史经验汲取智慧、观照现实的信念，履行好海关职责，做新时代忠诚国门卫士的信念和担当进一步强化。党史学习教育中，关区上下展现出奋进新时代的良好精神状态，推动各项工作不断“开新局”。国门监管更加严密，各领域风险一体化防控水平有效提升。切实加强口岸动植物疫情防控，坚决防范疫情叠加。大力推动各项改革措施提质增效，“两步申报”“两段准入”等改革措施取得新突破，大幅提升了货物口岸提离速度。智慧申报导航服务、无感稽查、“云眼查”等4项创新举措获总署备案，进境矿石全流程智能监管、“物联网+汽车衡监管”等6项自贸创新案例入选辽宁省第五批自贸创新经验。自主研发“规范申报智能提示功能”，推动相关商品规范申报率由89.6%提升至99.1%。

三是通过学史崇德，传承红色基因，岗位建功与开拓创新的局面进一步巩固。

通过党史学习教育，关区广大党员干部深刻认识到，伟大建党精神是中国共产党的精神之源，必须传承红色基因、发扬红色传统、赓续红色血脉，以昂扬的精神状态投入到社会主义现代化海关建设中。党史学习教育中，关区各级领导干部持续深入一线、企业和政府调研，带头研究问题，带头攻坚克难，开展了37项课题研究，部分已经形成解决机制，营造干事创业的良好氛围。各基层党支部将学习经验固化完善，形成了一批特色学习品牌和方法，丰富了基层党建的内容和形式。通过开展联学联建，组织"四强"党支部、"先进基层党组织"等与普通支部结对子，交流党史学习教育及党建工作经验，有效解决党建不平衡问题，进一步深化了"强基提质工程"。年内新评选"四强"党支部36个，党建示范（培育）品牌20个，19名个人获得总署及省市抗疫表彰，33个党组织、157名党员获得各级"两优一先"表彰，在党史学习教育中成长起来的"青年突击队""征管突击队""科技服务小分队"等服务品牌在基层一线发挥着重要作用，推动党组织战斗堡垒作用更加突出、党员先锋模范作用更加彰显，争当先进、岗位建功的良好氛围巩固形成。

四是通过学史力行，强化使命担当，践行"人民海关为人民"的成效进一步突显。通过党史学习教育，关区广大党员干部深入学习领会习近平总书记"江山就是人民、人民就是江山"的重大论断，深刻认识到海关工作必须站稳人民立场，坚持把关服务为人民，把企业和群众的利益放在第一位，让企业和群众体会到更多的获得感、幸福感、安全感。党史学习教育中，大连海关将优化营商环境作为党史学习教育实践活动"自选动作"之一，关区广泛开展口岸营商环境质量提升助企行动，在中国营商环境评价中，大连"跨境贸易"指标连续两年成为全国标杆。进一步提升服务外贸发展精准度，根据地方政府和企业实际需求，出台促进跨境贸易便利化18条措施和43项业务改革举措，扶持大连港开展多国别保税混矿业务，成为东北亚地区混矿作业"首选港"，"云签发"入选国务院第七批创新案例。深化"百人千企"对口帮扶机制，为1,550余家企业提供秘书式服务，解决各类困难和问题556项。通过"我为群众办实事"实践活动，解决了一批基层关心关注的突出问题，单身宿舍、洗衣房等民生项目落实落地，受到干部职工好评。

（撰稿人：郝桓宇）

大连海关学习宣传贯彻党的十九届六中全会精神

2021年，大连海关充分认识学习宣传贯彻党的十九届六中全会精神的重大意义，把学习宣传贯彻工作作为一项重大政治任务，组织关区上下第一时间学习全会精神和会议材料，引导广大干部群众切实把思想和行动统一到全会精神上来，推动大连关区党员干部原原本本学习、及时跟进学、全面系统学，不断提升学习贯彻质量效果。

11月12日，大连海关党委班子召开专题学习会议，集体收看全会精神新闻发布会，学习全会精神。会议要求把学习宣传贯彻党的十九届六中全会精神作为当前和今后一个时期的重大政治任务，精心安排部署，周密组织实施。会后大连海关党委第一时间制发方案，围绕学习传达、营造氛围等内容就关区学习贯彻提出要求。

11月25日至12月2日，大连海关参加总署理论学习中心组（扩大）学习暨党的十九届六中全会精神专题学习班，党委委员，总工程师，各部门、各隶属海关单位、各企事业单位主要负责人、各派驻纪检组组长及党员代表参会学习。

12月6日至10日，大连海关组织召开2021年第四季度党委理论学习中心组（扩大）学习暨党的十九届六中全会精神专题学习班。关长居峰作开班动员并宣讲全会精神，从深刻认识和把握党的十九届六中全会的重大意义、以全会精神引领新时代“一流强关”建设步入新征程、持续深入学习宣传贯彻党的十九届六中全会精神等方面交流了学习感悟。党委委员，总工程师，各部门、各隶属海关单位、各企事业单位主要负责人，各派驻纪检组组长及党员代表参会学习。总署党史学习教育第六巡回指导组以视频方式参会指导。学习班上集体收看了党的十九届六中全会精神辅导视频，中国海关管理干部学院党委副书记、院长陈晖在线辅导了习近平法治思想等重要内容。参会人员围绕“如何在关区实际工作中贯彻落实好党的十九届六中全会精神”开展分组讨论，并选取4位各层级典型做了宣讲交流，示范带动大连关区党员干部深入学习。在学习小结讲话中，关长居峰总结了学习成效，围绕学习贯彻党的十九届六中全会精神、强化党建引领推进全面从严治党、毫不放松抓好常态化疫情防控、全面履行好各项监管职责、推动深化改革优化服务、落实国家审计整改任务、全面提升工作质量7个方面对做好近期工作提出了要求。

各基层党组织迅速传达党的十九届六中全会精神，各级党组织以“三会一课”、主题党日、专题研讨会等形式，组织广大党员干部原原本本、逐字逐句反复研读，全面领会、准确把握党的十九届六中全会精神的基本内容、丰富内涵与核心要义。为全体党支部配发《中共中央关于党的百年奋斗重大成就和历史经验的决议》等学习书籍，引导党员干部运用好《习近平谈治国理政》等重要著作，用好“学习强国”App平台等媒体平台，深入领会以史为鉴、开创未来的重要要求，在常读常新中不断收获新感悟、获得新提高。积极开展学习心得“大交流”活动，关党委委员带头撰写学习心得，带头到所在支部或联系点，结合分管领域工作做宣讲。组织关区各级领导干部、先进典型、青年关员和离退休干部等撰写学习心得并展播。结合六中全会精神，设立“走好新时代赶考路”等讨论题目，组织开展党员大讨论，推动党员干部深入思考。将学习全会精神与同期开展的“三个一百”接力活动相结合，组织领导干部继续讲好党课，普通党员宣讲党的百年历史。充分发挥各级青年干部理论学习小组作用，组织专题学习研讨，调动青年干部理论学习的积极性、主动性。利用微信群、“钉钉”等线上平台设置课程，开展答题活动。开展“学习强化周”活动，利用“学习强国”App平台开展学习六中全会精神积分竞赛，对人均积分最高的党组织进行通报激励。

大力推动党的十九届六中全会精神进课堂、进课程，研究制订关区处级领导干部十九届六中全会精神轮训方案，统筹“线上+线下”方式，关区共268名处级干部参训。根据总署部署安排，组织参加总署学习贯彻党的十九届六中全会精神网上培训班，关区共计2,950人参训；依托总署上线的8门课程，组织开展十九届六中全会精神专题网络课程学习；在“钉钉”平台上线由中国社科院、中共中央党校等专家教授讲授的学习贯彻党的十九届六中全会精神网络课程9门。

大连海关党员干部结合海关实际推进学习成果转化，全面贯彻习近平新时代中国特色社会主义思想。坚持“第一时间”“第一议题”制度，完善上下贯通、执行有力抓落实工作机制，坚决落实落细习近平总书记关于禁止“洋垃圾”入境、打击象牙等濒危动植物走私、推动东北全面振兴等重要指示批示精神，坚持统筹疫情防控和经济社会发展，将旗帜鲜明讲政治从外部要求转化为内在主动。扎实推进捍卫“两个确立”、做到“两个维护”、强化政治机关建设专项教育活动，引导党员干部严守党的政治纪律、政治规矩，做对党绝对忠诚的国门卫士。常态化开展理想信念教育和核心价值观教育，大力弘扬伟大建党精神，传承红色基因，持续筑牢守初心担使命的思想根基。

（撰稿人：郝桓宇）

大连海关四个维度扎实推进行政执法“三项制度”

2021年，大连海关全面推行行政执法公示制度、执法全过程记录制度、重大执法决定法制审核制度（以下简称“行政执法‘三项制度’”），是党中央、国务院的重大决策部署，也是全国海关规范执法的重点工作。按照总署工作部署，大连海关迅速组织落实，积极探索创新，从“上、下、内、外”4个维度紧密结合业务实际开展推进工作，取得明显成效。

一、上谋思路，下好工作“先手棋”

一项工作制度要落实好，关键在谋篇布局，根据总署工作部署，大连海关强化三方面工作，推动行政执法“三项制度”工作在关区全面推行。

（一）强化组织领导。

大连海关成立专项工作领导小组，把“三项制度”工作作为关党委重大决策部署任务，列入督办事项。分管领导靠前指挥，定期听取推进牵头职能部门工作汇报。

（二）立足谋篇布局。

制发行政执法“三项制度”实施方案，结合实际细化31项具体工作任务，明确工作要求、工作步骤、时间节点，压实主体责任，分工协同推进。

（三）及时调适纠偏。

先后通过中期推进会、典型经验交流、对制度实施情况函调和检查、制发工作通报等工作形式和手段，归纳总结工作成果，分析研究存在问题和困难，调整工作思路，确保工作积极稳妥、有力有序推进。

二、下抓落实，找准工作“切入点”

大连海关创新应用“点—线—面”工作模式推动实施“三项制度”工作。选取大连周水子机场海关进境旅检业务、金石滩海关稽查业务开展“三项制度”全流程试点，选取大窑湾海关开展重大执法决定法制审核环节试点，结合本单位一线执法工作，建立并发布3个“三项制度”全流程模型，以点带动有力推进现场执法标准化，为关区推进行政执法“三项制度”工作提供示范。

机场海关在前期开展进境旅检业务条线执行全过程记录制度试点工作基础上，结合新冠肺炎疫情防控工作，将行政执法公示和重大执法决定法制审核两项制度，与执法全过程记录制度有机结合，形成旅检业务“三项制度”全流程实施细则。

金石滩海关推进稽查条线行政执法“三项制度”实施细则编写工作。该关在稽查领域梳理业务流程，与“三项制度”要求进行融合，突出无感稽查工作法中执法全过程记录要素的体现，该项已被纳入总署自贸创新举措。

大窑湾海关开展重大执法决定法制审核制度试点工作。建立法制审核制度、审核队伍建设、划分法制审核层级；形成审理结果交流反馈、集体审理、正负激励、审核纠错、审核依据更新等多项机制。

三、内强应用，牵住工作“牛鼻子”

大连海关坚持问题导向，结合政治巡视巡察、内部审计整改、“现场监管和外勤执法权力寻租”等专项行动中发现的问题，查找执法薄弱环节，强化“三项制度”在执法实践中的应用，线面联动，实现纵横网格化推进效果。

（一）以线为引打造8个业务条线制度模型。

选取进出境竹木草制品许可、出口监管仓库保税仓库设立审批、国境口岸卫生许可、知识产权保护、进出口食品安全、进口仿真饰品检查等8个具体业务条线，编写专项业务行政执法“三项制度”通用文件和操作指引，涉及动植物保护、企业管理、税收征管、国境口岸卫生管理、知识产权保护、食品安全监管、商品检验、查验监管等多个执法领域，覆盖行政许可、行政处罚、行政检查、行政强制四大行政执法行为，充分发挥条线引领作用，带动关区“三项制度”工作向纵深推进。

（二）以面覆盖实现“三项制度+业务”深度融合。

在进口冷链食品风险监测工作中，全面落实执法全过程记录制度，创新实践“全证据链”，实行“专业分段+流水线作业”，建立“一机制+三分组”工作模式，开展冷链商品采样和证据链固化工作，实现全流程追溯，获得署领导的高度评价。创新研发大窑湾海关查验公示系统，执法现场主动公开查检环节全流程实时动态，实现了企业“足不出户”了解货物通关状态以及查检业务线上办，有效降低了企业成本；积极探索“三维立体”矿产品监管模式改革，通过网络传输和大数据应用，强化电子记录和证据固定，实现全流程智能监管。

四、外树形象，用足工作“传音筒”

大连海关着力抓好“三项制度”工作的理论研究和内外宣传，树立海关严格规范公正文明执法形象，营造更加公开透明、规范有序、公平高效的法治环境。

（一）理论研究方面。

大连海关积极对接总署政策法规司，派员参加总署行政执法“三项制度”集中工作，组织对行政执法“三项制度”清单征求及反馈意见。及时提炼总结工作经验，联合广州海关撰写工作要情报总署政策法规司。参与总署行政执法“三项制度”工作专班，组织关区制定修改两项工作清单及统计年报，为总署提供大连智慧。

（二）内外部宣传教育方面。

大连海关在关区教育培训平台发布课件，开展关警员业务培训，在微信公众号推送5期手绘版行政执法“三项制度”科普宣传，在《法制日报》《中国国门时报》《辽宁日报》等媒体开展相关经验做法报道，开展“我与行政执法‘三项制度’”微视频作品评选活动，网络投票超过560万票、访问量超过160万次，有效提升了“三项制度”工作的内部知晓度和社会认知度。

（撰稿人：高　硕）

大连海关多措并举持续优化口岸营商环境

2021年，大连海关在总署党委的坚强领导下，以政治建设为统领，以“质量提升年”为抓手，全面推进“五关”建设。坚决落实国务院、总署“促进外贸稳增长”“优化口岸营商环境”“促进通关贸易便利化”工作部署，统筹做好口岸疫情防控，促进外贸稳增长，持续推进“放管服”改革，强化“营商环境就是我们自己”的理念，推出了一系列科学监管、精准服务的措施，全面提升监管执法效能和服务发展水平，全力打造公平、透明、可预期的口岸营商环境。在“2020年度中国营商环境评价”中，助力大连“跨境贸易指标”再度获评标杆经验，连续两年获得“东北第一”的优异成绩。

一、深化“放管服”改革，充分激发市场主体活力

深入推进行政许可改革，优化审批流程，实现关区行政许可事项“一窗受理”。实行全部审批事项网上办理，公布15项涉企经营许可改革事项清单、改革措施、监管要求等，提交材料压减30%，审批用时缩减50%，2021年共办理各类涉企经营许可审批1,680件。全面推行“证照分离”改革，取消92项海关证明材料，自7月1日全面推行“证照分离”改革以来共办理相关业务352件，同比增长12%，办理用时缩减57%以上；发放外贸企业和一线关员调查问卷545份，行政审批办事效率满意度达到98.47%。与辽宁省市场监督管理局开展部门联合“双随机、一公开”抽查工作，首批开展联合抽查88起，数量位居全国海关之首，实现“进一次门、查多项事”。

二、优化作业流程，全面提升通关便利化水平

开展“口岸营商环境质量提升”专项行动，推出“促进跨境贸易便利化十八条措施”，建立优化口岸营商环境协调推进机制。深化申报模式改革，申报无纸化率达99%以上，“两步申报”惠及企业近1,000家。联合沈阳海关实施大宗重点商

品“附条件提离”等便利措施。提升智能审图、无人机水尺计重等新模式实战能力，推进行李物品、免税品、邮递物品监管智能化建设；验核进境旅客电子化健康申报，进境旅客电子化健康申报率达100%。在危险化学品监管领域试点实施“船边直提”“抵港直装”作业模式。自主研发“规范申报智能提示功能”，相关商品规范申报率由89.6%提升至99.1%。开展“提速、保畅、助产”压缩通关时间2021行动计划，全年进口、出口整体通关时间分别为33.06小时、0.99小时，相较2017年分别压缩72.2%、94.24%，在疫情持续重压下，圆满完成国务院“2021年压缩一半”的目标。

三、支持区域发展，全力促进外贸稳中提质

围绕重大项目、重点行业、重点企业支持区域外向型经济发展。支持中日（大连）地方发展合作示范区、太平湾“港产城融创”一体化发展、大连新机场等地方重点项目建设，积极推进重点港口扩大开放。印发《支持冷链产业发展专项措施》《大连海关支持水产加工行业发展十条措施》《大连海关支持船舶行业发展十项措施》等，支持大连特色优势的石油化工、集成电路、水产加工、矿石冶炼、粮食加工、船舶制造等重点行业发展壮大。帮扶恒力石化全球单套最大产能乙二醇项目副产品“变废为宝”，逆势拓展4个国际市场，完成恒力石化220万立方米液体保税仓库的扩容审批。为英特尔量身定制“嵌入式贴身监管”模式，实施“先入区、后报关”“智能卡口+无人机巡检”，对进口生产设备、关键部件、生产原材料等实施个性化海关监管。

四、开展协同合作，促进跨境要素高效流通

加强与重点龙头企业战略合作。同辽港集团建立合作机制，滚动推进关港重点合作项目29个；支持推进辽港集团“东北亚中心仓”“冷链三大中心”等重点项目，以港口为核心的物流体系不断完善，有力支持了辽宁港口整合。全链条推动冷链产业发展，打造区域性冷链物流中心，助力辽渔港口和渔业产业服务平台建设。与大商所深化战略合作，支持上期所、大商所新增原油、铁矿期货保税交割库；专属为本钢集团推出集团财务公司担保；支持船舶企业开展企业集团保税监管、保税维修等改革试点；帮扶保税研发测试企业及时获取优惠政策信息，为精密仪器、研发用材料开通查验绿色通道；先后推出“集出分供”“跨关区直供”保税船供油监管新模式，每票跨关区供油出入库办理时间由原先的3~5天缩短为1小时。

五、发挥职能优势，支持新业态新模式发展

牵头建立海关、地方政府、企业多方

研商机制，建立“事前防控、事中监管、事后追溯”的闭环监管机制，支持3个大型专业市场纳入市场采购集聚区范围，覆盖中小微外贸企业1,452家，自3月4日辽宁西柳服装城市场采购贸易方式试点首票货物在中国西柳专业市场集群监管场所通关验放以来，全年出口货值超过14.3亿元。全面推广跨境电商企业对企业出口监管试点和跨境电商零售进口退货中心仓模式，制订出口商品退货监管方案，有效解决跨境电商企业出口退货监管问题，提升跨境电商进出口零售商品监管便利化水平。支持跨境电商多形态、货物多类别融合发展。利用“双综保区优势”，在大窑湾综合保税区推出“保税+生鲜”，通过跨境电商保税备货模式实现进口活鲜类商品零突破，首次以跨境电商保税备货模式进口4.2吨美洲螯龙虾。

六、抢抓发展机遇，构建高水平对外开放平台

推进海关特殊监管区域优化升级，完成大连湾里综合保税区、大窑湾综合保税区联合验收工作，大连正式进入“双综保区时代”。积极推进长兴岛口岸、大连LNG接收站码头对外开放，完成庄河港海关监管场所的验收。高质量完成海关系统首个世界银行技术援助项目“推进自由贸易港建设的海关检验检疫政策和监管模式研究”。积极抢抓RCEP签署机遇，开展RCEP对地方经贸发展的影响研究，充分运用原产地规则，培育经核准出口商，支持企业享受税收优惠。在全国率先启动海公联运模式TIR（《国际公路运输公约》）过境业务，完善国际中转、多式联运、邮轮经济等监管服务体系，推动我国首条东亚至中亚商品车多式联运通道在大连港开通，助推大连港“试水”出口定制化班列业务，中欧班列每月开行量由2列增至9列。2021年，大连海关累计监管出境中欧班列共计88列，监管商品车过境共计24列。

七、对标先进水平，推进自由贸易试验区创新发展

自2017年中国（辽宁）自由贸易试验区正式挂牌运行以来，累计推出65项自贸创新举措，其中“‘保税混矿’监管模式”“进境粮食检疫全流程监管模式”“进出口商品智慧申报导航服务”3项创新举措成功入选国务院自由贸易试验区改革试点经验，在全国27个自由贸易试验区海关中排名第一；29项纳入省级以上复制推广经验，累计复制国务院58项创新经验中的43项，助力大连自贸片区获评博鳌企业论坛“2021年度投资环境示范区”奖项。出口检验检疫证书“云签发”模式覆盖大连关区90%以上出口货物签证业务，获全国复制推广；“云眼查”检查模式获得总署自贸创新备案，工作效率提高约5倍，平均每票为企业节省成本400元以上；“进出口商品智慧申报导航服务”涵盖全国海

关前150位重点税源商品，覆盖商品要素个性化填报需求逾90%。

八、丰富服务内容，不断提升政务服务水平

以“为国把关、促进发展”为内涵，打造“通关金钥匙”营商环境品牌，围绕“减单证、优流程、提时效、降成本”方面持续推进监管模式创新和办事流程优化。组织开展“‘营商环境就是我们自己’大连海关在行动”工作，参加营商环境“金点子”“最佳实事”“优秀窗口（岗）”评选；参加《12345政务服务便民热线》直播访谈节目，在线交流大连海关在优化口岸营商环境、促进外贸稳增长等方面热点话题。深入开展“百人千企”对口帮扶，为1,550余家企业提供“秘书式”服务，截至2021年年底共解决601项企业提出各类困难和问题。建立“问题清零”机制，开展“推进问题清零　解百家企业难题”主题活动，回收调查问卷592份，协调解决企业、行业协会问题146个。推进海关“好差评”系统，好评率100%。

（撰稿人：高悦涵）

大连海关全方位推进知识产权海关保护

2021年，大连海关以习近平新时代中国特色社会主义思想为指导，深入学习贯彻习近平总书记关于加强知识产权保护的重要指示批示精神，认真落实党中央、国务院相关决策部署，持续推进知识产权海关保护工作，以系列知识产权专项执法行动为重要发力点，坚持“打促结合、高效便捷、综合治理”的原则，不断夯实业务基础，加大打击力度，提升执法效能，支持企业创新，营造良好氛围，为构建新发展格局、推动高质量发展提供有力保障。

一、开展知识产权海关保护专项执法行动

2021年，根据总署的统一部署，大连海关在关区内组织开展“龙腾行动2021”“蓝网行动2021”“净网行动2021”等知识产权保护专项执法行动，集中优势执法力量，对重点渠道、重点领域、重点商品实施专项监管，积极帮扶各类知识产权企业创新发展。成立工作领导小组，统筹推进专项行动开展。3月，组织召开“大连海关‘龙腾行动2021’电视电话动员会”，对专项行动进行动员部署，明确工作要求。7月，召开专项行动中期推进会议，分析总结专项行动中期开展情况，部署下一阶段主要任务及重点工作。行动过程中，定期对行动开展情况进行通报，对部分隶属海关进行督导推进。

二、以制度设计夯实业务基础

2021年，按照大连海关机关部署要求，关区18个隶属海关全部完成知识产权海关保护执法建章立制工作，进一步明确了知识产权执法过程中的科室职责与工作衔接要求，规范一线执法流程，提升执法办案效能。9月，组织专人编写并发放《大连海关知识产权海关保护执法指南（2021年版）》，全面梳理归纳知识产权海关保护的流程、环节等，并将有关法律法规及规章制度等进行汇编，指导各隶属海关严格依法依规进行知识产权保护执法工作。

三、加强口岸侵权风险分析与布控

2021年，充分发挥风险联合研判机制

作用，多次组织综合业务处、风险防控分局和隶属海关进行联合风险分析研判，对关区各口岸的侵权风险进行逐项分析，形成书面材料指导风险布控方向。依托知识产权海关保护执法系统等大数据平台进行数据收集与研判，分渠道、分口岸梳理研判进出口商品侵权风险，汇总高风险要素。不断提升各业务现场知识产权保护意识与自主查发能力，增强查验关员检查货物知识产权状况的主动性，提升指令外查发侵权货物工作成效。

四、不断加大打击进出口侵权违法行为力度

2021 年，在货运渠道对输往重点目的国（地区）的侵权高风险商品加大查验力度，强化对申报价格明显偏低、申报品牌存疑货物的检查，对“中性包装”“掩盖标识”等侵权新手法，采取有效措施加以管控；对寄递渠道进出境邮递物品，分析归纳侵权商品机检图像特征，加大对机检图像存疑邮包的人工查验力度；强化对旅检渠道“假货回流”问题的源头治理，加强对重点航线、人员的监控。结合东京奥运会、北京冬奥会等重大赛事，全面加强对奥林匹克标志的保护，8 月，大窑湾海关在进口货运渠道一举查获侵犯奥林匹克标志香蕉 40 余吨，案值 15.6 万元。2021 年，大连海关共对侵权嫌疑货物采取知识产权保护措施 162 批次，其中查扣侵权嫌疑货物 141 批次，涉及货物数量 4.4 万件，货值 42.5 万元，查办的“某贸易公司出口至‘一带一路’沿线国家和地区侵权鞋靴案”入选“2021 年中国海关知识产权保护十大典型案例”。

五、持续提升知识产权保护执法能力

2021 年，采取线上线下相结合的方式开展知识产权保护业务培训，加强远程办案指导、跟班作业，提升一线知识产权保护执法能力，打造业务素质过硬的知识产权执法队伍。聚焦一线执法实际需求，通过“钉钉”线上集中培训、“送教上门”等形式，开展知识产权业务、执法系统使用、侵权商品初判鉴别等培训。两次联合东北地区海关共同举办知识产权海关保护业务线上培训班，共同提升执法队伍能力和水平。常态化对相关隶属海关开展执法办案远程指导，提供参考建议；多次开展现场查验、案件办理跟班作业，面对面解答现场疑问，规范执法行为，提升执法能力。各隶属海关根据业务特点，组织业务骨干对执法岗位人员开展现场教学培训，提升现场知识产权岗位人员业务素质。

六、营造保护知识产权良好文化氛围

2021 年，日常宣传与集中宣传相结合，广泛开展知识产权保护宣传教育，积极营造保护知识产权、尊重创新的良好文化氛围。日常以查获的侵权案件为宣传重点，在各级媒体发布宣传信息，彰显海关打击侵权成效；抓住专项行动开展、“4 ·

26”知识产权宣传周、“8·8”海关法治宣传日等关键时间节点，通过多种手段，在关区各业务现场对专项行动开展宣传教育，有效扩大宣传影响力。2021年，大连海关在央广网、中国日报网、光明日报网、“学习强国”平台、“海关发布”微博、《中国国门时报》、《辽宁日报》、《大连日报》等各级各类媒体平台发布宣传信息稿件30多篇次，为海关知识产权保护工作营造声势，积极营造良好的知识产权保护文化氛围。

七、持续助力自主知识产权企业创新发展

2021年，加大对企业走访调研力度，开展“送法上门”政策宣讲活动，为不同类型企业提供“一企一策”服务措施，对企业知识产权问题实施“清单式”管理与动态清零，助力企业创新发展。大连港湾海关引导、协助2家自主知识产权企业进行知识产权海关保护备案，为2家企业15万吨钢材、2,500余吨石墨电极出口产品走出去参与国际竞争提供支持，切实提升企业创新维权和核心竞争能力；丹东海关全面摸排辖区拥有商标、专利的知识产权企业情况，培塑自主知识产权企业5家，指导2家企业成功办理知识产权海关保护备案，提升企业知识产权保护意识与维权能力。

八、积极推进知识产权全链条保护

对内开展关际合作，拓展关际合作范围，加强与其他直属海关的执法协作，在信息共享、案件通报、执法培训等方面深入合作，防范侵权货物的口岸漂移。与天津海关、黄埔海关共同研判出口货物侵权风险与新趋势，采取有效措施加以防范，与天津、宁波等市场采购货物出口查验地海关协作，共同加大对市场采购货物的监管查验。对外增强与地方相关部门的配合，组织隶属海关与大连市知识产权局签订合作备忘录，推进知识产权协同保护、综合治理，定期向地方相关部门提供海关执法信息，为知识产权保护“打源头、断链条”提供支持，推动知识产权全链条保护，助力构建知识产权“大保护”工作格局。

（撰稿人：赵晨星）

大连海关精准施策，助推海关特殊监管区域高质量发展

2021年，大连海关深入学习贯彻习近平新时代中国特色社会主义思想，不折不扣落实习近平总书记重要指示批示精神，忠诚捍卫“两个确立”，坚决做到“两个维护”，认真落实“六稳”“六保”部署，精准施策，助力海关特殊监管区域高水平开放高质量发展，促进地区外贸保稳提质。

一、2021年大连海关辖区内特殊监管区域进出口值总体情况

2021年，大连关区进出口总值为8,979.5亿元，同比增长16.7%；大连海关辖区内特殊监管区域进出口值为902.52亿元，同比增长15.4%，占大连关区进出口总值10.1%。

2021年，大连海关辖区内特殊监管区域发展呈现两方面特点。一是对地区外贸贡献度较高。例如，大连地区3个海关特殊监管区域进出口总值为862.79亿元，同比增长5.92%，占大连市进出口总值的20.31%，对大连市外向型经济发展拉动效应显著。二是区域发展不平衡。例如，大连湾里综合保税区进出口总值为458.21亿元，同比增长35.7%，年进出口总值首次进入全国综合保税区排名前30位，创历史新高；营口综合保税区进出口值同比增长137.1%，大连大窑湾综合保税区则出现一定幅度的下滑，同比下降16%。

二、主动作为，促进区域高水平开放

（一）推进海关特殊监管区域整合优化。

2021年4月23日，大连海关牵头，会同辽宁省发改委、自然资源局、财政局等7个部门组成联合验收组，对大连湾里综合保税区和大窑湾综合保税区进行了验收。

2021年10月9日，大连湾里综合保税区和大窑湾综合保税区获得总署批复通过，大连正式进入“双综保区时代”。同时，大连海关积极支持大连保税区优化整合工作，助力其升级为综合保税区，推动

海关特殊监管区域高水平发展。

（二）积极开展政策研究与宣讲。

大连海关成立政策理论研究小组，全面梳理海关特殊监管区域与自由贸易试验区政策文件 334 份，通过“线上+线下”集中研讨模式与地方政府共同开展区域政策宣讲，研究大连地区海关特殊监管区域发展过程中存在的问题，为优化区域布局，推动开放型经济发展提供海关智慧。2021 年以来，促进跨境电商产业园等多个项目入区建设，投资总额近 19.2 亿元。

三、精准施策，推动惠企政策落实到位

（一）靠前服务，扎实推动“助企纾困”。

2021 年，大连海关聚焦海关特殊监管区域外贸发展实际和进出口企业诉求，认真贯彻落实总署促进外贸保稳提质系列举措，坚持问题导向，打出畅循环、稳外贸、保主体的系列优惠政策“组合拳”。精准施策，扎实开展“我为群众办实事”实践活动，推进“问题清零”工作落地落实，统筹协调疫情防控与通关时效关系，通过线上备案、远程视频监控等信息化手段，实现企业注册、账册设立、进出区核放等业务“秒办”；贴心服务，结合“百人千企”和协调员机制，建立“一对一”沟通渠道，电话、微信保持 24 小时畅通，对企业问题及时响应，并建立跟踪落实长效机制，打通解决企业难题的“最后一公里”；聚焦重点，推出龙头产业、重点企业“直通车”服务，建立重点项目领办制度，在业务窗口开辟绿色通道，优先为相关企业办理海关手续，发挥英特尔、大连海尔冰箱、鞍钢等龙头企业对产业链上下游企业的辐射带动作用，实现服务提质增效。

（二）支持新兴业态发展，增添区域发展动能。

大连海关深入贯彻落实《国务院关于促进综合保税区高水平开放高质量发展的若干意见》（国发〔2019〕3 号）精神，充分发挥海关特殊监管区域作为自由贸易试验区海关监管制度创新主要载体的作用，积极推广“增值税一般纳税人资格试点”“内销选择性征收关税”“货物按状态分类监管”等多项监管创新制度，引导区内企业主动融入国内国际双循环。2021 年，大连湾里综合保税区实现“保税研发”业务零的突破，全年新增“保税研发”产品 153 项，新增产值约 1,500 万元，有力推动综合保税区产业升级；区内适用“内销选择性征收关税”企业数量居于全国海关前列，累计为企业节约成本超过 500 万元；“委托加工”业务持续释放政策红利，助力大连湾里综合保税区内大连海尔冰箱有限公司实现产值 12.8 亿元，同比增长 2%，新增就业近千人；推动“氢能源”新兴产业抢占国际市场，大连首台“纯氢燃料电池系统”在大窑湾综合保税区顺利通关，为企业节约成本约 5,000

元/台。

四、统筹谋划，助力区域高质量发展

（一）协同配合，支持两类区域协调发展。

大连海关积极支持中国（辽宁）自由贸易试验区建设，充分发挥两类区域创新示范作用和虹吸效应，与省市自贸办以及自贸片区管委会建立需求会商机制，与大连商品交易所、港口集团等大型国企签订了合作备忘录，围绕自由贸易试验区建设确定合作发展清单，协同推进，以点带面，探索自由贸易试验区发展的新突破；加强经济形势分析工作，全年累计编写两期《海关特殊监管区域运行分析报告》，推动外贸数字的首发、首报、首用向合理化建议的转化，为省市地方政府推动海关特殊区域经济高质量发展提供决策参考。

（二）统筹推进，绩效评估成效显著。

大连海关及时向地方政府通报影响综合保税区发展绩效评估的重点指标情况，联合地方政府召开综合保税区发展情况交流会10余次，督促其落实主体责任，坚持问题导向，采取有针对性的措施解决当前海关特殊监管区域发展过程中的短板问题。在2021年全国综合保税区发展绩效评估工作中，大连湾里综合保税区在全国和中西部（含东北三省）排名大幅上升，成为东北地区首个“双A”类综合保税区。

（撰稿人：邢 彦）

大连海关智慧征管新技术应用项目取得新成果

2021年，大连海关“海关进出口商品智慧申报导航服务体系”“海关进出口商品规范申报智能评估系统”项目立足关税领域新技术运用、服务进出口企业规范申报取得新成果。为贯彻总署“科技兴关”战略，大连海关在关税业务领域扎实开展智慧征管新技术应用研究，探索人工智能、大数据等新技术与海关税收征管业务深度融合的有效途径，提升海关税收风险防控的智能化水平。在关税处设立“智慧征管新技术应用工作室”，以业务专家为引领组建海关新技术应用研发团队，联合高校、外贸平台企业、高新技术企业等学界业界智力资源打造“关校企”合作研发工作机制。专注于“海关进出口商品文本信息语义智能识别与应用”专题，率先完成了多项在关税领域具有首创性、关键性、基础性的新技术成果研发。

2021年，大连海关首创的“海关进出口商品智慧申报导航服务体系”参加了辽宁省委、省政府组织的“辽宁省首届制度性创新评比”活动，并获得二等奖。大连海关研发的基于人工智能自然语言处理技术的“海关进出口商品规范申报智能评估系统”上线运行，这是全国海关首个基于新技术智能化开展海关规范申报管理的信息化系统，有力提升了大连海关的智慧征管能力和水平。

一、海关进出口商品智慧申报导航服务体系

在总署的支持和指导下，大连海关紧盯企业“归类难”“申报不规范”而影响通关效率、加大经营成本等痛点、难点问题，运用科技手段，创新管理思路，与本地高校、外贸平台企业合作搭建“进出口商品智慧申报导航服务体系”，通过打造进出口商品规范申报和准确归类的导航数据库为外贸企业提供合规申报的便捷途径。该服务体系首先在中国（辽宁）自由贸易试验区大连片区试行，随即入选国务院“自由贸易试验区第六批改革试点经验”在全国复制推广。2021年，该项服务参评辽宁省委、省政府组织的首届制度性

创新评比活动，并获得二等奖。这项服务体系坚持问题导向、目标导向，是海关主动向社会提供政务服务产品供给，普惠性地解决广大进出口企业在诚信纳税、合规申报时遇到的难点问题。

坚持问题导向，精准定位创新着力点。从大连关区进出口商品申报实际情况来看，绝大多数守法企业具有合规申报的主观意愿，但因进出口商品种类繁杂，企业在向海关申报时要真正做到商品描述规范、申报归类准确存在较大难度，申报不规范导致删改单进而影响通关时效，甚至承担严重法律后果的案例普遍存在。大连海关深刻剖析问题产生原因，精准锁定“企业申报易出错”这一痛点、难点环节，将后续追责管理模式向互信共治、源头治理模式转变。

加强沟通协调，迅速确立创新总思路。大连海关联合本地高校、外贸服务平台企业共同磋商确立项目开发的基本思路：即使用大数据、人工智能等新技术手段，对海关历史申报数据进行清洗、整合、关联，建立智慧申报导航数据库，在申报端为进出口企业纳税申报提供精准、权威的智能化导航服务。

深耕新技术应用，逐步提升系统实用性。在系统功能方面，不断优化申报端对企业的引导流程；在数据资源方面，采用新技术手段对“高频表达方式”进行智能化提取；在响应速度方面，通过优化数据结构和搜索引擎等方式，有效简化操作、提升申报效率。大连海关建成的导航数据库涵盖 6,600 多个税号、160 多万个商品记录，覆盖口岸全部一般贸易进口商品；提交国家版“单一窗口”为全国 50 余万家进出口企业提供规范申报下拉菜单选项服务的记录 3,500 条，覆盖 59%的税则章节。

试点成效显著，被国务院纳入改革经验复制推广。该项服务在大连自贸片区开展试点以来，区内纳税企业对该系统的满意度颇高。问卷调查结果显示，对于“对智慧申报导航服务是否精准、便利，是否满意”的问题，选择“很满意”的企业超 95%；对于“大连海关的这一举措是否真的提高了通关时效性”以及“‘智慧申报导航’服务对您公司通关时间缩短是否有效果”的问题，选择“比较有效果”及以上的企业超过 96%。“智慧申报导航”服务，使复杂的纳税申报工作高度简便化，提高了涉税要素申报的准确性、统一性、时效性，实施后可以有效避免因误操作导致的申报差错，减少纳税争议，极大缩短通关时间，提高通关效率，节省清关环节成本。

该服务将制度与科技有机结合，其创新点主要有：一是海关以“关企共治”理念创新管理方式，为企业履行法定申报义务提供管用、好用的权威引导服务；二是海关以“柔性治理”理念为企业在遵从引导、诚信申报过程中非因主观故意造成的申报责任提供救济措施，稳定企业成本预期；三是海关以“智力整合”理念探索“关校企”合作，开展人工智能新技术应用研发机制，着力提升海关公共服务产品供给能力；四是海关以“共享共益”理念将创新成果惠及各方，取得海关、外贸企业、学界、平台企业多方共赢的良好效果。

二、海关进出口商品规范申报智能评估系统

该系统是大连海关研发的海关关税领域首个基于人工智能自然语言处理技术，实施进出口商品规范申报评估管理的信息化系统。

进出口商品规范申报是海关税收征管工作的基础，是海关准确实施归类、价格、原产地管理，落实国家税收征管政策的重要依据。因此，对规范申报工作的评估管理是海关关税职能发挥的重点业务领域。但是由于企业申报的商品信息是以语言文字的形式呈现，海关以往没有技术工具能够对这些非标准化、非结构化的文字信息是否符合海关规范实施自动化、智能化的评估，只能采取抽样方式手工开展评估工作。

针对这一领域存在的现实需求，大连海关智慧征管新技术工作室发挥专业优势，研发了“海关进出口商品规范申报智能评估系统”，该系统要解决的问题包括：一是审核标准不统一的问题；二是手工审核效率低，无法覆盖全量数据，难以保证考核质量的问题；三是考核评估结果的重复利用问题。

研发的评估系统应用人工智能自然语言处理技术建立训练模型、评估模型和语料数据库，对海量进出口商品的规范申报实施计算机智能评估。该系统的优势有：一是智能审核效率高，可以做到对全量数据开展规范申报审核纠错；二是智能审核结果准，只要对该系统所积累的“负本库”进行精心维护，就能保证识别出的“不规范”数据100%无争议；三是智能审核具有累积效应，每次的规范申报数据训练和评估的结果，系统都会予以自动记录，同样的错误只要发现一次，就能够形成机器记忆。

大连海关是全国第一个使用人工智能新技术工具开展规范申报日常管理的海关，通过这个系统实施规范申报评估考核，可有效节约人力资源，大幅提升工作效率。

（撰稿人：刘　远）

大连海关统筹口岸新冠肺炎疫情防控

2021年，大连海关坚决贯彻习近平总书记重要讲话和重要指示批示精神，认真落实党中央、国务院决策部署，全力执行总署措施要求，毫不动摇坚持“外防输入、内防反弹”总策略和“动态清零”总方针，采取最全面、最严格、最彻底的防控措施，筑牢外防输入坚固防线，勠力同心，勇毅前行，交出无愧使命担当的历史答卷。

一、加强组织领导，为筑牢口岸检疫防线提供坚强政治保证

（一）持续加强组织领导。

新冠肺炎疫情发生后，大连海关成立由主要负责人挂帅的指挥机制，关党委成立新冠肺炎疫情应对工作领导小组，之后改设为统筹口岸疫情防控和促进外贸稳增长工作指挥部，由党委书记、关长担任总指挥，加强对关区的指挥领导，下设14个工作组，迅速建立形成横向到边、纵向到底的指挥体系，持续保持24小时不间断的运行状态，严格高效落实总署部署的各项任务，为口岸疫情防控提供有力保证。

大连海关党委高度重视新冠肺炎疫情防控工作，始终把疫情防控作为首要的政治任务和各项工作的重中之重，及时召开党委会议，传达学习、研究贯彻习近平总书记重要指示批示精神，坚持“第一议题”落实；多次召开防指会、研判调度会，对关区口岸疫情防控进行全面动员部署，及时研判、及时指挥、及时调度，确保上级部署要求件件落地。

（二）统一规范执法。

完善各类方案预案，制定水陆空三类口岸疫情防控岗位作业指引43个、梳理各级文件千余份，进一步规范统一执法，厘清责任、明确职责。动态调整防控重点，实行“一机一案”“一船一策”，规范了进境船舶检出阳性船员的后续流程，精准开展卫生检疫工作；进行“一战一总结”，固化经验成效。

（三）强化监督检查。

充分发挥督查“利器”作用，构建起统筹指挥、政策制定、落实执行、监督检查的闭环。建立疫情防控指挥部监督检查组，每季度至少一次对关区疫情防控整体

工作进行全面自查。

建立视频监控检查专班，每天通过视频监控排查口岸现场存在的风险隐患，对共性问题和严重问题及时通报，推动整改落实，帮助一线人员提升作业的规范性。各隶属海关成立“挑毛病专家组”，坚持每季度对安全防护进行自查。纪检、巡视等条线采取“四不两直”方式开展专项督查，督促各隶属海关补短板、堵漏洞、强弱项。

（四）充分发挥党支部战斗堡垒作用。

各级党组织不断深化党史学习教育，各基层党组织发挥“支部建在科上”优势，按照准军事化纪律部队要求，组建“一线、预备、应急”疫情防控梯队，动员广大党员干部发扬党员先锋模范作用，立足国门第一线，尽锐出战，决战决胜，用绝对忠诚和专业精神筑起疫情防控的钢铁长城，为打赢疫情防控阻击战提供坚强的政治保证。多个基层党支部获总署党建示范品牌及省市表彰。

二、科学精准施策，从严从紧实施口岸疫情防控

（一）开展全球传染病监测与研判预警。

坚持“日监测、周评估”，提出针对性防控措施。坚持“多病共防”，严防埃博拉、黄热病、鼠疫、流行性出血热等重大传染病传入，全年检出除新冠病毒以外的其他传染病13例，严防疫情叠加。全年撰写传染病疫情专项报告8篇、综述月报12篇、日常评估报告377篇，为领导决策提供参考，为一线执法提供依据。积极组织开展“世界艾滋病日”、疟疾等系列宣传活动，丹东海关参与撰写宣传稿件被署级媒体采用，卫生检疫处、大窑湾海关参与撰写的疫情防控工作海关要情被中共中央办公厅和国务院办公厅采用。

（二）织紧织牢疫情防控网。

从严从紧从细抓实“三查三排一转运”等措施的落实，强化“四个严格”，对所有健康申报事项严格核验，对所有疑似人员严格实施排查，对所有进境旅客严格进行采样检测，对所有检出新冠病毒阳性人员严格快速上报。按照地方防指要求组织开展入境船舶船员全员和作业场所新冠病毒核酸检测，与地方防指密切配合，克服困难，出色完成任务，有力支持地方防控工作。2021年，共检疫查验出入境航班2, 127架次、船舶1万余艘次，检疫查验出入境人员26万人次，检测鼻咽拭子5万余份。

（三）持续深化联防联控机制。

重点加强与卫生健康、疾病预防等部门在信息通报、移交转运等方面的合作，最短时间完成风险研判信息共享，航班信息及检测数据的反馈，互动开展移交人员信息追踪，实现信息互通互享；妥善做好人员移交，对检出的“五类”人员，全部移交大连市卫健部门，确保全流程无缝衔接，闭环管理。积极参与地方口岸疫情防

控专班，规范做好新冠病毒阳性病例检出后处置工作。

（四）推进通关便利化。

在进出境卫生检疫现场建立“规范化、过程化、精准化”管理工作法，持续优化调整现场作业流程和管理模式。联合口岸监管处、科技处和机场海关积极研究探索入境旅客通关便利化措施，利用信息化技术优化入境旅客健康申报核验模式，实现对空港重点入境旅客进行精准识别、拦截和处置。同时在空港口岸流行病学调查岗设置物理隔断，进一步强化重点人群的流行病学调查，缩短旅客通关时间，最大限度降低疫情在口岸传播风险。全面开展自贸复制推广工作，结合关区实际，深入调研，在关区复制推广海运进境集装箱空箱检验检疫便利化措施及国际航行船舶供水“开放式申报+验证式监管”模式。

三、坚持做好全面防控，统筹做好“人、物、环境同防”

（一）严格开展进口冷链食品疫情防控。

一是严格落实进口冷链食品口岸疫情防控政策措施。坚决贯彻习近平总书记关于疫情防控的重要指示批示精神，认真落实党中央、国务院决策部署，严格执行总署和省市联防联控机制工作要求，坚持“人、物、环境同防”，加强进口冷链食品疫情防控，严防新冠肺炎疫情通过进口冷链食品输入风险。从严落实联防联控机制要求，强化与地方联防联控机制的沟通协作和信息共享，落实海关部门职责，推动口岸疫情防控全链条管控工作规范落实。

二是规范做好检出新冠病毒阳性货物的处置工作。严格按照总署规定程序开展新冠病毒核酸疑似阳性样本复核、录证审核、风险研判、结果报告，确保证据链完整可靠。严格落实总署反馈意见，及时向地方联防联控机制通报新冠病毒阳性检出情况。积极落实国务院联防联机制要求，配合地方防指开展新冠病毒阳性货物分级分类处置，做好通关保障。

三是严格开展进口冷链食品风险监测和组织开展口岸环节预防性消毒。认真落实国务院联防联控机制和总署工作要求，强化源头管控，密切关注总署公布的最新信息，根据风险布控指令重点核验货物及相关单证信息，消除非准入产品的入境风险。严格按照国务院联防联控机制部署，以及总署风险布控指令和操作要求，开展口岸新冠病毒核酸监测；指导督促进口企业、海关查验场所经营单位落实进口冷链食品口岸环节预防性消毒措施，科学实施预防性消毒监督，按要求在通关单证上增加口岸环节消毒作业信息。

（二）严格开展进口高风险非冷链集装箱货物口岸环节新冠病毒检测和预防性消毒。

大连海关制订《大连海关进口高风险非冷链集装箱货物口岸环节新冠病毒检测

和预防性消毒实施方案》和《大连海关进口高风险非冷链集装箱货物检出新冠病毒核酸阳性应急处置预案》，按照业务条线加强管理，指导一线开展相关工作。一是加强业务培训，多种方式对一线作业关员开展业务培训，确保作业的规范性和准确性。二是加强应急处置。对检出新冠病毒阳性的高风险非冷链货物，严格做好人员管控和货物管控，做好退运、销毁或消毒等应急处置工作。三是加强监督检查。成立视频监控专班，对核酸采样、预防性消毒监督工作和个人安全防护进行监督检查。四是加强联防联控协作。协助大连市政府部门调取大连关区集装箱进口企业名单，提供包括报关单数等在内的数据内容。

（三）开展入境客运航空器终末消毒监督工作。

认真梳理入境客运航空器终末消毒监督要点，对客运进境航班进行监督。压紧压实企业责任，指导做好海关作业场地预防性消毒工作。按照环境监测工作指南，做好封闭管理场所、实验室环境监测，完善环境监测方案。科学优化消毒措施，确保消毒效果。

四、加强个人安全防护

（一）构建“三位一体”安全防护体系。

按照总署相关文件要求不断完善安全防护自查督查工作计划，与相关业务工作“同研究、同部署、同督促”。履行安全防护第一责任人职责，重点强调安全防护工作的重要性，做好总署下发文件的执行落实，强化疫情防控工作。各职能部门认真开展督导检查培训演练，各隶属海关关长深入一线督导、分管关长靠前带队指导开展岗前培训，研读文件、训练实操，熟悉掌握安全防护相关最新标准和要求，不断提升疫情防控能力。大连海关率先在海港口岸启用移动式防护装备穿脱方舱，减少人员交叉感染风险，避免穿脱过程导致的污染，为一线关员提供可靠的生物安全防护。

（二）对一线疫情防控人员实施封闭管理。

大连海关严格落实总署关于对执法一线岗位工作人员的采样检测和封闭管理要求，关区现有相关业务的 10 个空港、海港、陆路口岸均已开展集中封闭管理和“一天一检”工作，并根据总署相关要求及时调整封闭管理要求。组建大连海关疫情防控工作运行监控专班和大连海关防指监督检查组，针对现场关员个人防护、进口冷链商品和进口高风险非冷链货物风险监测规范作业等重点环节，结合各部门单位业务实际，突出监督检查和关键环节，进行下沉式检查验证，确保取得实效。完善一线作业人员健康管理制度，开展疫情防控和安全防护相关专业培训和考核，并做好相关工作台账和记录存档工作。

（三）全覆盖推动新冠病毒疫苗接种工作。

大连海关积极响应党中央号召，按照总署相关要求，在新冠肺炎疫情初期就动员全系统一线疫情防控人员参加新冠病毒疫苗紧急接种，在口岸一线建立起一道免疫屏障。大力推进新冠病毒疫苗接种和加强免疫接种工作，持续做好疫苗接种和加强免疫接种后抗体监测工作，并要求已接种人员不得放松防护措施，最大限度保护工作人员健康安全。

五、严密高效开展新冠病毒疫苗监管服务工作

大连海关将保障新冠病毒疫苗出境作为一项重要的政治任务。一是明确职责分工，规范新冠病毒疫苗出境。制发《大连海关新冠疫苗出境监管工作方案》，明确职责分工和工作流程，建立新冠病毒疫苗出境审批工作机制，建立联络员制度，成立专项工作组，专人负责，实行“5+2”工作制。二是强化全流程监管，严格检疫查验。落实疫苗出口企业主体责任，明确办理出境卫生检疫审批和出口疫苗货证的符合性查验要求，对符合条件的新冠病毒疫苗出境申请快速办理。新冠病毒疫苗和检测试剂审批作业当日完成，坚决落实检疫审批、属地查验、口岸验放“3个不超过24小时”要求。三是提升服务效能，保障新冠病毒疫苗安全通关。及时掌握辖区企业现状及需求，主动对接企业，为企业提供海关政策解读、出境流程指导。

（撰稿人：马　超　纪　嘉　周　玲）

大连海关开展国门生物安全行动

——严防外来物种入侵

2021年，大连海关坚持以习近平新时代中国特色社会主义思想为指导，坚决贯彻落实习近平生态文明思想和习近平总书记重要指示批示精神，坚持总体国家安全观，按照总署统一部署和工作要求，在做好进境动植物及其产品检疫的同时，组织开展“国门绿盾2021”专项行动，严厉打击非贸渠道非法引进外来物种和种子苗木等行为，许多我国未有分布的外来物种在口岸频频被截获并得到妥善处置，有效防范了外来物种从口岸传入，有力保障了国门生物安全和生态安全。

一、坚持以习近平生态文明思想指引外来物种入侵口岸防控工作

（一）迅速加强口岸防控组织领导。

大连海关充分认识做好外来入侵物种防控是维护国家生物安全、推进生态文明建设的必然要求，迅速成立外来物种入侵口岸防控工作领导小组，印发《大连海关“国门绿盾2021”行动方案》，明确责任分工，细化措施分解，持续加强打击非法引进外来物种和种子苗木工作力度；印发《关于持续加强红火蚁等外来入侵物种口岸防控工作的通知》，要求进一步做好非贸渠道外来物种口岸防控工作，扎实开展“国门绿盾2021”专项行动；印发《大连海关进一步加强外来物种入侵防控工作的通知》，成立关区外来物种防控技术专家组和非贸渠道查验专家组。将“国门绿盾2021”专项行动纳入大连海关党委重点民生项目清单，推动专项行动走深走实。

（二）建立健全务实高效的工作机制。

明确重点工作，建立不定期工作会议、专家咨询、风险管理、应急管理、宣传管理等多项工作制度，分期分批逐项抓好贯彻落实，协调推进外来物种入侵口岸防控工作。

（三）强化口岸防控规章制度建设。

落实总署关于加强“十四五”期间海关动植物检疫工作的指导意见，强化动植物疫情、外来入侵物种口岸监测评估预警，健全应急处置突发事件制度，印发《大连海关动植物检疫处理事故应急处置

预案》，组织开展大连海关进出境重大动植物疫情突发事件应急处置演练，全面加强海关生物安全风险防控和治理能力建设。

二、强化风险防范意识，提高风险防范能力

（一）全面加强信息搜集和分析评估。

加强组织协调，制订境外动植物疫情信息监测实施方案，组织成立国外动植物疫情信息搜集工作小组；设定24小时实效线，创新设计编译组和审核组协作机制，提高编审效率；引入信息评估制度，剖析境外疫情潜在风险，提出预警建议；开展信息筛选技术科学研究，建立信息动态数据库、分类检索数据库，提高监测科学性和规范性。

（二）全链条防控外来物种入侵风险。

召开外来有害生物防控工作会议，提炼可供关区范围复制推广的经验，加强物流快递数据分析，结合现场查获、疫情监测等信息开展综合风险研判，不断完善布控关键词库，研究布控规则，实现对旅客行李、寄递物等非贸渠道的精准布控。2021年，在精准布控的2件邮件中截获冀地鳖和鼠妇2种节肢动物。

（三）强化支持保障，坚决守牢国门关口。

成立大连海关外来入侵物种防控技术专家组、非贸渠道查验专家组，为外来物种防控工作提供相关技术支持、业务咨询。结合进出境动植检能力提升工程，加强旅邮检基础设施、查验设施、检疫处理设施建设，投资非贸渠道进境动植物检疫实训全景仿真模拟系统集成、高风险外来有害生物鉴定辅助系统、有害生物智能鉴定装备组合、智能样本存储与管理系统、超景深视频显微镜等14台设施设备，全方位提升口岸检疫防控能力和防控力度。

三、坚持系统观念，织密织牢口岸防控网

（一）严格口岸检查，切断外来物种入侵途径。

采用机检、工作用犬、智能审图、远程鉴定等手段，加强对进境快件、邮件以及旅客、运输工具服务人员、进境边民携带行李物品的查验，严防其携带外来物种和禁止进境动植物及其产品入境。2021年，大连关区非贸渠道共截获外来生物94种次，外来生物来源涉及12个国家和地区。全年非贸渠道截获植物种子苗木（包括植物苗木、种子、种球）53种次，包括红白垂梅、茨欧鼠尾草、荞麦蔓等重要外来物种，有力打击了非法携带、寄递、夹带外来物种和种子苗木进境行为，维护了国家生态安全和生物安全。

（二）增强早期监测预警能力，不断完善口岸防控体系。

进一步健全完善海关监测预警体系，将外来入侵物种列为国门生物安全监测重点对象。其中，动物疫病监测对象覆盖了

所有进出境动物及重点动物产品。2021年，检疫来自非洲猪瘟疫区船舶2,287艘次、飞机15架次，封存猪产品约20吨，截获禁止进境物112批次。检出二类进境动物疫病4种，其中结核病、布氏杆菌病分别为大连海关从进境活动物及进境种牛中首次检出。植物疫情监测包括境外植物疫情信息监测、口岸截获植物疫情监测、非贸渠道植物疫情及外来物种监测、外来有害生物监测“四大模块”，在大连关区设置523个监测点，全年共监测到7种检疫性杂草、1种检疫性实蝇、一种检疫性林木害虫以及舞毒蛾等重要关注的有害生物。

（三）扎实开展“国门绿盾2021”专项行动。

2021年3月31日，全国海关启动打击非法引进外来物种和种子苗木“国门绿盾2021”行动，大连海关提高思想认识，制订行动方案，明确任务分工，狠抓措施落实，加强截获情况分析，发布11份月度通报，强化监督检查，口岸外来物种防控体系更加健全，防控处置能力得到全面提升，公众国门生物安全意识得到提高。

四、提高防控能力，着力防范外来物种入侵风险

（一）加快打造一支高素质专业化队伍。

构造以技术骨干为主的专家库和一线执法人员为主的后备人才库。强化岗位资质管理，大连海关209人次获得签证官资质，1,568人次获得动植物检疫查验岗资质。通过线上线下多种方式，组织开展专业技能培训考核、技术交流，打造一专多能检疫人才队伍，有效提升口岸检疫把关水平。

（二）不断强化口岸查验人员的业务指导。

组织学习2020年度进境携带、寄递渠道截获的外来物种典型案例和口岸常见外来物种识别图谱，夯实口岸一线开展外来物种防控工作，指导各隶属海关加强检查鉴定工作。

（三）创新宣传举措，营造社会共治良好氛围。

围绕“4·15全民国家安全教育日”，开展国门生物安全科普教育活动。大连海关创新推出“品牌电台+主题书角+专题展览”线上线下相结合立体式宣传模式，深入开展科普教育。开展“国门生物安全进校园”之知识竞赛活动；依托喜马拉雅App，全国首创“国门生物安全之声”品牌电台；在市中心主流书店显著位置，规划设计“国门生物安全”主题展览；联合团市委，在大连自然博物馆举办专题展览。组织各隶属海关以国门生物安全“进校园、进社区、进乡村、进企业、进手机、进客舱、进车厢、进旅行社、进景区、进展馆、进网络、进媒体”等为主要

形式，张贴普法宣传海报、发放普法宣传品等，开展线下线上科普及普法活动，提高公众防范外来物种入侵的自觉性，受众累计 100 万人，形成社会共治良好氛围。

（撰稿人：刘 琼）

2021年海关总署进出口商品质量安全风险监测点（东北工业基地）工作情况

2021年，大连海关以习近平新时代中国特色社会主义思想为指导，深入贯彻落实党的十九大和十九届二中、三中、四中、五中全会精神，增强“四个意识”，坚定“四个自信”，做到“两个维护”，坚持稳中求进工作总基调，立足新发展阶段，贯彻新发展理念，构建新发展格局，以推动东北工业基地高质量发展为工作方向，深入贯彻党中央、国务院出台的一系列支持东北工业基地振兴发展的政策文件，按照国家“十四五”规划纲要有关部署，全面贯彻落实《2021年海关进出口商品检验工作要点》相关要求，以政治建设为统领，扎实推进“五关”建设，紧紧围绕东北工业基地外贸产业特点，根据总署《进出口商品质量安全一级风险监测点风险监测办法》《进出口商品质量安全一级风险监测点工作规范》等文件要求，聚焦“安全、卫生、健康、环保”，扎实推进相关工作。

一、加强体系建设，全面开展质量安全风险监测

2021年，在总署商品检验司的领导下，大连海关充分利用大连地理区位优势，梳理分析地区外贸产业特点，积极调动各界力量参与总署进出口商品质量安全风险体系建设，不断提升进出口商品质量安全风险监测工作质效，通过中检公司海外搜索引擎搜集进出口商品质量安全风险信息。通过调阅国内外多个专业数据库，收集最新行业发展信息、专业进出口商品交易数据和产业分析数据、积累行业政策法规和国家标准等相关文献资料超过900份，报送多项进出口商品质量安全风险信息分析报告、海关要情、综合信息呈报和专项风险监测报告，完成多个研究报告，供总署、辽宁省政府和大连市政府决策参考。

二、以党建为引领，打造质量安全风险监测新高地

在中国共产党成立百年的重要历史时刻，在实现“两个百年”奋斗目标的历史交汇关键节点上，大连海关、呼和浩特海关、满洲里海关、沈阳海关、长春海关和哈尔滨海关商检部门联合开展党日活动，总署商品检验司领导、各关分管副关长和商品检验处主要负责同志集体参观了“周恩来总理在大连”纪念展室，深刻体会老一辈无产阶级革命家矢志不渝的爱国奉献精神和勤政为民的感人风貌，深入领悟中国共产党百年奋斗的重大成就和历史经验，将党史学习教育融入监管工作中，用学习成果推动工作落实，用工作实绩来检验学习效果，并结合风险监测任务与目标，开展“我为群众办实事，筑牢进出口商品质量安全防线”主题活动，围绕东北、内蒙古地区特色产业布局情况，讨论制订2021年六关联合风险监测计划，进一步延伸海关进出口商品质量安全检验监管链条。

在总署商品检验司指导下，大连海关联合呼和浩特海关、满洲里海关、沈阳海关、长春海关和哈尔滨海关，共同制定东北、内蒙古六关进出口商品质量安全风险监测工作实施细则和东北、内蒙古六关进出口商品质量安全风险监测专家队伍建设方案，结合各关区外贸形势、产业特点和商品特色，充分发挥海关职能和技术优势，制订科学合理的风险监测计划，拓宽进出口商品质量安全风险信息收集渠道，共同构建进出口商品质量安全风险监测体系。同时，东北、内蒙古六关积极探索建立进出口商品质量安全风险监测联合工作机制和配套机制，组建机电、轻工、化矿金、TBT（技术性贸易措施）4个质量安全风险监测联合专家组，通过构建递进式、立体化预防体系，有效提升进出口商品质量安全风险联防联控水平，增强进出口商品质量安全风险监测区域效能，为外贸经济发展打造良好的贸易环境。

三、开展战略合作，强化部门间沟通合作

完善进出口商品质量安全风险预警和快速反应监管体系，是中央深改组第37次会议审议通过，由国务院赋予海关总署牵头负责的一项重点工作。大连海关积极落实总署工作部署，加强与辽宁省市场监督管理局、辽宁省商务厅在风险信息共享、开展联合风险监测和技术交流等方面的战略合作，充分利用双方职能优势，将风险监测网络向更广领域、更多维度延伸，并与辽宁省市场监督管理局签订战略合作备忘录，共同完善进出口商品质量安全风险预警和快速反应监管体系，尝试建立进出口商品质量安全风险信息共享机制，就消费品质量安全信息、消费者投诉信息共享等方面进行合作试点，包括在12315、12360投诉信息，进出口商品质量安全事

故信息，缺陷产品召回信息，产品质量监督抽查信息，第三方技术机构监管等方面互通有无，加强合作，同时尝试建立进口汽车境外召回信息共享机制，对进口汽车召回形成闭环管理。

针对影响人体健康、财产安全、环境安全等风险因素，大连海关和辽宁省市场监督管理局尝试联合开展从口岸到市场的产品质量监督抽查和风险监测工作，系统和持续地监测健康危害、物理危害、化学危害、生物危害、环境危害等质量安全风险，强化不合格商品后续处置，形成监管合力，综合运用追溯调查、缺陷召回、限制或禁止进出口等手段实施风险预警和快速反应措施。通过充分利用双方的检测资源优势，大连海关和辽宁省市场监督管理局不断加强技术交流，实现检测资源互补，并加强标准规范、技术文件研究领域交流合作。共同推进风险评估能力建设，联合组建风险评估专家队伍，及时掌握各国标准动态，助力出口企业突破贸易壁垒封锁，优化出口产业结构，打造外贸出口新格局。

四、加强政策创新，开展“双特”便利化措施研究

为认真落实习近平总书记重要指示批示精神，扎实做好“六稳”工作，落实“六保”任务，支持重点企业复工复产。在总署商品检验司的指导下，大连海关以海关总署进出口商品质量安全监测点（东北工业基地）为平台，不断加大创新力度，在进口商品委内加工新模式阶段性成果的基础上，就全国海关特殊监管区内生产的内销商品可实施的特殊监管措施（简称“双特”）开展全面调研。及时总结固化有关商品质量安全监管模式改革成效，充分运用评估、验证和合格保证以及注册、认可和批准等不同的合格评定程序及其组合，对全国各类型海关特殊监管区以及其中各类型内销商品，形成基于进出口商品风险等级的多种合格评定模式灵活运用工作机制，提出全面、系统的质量安全便利化措施。基于风险评估结果，提出与风险等级相适应的布控规则需求，健全监管和后续处置措施。针对企业在当前扩大内销市场中遇到的问题，及时帮助企业解决困难，支持海关特殊监管区域内企业统筹利用国内国际两个市场，实现内外双循环。“海关特殊监管区内销商品便利化措施研究”被列为2021年全国商检工作要点和海关“十四五”商检发展规划的重点工作，大连海关作为牵头单位负责相关工作研究，起草相关制度文件和研究材料十余份。申报了“海关特殊监管区内销商品综合评价检验监管模式”自贸创新措施，并完成了相关的关级课题研究。

五、开展深度调研，创新进出口商品质量安全风险监管模式

面对进出口商品质量安全风险监测中出现的新情况和新问题，以用于北京冬奥

会的首批进口氢燃料电池车为例，大连海关主动出击，深入中科院大连化物所等国内氢燃料电池车先进科研机构和国家质量标准制定机构开展调研，与相关领域顶级专家进行访谈，充分了解我国氢燃料电池车产业最新进展、相关法规、标准以及风险案例，同时积极搜集原产地为日本的现代、本田和丰田公司生产氢燃料电池车核心配件的多条重要风险信息，为首批进口氢燃料电池车监管实践做了充足的准备。

大连海关切实提高政治站位，贯彻总署《北京 2022 年冬奥会和冬残奥会海关通关须知》（海关总署 2021 年第 11 号公告）指导精神，积极创新进出口商品质量安全风险监管模式，确保“严格把关、安全第一”的同时，为北京冬奥会量身打造便利化监管服务举措，力争高标准完成冬奥海关通关监管服务保障工作，包括成立工作专班，实施智能化监管。为应对更大规模氢能源汽车及零部件进出口业务，大连海关积极探索覆盖风险采集、风险研判、检验处置等全链条监管体系，并开展深度调研，严把质量安全关，助力我国氢能源产业高质量发展。

（撰稿人：张 俊）

大连海关助力东北亚国际航运中心建设

2021年，大连海关持续推进大连东北亚国际航运中心建设，发挥口岸辐射带动作用，促进辽宁打造对外开放新前沿和东北振兴。

一、深化关港合作，助力大连东北亚国际航运中心建设

大连海关和辽港集团保持紧密合作，建立合作机制。2021年，滚动推进关港合作29个重点项目，着力提升口岸竞争力。

二、优化营商环境，提升贸易便利化水平

高质量开展促进跨境贸易便利化、优化营商环境工作，为推动高水平开放、高质量发展提供支撑、增添动力。2021年，先后召开营商环境推进大会、“关企之桥”通关恳谈会，推出优化口岸营商环境18条、支持企业复工复产15条、促进跨境贸易便利化18条等措施，建立优化口岸营商环境综合协调推进机制，开展“口岸营商环境质量提升”专项行动。不断推出便民“硬措施”、打造暖心“软环境”、营造服务“好形象”，三位一体持续优化营商环境。支持地方经济发展，推动指定监管场地立项，与总署充分沟通，完成大连港毅都冷链四期进境水果指定监管场地立项、验收工作，对完善大连口岸进境冷链商品指定监管场所功能布局、提高大连市对外开放水平、促进大连市外贸食品加工产业升级、加快进境冷链商品流通效率等方面起到积极推动作用。进口危险化学品、冻品已实现“船边直提”，出口危险化学品已实现“运抵直装”。

三、提升口岸物流效率

2021年1月29日，大连海关与大连市口岸办共同签订《关于在大连水运口岸实行进口大宗货物提货单电子化工作的公告》，有力推动了关区物流化信息水平。目前，大连地区已实现货物放行信息电子化，下一步覆盖全关区放行信息电子化。加强关区信息系统电子化建设，规范卡口建设，确保关区口岸物流高效、可控。

四、深入推进海关特殊监管区域优化升级

完成对大连湾里综合保税区、大窑湾综合保税区联合验收工作，并得到总署批复同意，标志着大连正式进入“双综保区时代”。积极参与大连市自由贸易试验区建设“新50条”工作，支持中日（大连）地方示范区建设、大连金普新区进口贸易促进示范区建设。持续推进“保税领域八张牌”工作，完成保税船用油直供监管作业流程优化，解决了企业多次往返受油地和供油地海关等手续繁杂的问题，降低了企业供油成本；实施集团保税监管，实现了集团内保税料件及设备的自由流转、减免部分环节担保、简化业务办理手续，助力企业健康发展。

五、持续优化口岸营商环境，推动完善口岸监管基础设施

落实党中央、国务院决策部署，坚持稳中求进工作总基调，加强内外统筹，充分发挥口岸在国内国际双循环中的开放平台作用。贯彻落实《国务院关于深化“证照分离”改革进一步激发市场主体发展活力的通知》，推行海关经营许可事项“证照分离”改革全覆盖，优化审批服务，深入推进“双随机、一公开”监管，关区77家监管作业场所的行政审批事项均大幅度压缩审批时限，共减少法定提交材料近百份。

六、支持“连满欧”中欧班列

2021年，大连海关监管和服务并重，积极采取措施进一步压缩中欧班列通关时间，提高通关效率，降低企业通关成本，助推大连中欧班列常态化稳定运行。一是积极推进转关作业无纸化，运用信息化技术办理转关单电子数据的审核、放行、核销，无须收取纸质单证、签发纸质关封、签发相关监管簿，规范简化转关监管业务流程，有效减少企业负担。二是优化中欧班列通关模式，在确保监管到位的前提下，为中欧班列货物提供通关便利，实行7×24小时预约通关模式、一站式通关，确保班列随到随放，利用口岸大型集装箱非侵入式检查设备对进出口货物实施监管，提高通关效率，确保班列高效运转。三是增强服务意识，推行“第一时间、第一地点”的主动工作模式，设置专岗、安排专人、优先处置，指导企业规范申报，开通咨询渠道接受相关业务咨询和协调，为正常货物高效通关保驾护航。2021年，大连共发运中欧班列88列次。

七、优化保税油供船业务

大连海关于2021年9月23日在北良港海关和鲅鱼圈海关进行保税油供船业务项目试点工作，通过不断收集现场海关和企业的意见，持续调整完善改造作业流程，于11月1日在全关区推广保税油供船新业务模式。截至2021年年底，据估算该

项目在全关区的推广，减少了企业经办人员“跑海关”1,200余次，缩减了大量纸质随附单据，单次业务办理手续时长可提速24小时，为企业节约经济成本数十万元。优化保税船用油直供监管作业流程，该项目入选中国（辽宁）自由贸易试验区第五批省内借鉴推广制度创新案例。

八、进一步推动通关物流环节单证无纸化电子化

电子放行指令已覆盖关区各水空口岸，涵盖进出口货物、国际转运货物、进境调运空箱等业务类型；在关区各水空口岸推进总署智能卡口系统建设应用，现有监管作业场所卡口设备均已与总署系统完成联网。

九、聚集制度创新

不断推出多层级创新成果，精心培育推出多项创新举措，其中进口目的地检查“云眼查”已通过总署自贸创新举措备案，进境矿石全流程智能监管等6项创新案例顺利通过辽宁省第五批自贸创新经验的评审，推动43项国务院创新经验在关区复制推广落地。

十、优化中转监管模式

优化国际转运货物申报和监管流程，实施自动核放和无纸化作业，支持国际中转业务发展，试点开展国际中转集拼业务；支持过境商品车中转业务，优化过境货物监管流程，日本商品车经大连—霍尔果斯海铁联运过境至哈萨克斯坦，运输时间由80天压缩至30天；支持开展大连港至营口港的“水水联运”，推进内外贸货物“同船运输”。

十一、优化收发货人协助查验模式

充分发挥非侵入式监管设备监管效能，提高机检查验直放比例，减少人工开箱频次。集中查检力量，实施7×24小时预约查验机制。实行“不到场查验新模式”，企业可通过电子邮件、电子平台等方式告知海关联系人其无法到场，现场海关在收发货人不到场情况下实施查验，减少人员聚集，提升作业效率，目前已覆盖关区所有口岸查验现场。

（撰稿人：江国栋）

大连海关扎实推进安全生产工作

2021年，大连海关认真学习贯彻习近平总书记关于安全生产的重要指示批示精神，坚决落实党中央、国务院决策部署，充分认识安全生产工作的重大意义，按照“三个必须”要求，把安全发展理念贯穿到关区工作的各领域和全过程；扎实推进安全生产专项整治三年行动集中攻坚，积极开展“安全生产月”和宣传贯彻《中华人民共和国安全生产法》（以下简称《安全生产法》）活动，深入排查安全隐患，全面抓好整改落实，确保各项措施和要求落实到位、见到实效，为建党百年营造良好氛围。

一、一以贯之，深入学习宣传贯彻习近平总书记关于安全生产的重要论述

习近平总书记十分重视安全生产工作，对安全生产工作做出了一系列重要指示批示，“坚持人民至上、生命至上”“三个必须”等更是写进了《安全生产法》，是开展安全生产工作的重要理论指导。

大连海关以习近平新时代中国特色社会主义思想为指导，各级党委紧密围绕海关系统安全生产专项整治工作，带动全体关员深入学习宣传贯彻习近平总书记关于安全生产重要论述，坚持解决思想问题和解决实际问题相结合，增强从根本上消除事故隐患的思想自觉和行动自觉。

二、高度重视，积极谋划安全生产工作

（一）迅速传达落实全国海关安全生产电视电话会议精神。

召开中共大连海关委员会会议，传达贯彻落实总署会议精神，要求坚决贯彻习近平总书记关于安全生产的重要指示批示精神，深刻认识安全生产工作的重大意义，把安全发展理念贯穿关区工作的各领域和全过程。

（二）成立大连海关安全生产工作领导小组。

成立大连海关安全生产工作领导小组，统筹全关安全生产工作。一是统一思想，坚持“管行业必须管安全，管业务必须管安全，管生产经营必须管安全”，全关各单位开展安全生产专题学习。二是狠

抓落实，动态更新问题隐患和制度措施“两个清单”，坚持安全隐患“零容忍”，多措并举做好安全生产工作。三是强化责任，“一把手”是第一责任人，主管安全生产的领导班子成员是直接责任人，一级抓一级，层层抓落实。

（三）制定大连海关 2021 年安全生产工作要点。

印发《大连海关 2021 年安全生产工作要点》，涉及学习宣传贯彻习近平总书记关于安全生产重要论述、重点领域安全生产整治集中攻坚、巩固提升安全生产基础保障能力 3 个方面 12 项工作，扎实推进大连海关安全生产工作，有效防范化解重大安全风险。

（四）积极开展第 20 个“安全生产月”活动。

2021 年 6 月 1 日至 30 日集中开展第 20 个“安全生产月”活动。一是突出“落实安全责任，推动安全发展”主题，深入学习习近平总书记关于安全生产重要论述的精神。二是深入作业现场、相关企业，宣讲专项整治的意义，巩固集中整治成果。三是广泛深入开展安全生产警示教育活动。设置“安全生产月”宣传栏，在关网开办大连海关安全生产工作专栏，集中展示关区在安全生产方面的制度建设、工作成效。邀请辽宁省应急厅专家授课，举办安全生产专题培训。开展旅检环节核与辐射涉恐事件、新冠肺炎疑似病例处置、食品安全事故等现场演练活动，增长安全生产知识技能。四是开展“6·16 安全宣传咨询日”活动。五是开展安全宣传“五进”（进企业、进农村、进社区、进学校、进家庭）活动。在食品安全、进出口危险货物安全、国门生物安全等方面积极开展落实安全宣传“五进”活动。

（五）开展《安全生产法》宣传贯彻活动。

制订《大连海关学习宣传贯彻〈中华人民共和国安全生产法〉实施方案》，组织关区各部门、各单位开展《安全生产法》学习宣传活动。

三、集中攻坚，持续开展安全生产专项整治三年行动

全关区 18 个隶属海关（单位）共开展专项整治自查 100 余次，安全生产领导小组开展专项监督检查 9 次，涉及监管作业现场、口岸卫生检疫、进出境动植物检疫、进出口食品检验检疫、海关办公场所、涉案财物仓库、海关实验室等领域，自查发现问题全部整改完毕。

（一）进出口危险品检验安全风险隐患排查整治。

落实检验监管要求，规范检验监管作业操作规程，随机调取报关单进行检查，对进出口危险化学品实施危险公示信息核查。

（二）监管作业安全风险隐患排查整治。

严格执行口岸监管作业安全指引，各

作业现场完全按照《进出境货物检查作业安全指引》《进出境运输工具登临检查作业安全指引》《海关监管作业场所（场地）监管作业安全指引》进行监管作业。

（三）口岸卫生检疫安全风险隐患排查整治。

严格落实安全防护管理有关规定和文件要求情况，严格执行安全防护相关操作指南、作业指引，工作人员个人防护规范操作。

（四）进出境动植物检疫安全风险隐患排查整治。

重点对散装粮食船舱中下层检疫开展风险隐患排查，监督检查检疫处理单位开展检疫处理工作是否存在不规范行为。

（五）进出口食品安全风险隐患排查整治。

严格实施进出口食品安全抽检和风险监控计划，结合实际制订大连关区进出口食品安全风险监测计划，实现对高风险品种、高风险企业的精准布控。

（六）实验室安全风险隐患排查情况整治。

建立实验室安全管理问题台账和新冠病毒检测实验室生物安全问题台账，对关区实验室安全问题逐项推动整改，对危险化学品实验室安全专项检查，加强危险化学品样品检测、存储及处置安全检查，全面查找风险隐患。

（七）涉案财物仓库安全风险隐患排查整治。

针对涉案财物仓库特别是油品、船舶、危险化学品库存安全状况开展重点检查，实行安全巡查检查实行检查项目清单管理，建立检查工作台账。

（八）海关办公场所安全风险隐患排查整治。

对办公场所公共设施、室内消火栓系统、自动喷水灭火系统和气体灭火系统安全专项检查，查找公共设施安全隐患和突出短板，做好地下空间隐患排查工作，健全机制、完善措施，切实消除安全隐患，做到零事故、无纰漏。

四、以点带面，围绕安全生产工作要点提升关区安全生产工作质量

（一）扎实开展安全生产宣传教育培训。

大连海关持续开展安全生产宣传工作，2021 年在中央及省市等各级媒体累计刊播相关报道约 70 篇/次；在内网主页设立“安全生产”专栏，累计发布各项政策法规、工作动态、成果展示等文稿 300 余件，“图片新闻”栏目发布安全生产相关新闻 100 余篇，开展安全生产培训 7,700 余人次。

（二）扎实推动中央重要决策部署落实。

持续用力抓好新冠肺炎疫情常态化防控，不断完善常态化疫情防控机制和工作措施，梳理千余份各级文件并发布文件摘要 10 期。

（三）健全完善安全生产责任体系。

成立大连海关安全生产工作领导小组，完善安全生产小组工作机制，明确职责任务，一把手负总责，将安全生产工作重大事项、重点工作、重点情况纳入各级党委重要议事日程，定期召开安全生产工作会议。

（四）开展专项督查考核。

对进境高风险货物风险监测和预防性消毒措施落实情况、进出口危险化学品监管措施落实情况、口岸监管管理措施落实情况、严防重大动植物疫情疫病传入传出和外来物种入侵措施落实情况开展督察。2021年，共核查2,381份《进口冷链商品及包装采样专项检查监督工作日志》，抽取185份监管记录单，对3个隶属海关共28份报关单开展远程监控分析等方式，共调阅会议纪要7份、报关单等作业单证29份，召开座谈会2次，提出问题及建议12个，提出改进措施7条。

（五）加强安全生产联防联控。

一是与地方安全监管部门开展以“深化支部联学联建　推动场所监管安全　以实际行动践行习总书记安全生产‘三个必须’重要论述”主题的联合党建活动，推进口岸部门“党建+业务”创新融合。二是积极参与并推动滞留危险品货物清理跨部门监管协作，与地方政府、应急管理、交通运输等有关部门联合会商，共同协调处置多票超期滞留的危险品。

大连海关始终将安全生产工作作为全关工作的重中之重，时刻牢记习近平总书记“生命重于泰山”的重要指示批示，牢牢守住安全生产红线，将安全生产工作融入党建工作之中，融入业务工作之中，加强多部门协同配合，提升安全生产工作质量，确保不出安全生产事故。

（撰稿人：任建华）

大连海关持续推进禁止“洋垃圾”入境和打击濒危物种走私工作

2021 年，大连海关积极推进禁止“洋垃圾”入境和打击濒危物种走私工作。关党委高度重视，多次组织学习领会习近平总书记有关重要指示批示精神。严格落实国家全面禁止进口固体废物政策，推进禁止“洋垃圾”入境“蓝天 2021”专项行动，查发固体废物非法进境案件 9 起、退运 1,525 吨；联合沈阳海关，推动辽宁省建立海关查获“双无”固体废物移交地方处理工作机制。多渠道打击濒危物种违法行为，查发濒危物种及其制品非法出入境情事 91 起，向有关部门集中移交 88 件濒危动物制品，其中包括鲸类牙齿 8 颗、砗磲制品 50 件、黑珊瑚目动物骨骼 9 件、珊瑚制品 21 件，总重 3.85 千克，取得良好社会效益。

一、加大正面监管力度，严格落实工作机制

在口岸监管环节持续推进禁止“洋垃圾”入境和打击濒危物种及其制品走私工作，强化正面监管，筑牢口岸监管防线；定期向总署报送“蓝天 2021”专项行动成果，组织关区 2021 年度濒危动植物种管制执法培训 1 次，关区 28 个单位共 200 余人通过线上方式参加了培训，有效提升了关员的专业素养和监管技能；通过业务督办、视频监控、实地督导等多种方式加强督导检查，共组织实地督查 6 次，针对发现的执法不规范问题，严格认真开展整改，提高执法规范度和执法能力。

二、持续强化口岸管控，提升固体废物监管效能

大窑湾海关持续保持口岸监管工作力度，通过严格规章制度，强化督办落实，健全工作机制，不断提升正面监管效能。一是细化并完善查验作业规范，确保每票货物都在规定要求和时间内完成查验、取样、移送处置等工作。二是通过现场教学、微讲堂科长带班作业、风险防控联合查验等形式提高查发能力。三是利用执法记录仪、工作简报加强验后检查。四是拓宽检测渠道，在原有检测部门的基础上，建立与中国环境研究院等单位的检测合作关系。五是加强信息共享。加强与兄弟海关联系合作，定期交流查验重点、风险商品口岸转移情况，实现信息共享。六是完善工作机制，全程跟踪监管非法进境固体废物的退运工作，做到发现一票登记一票、完成一票核销一票。

三、提升风险防控意识，多渠道打击涉及濒危物种违法行为

一是以“风险管理”为抓手，多部门联动，形成联合研判机制，以兄弟海关查发典型案例为基础，参考国家食药监网站商品备案、电商平台商品成分介绍、进口国别等信息，形成布控要素，有针对性地开展濒危物种成分商品查验。二是加大宣传引导力度，印发保护濒危动植物、打击野生动物走私等宣传海报、传单，向快件运营人、海外客户宣讲政策，从源头上杜绝濒危物种成分商品快递进境情事发生。三是现场查发和情报经营相结合，加强风险防控分局、缉私分局等部门的情报信息联动，强化与口岸边检站、快件、机场、邮政等运营企业的协作配合，提升线索成案率。四是落实打私主体责任，现场海关结合各自工作实际，对打私绩效指标进行量化分解，建立指标归口管理和定期通报制度。大连港湾、丹东、大连周水子机场、大窑湾、邮局等海关充分利用现有工作机制，发挥一线关员主观能动性，加大监管工作力度，形成闭合监管链条。

四、多部门协同配合，不断加强综合管理

2021年，大连海关办公室牵头持续开展打击“洋垃圾”走私宣传专项工作，重点对参加总署“蓝天2021”打击“洋垃圾”走私集中行动等新闻事件开展宣传报道；商检处加强检验监管，注销全部原有进口固体废物国内收货人资质；风险防控分局主动开展固体废物、濒危物种等信息情报共享，加强分析处置力度；缉私局全力强势出击，积极开展“蓝天2021”专项行动，进一步保持严厉打击“洋垃圾”走私高压态势，有力维护了国家生态安全。

（撰稿人：王盛毅）

大连海关推动“十四五”海关发展规划落地见效

2021年6月9日，《“十四五”海关发展规划》（以下简称《发展规划》）印发后，大连海关高度重视规划落实工作，突出规划的引领性，坚持系统观念，立足工作实际，制定大连海关关区规划细化措施。关区规划细化措施于11月26日正式印发，成为“十四五”时期大连海关加快推进新时代“一流强关”建设，以实际行动为社会主义现代化海关建设做出积极贡献的任务书和路线图。

一、全程参与《发展规划》的研究和编制工作，积极贡献大连海关智慧力量

2020年6月，总署组织开展《发展规划》编制以来，大连海关按照总署相关要求，全程参与《发展规划》的研究和编制工作，积极贡献大连海关智慧和力量。

（一）大连海关关领导高度重视，部署坚强有力。

关领导高度重视参与总署规划编制及规划落实工作，关长居峰对积极参与总署规划编制和坚决落实规划工作提出要求，在中心组学习会、关例会、形势分析例会上，多次要求提高对规划重要性的认识，强调各部门单位要做好任务落实和工作推进。副关长曹建华多次听取规划落实情况汇报，召开关办公会，指导、研究、完善规划细化措施的拟制工作。

（二）加强研究，积极建言献策。

关领导带头参与总署规划编制的前期研究工作，主动担任署级课题的课题组组长，牵头开展署级课题研究，2020—2021年共承办署级课题15个；带头开展调研，向总署报送拟纳入《发展规划》的重要指标、重点任务、重大工程3个方面共49条建议，多项建议被采纳；带头撰写研究文章，2020—2021年关领导以及相关课题组在总署《海关政研》上发表文章7篇，其中在“十四五发展规划专刊”栏目刊发文章2篇；2020年6月，关领导代表大连海关作为海关系统内外7个专家学者之一，在“十四五”海关发展规划专家座谈会上发言。

同时，大连海关发动关区广大干部职

工进行研究，开展主题征文活动；组织开展网上建言献策活动，收集意见建议69条，积极贡献海关基层智慧；选派1名业务骨干，作为总署规划编制组的主要成员之一，全程参与总署规划的编制工作。

（三）开门问策，加强与地方党政部门沟通。

关领导多次参加省市谋划“十四五”规划相关会议，立足海关职能，提出对省市“十四五”规划的建议意见，加强海关规划与省市“十四五”规划的对接。

二、迅速推动《发展规划》落地，制定关区细化措施

统计分析处作为编制关区规划细化措施的牵头部门，迅速响应，组织关区各部门单位围绕提高规划细化措施的前瞻性、创新性和可操作性的编制思路，坚持守正创新，编制关区规划细化措施。一是通过“两上两下”进行任务分解，先后两轮征求关区意见，征集意见106条，采纳32条。二是通过“一上一下”制定关区规划细化措施，征集关区意见3条，采纳3条。三是将规划指标和重点任务设定唯一主办部门，由主办部门牵头落实，强化落实合力。四是报党委会审议通过，印发关区执行。五是报总署统计分析司备案。编制过程中坚持汇聚众智，通过广泛征求关区意见建议，集思广益、统一思想、凝聚共识，为下一步规划落实打下了良好的基础。

大连海关规划落实工作开展扎实有效，被总署统计分析司推荐作为4个直属海关之一，在全国海关规划培训班上进行了经验交流介绍。

三、坚持“两个突出、两个确保”，提高关区规划细化措施科学化水平

（一）突出对标对表，推动各类规划全面承接和全方位衔接，确保关区规划细化措施的引领性。

一是全面承接无漏项。针对总署《发展规划》4大类15个主要指标，制定加强税收征管、积极参与国际合作、做好立法后评估工作等30条细化措施；针对7大类42个重点任务，制定加强进出境环节实货监管、确保税收安全、维护口岸公共卫生安全等240条细化措施。同时，要求各部门单位在制定规划细化措施时，与总署专项规划进行全面承接。

二是全方位衔接促转化。关区规划细化措施全面全方位衔接东北全面振兴“十四五”实施方案、辽宁沿海经济带高质量发展规划和省市“十四五”规划内容，落实中央部署，体现省市要求，有效保障各级各类规划指标目标的统一性、重点布局的一致性、主要任务的延续性。

（二）突出改革创新，结合区域特色和海关自身改革建设，确保关区规划细化措施接地气、有温度。

围绕地方经济发展、民生关切和海关自身改革建设，着力扬优势、补短板、强弱项，

注重防范化解风险，研究提出一批创新举措，如扩大快速通关“绿色通道”产品范围、推进进口贸易促进创新示范区建设、探索对海关特殊监管区域内生产的部分内销商品实施特殊质量安全检验监管便利化措施、创新自由贸易试验区制度等措施。

四、强化跟踪问效，推动规划落地见效

压紧压实关区各部门单位规划落实的主体责任，以规划统领全面深化改革、有效履行职责等各方面工作。强化规划实施的刚性约束，将规划落实情况纳入关区绩效考核体系，巡察监督要点和审计督察，以强有力的督导考核推动规划实施，确保各项目标任务落到实处、取得实效。

（撰稿人：田 伟 陈 宇）

大连海关深化 AEO 制度实施成效 打造诚信有序外贸营商环境

2021 年，大连海关深入学习贯彻习近平新时代中国特色社会主义思想，不折不扣落实习近平总书记的重要指示批示精神，忠诚捍卫“两个确立”，坚决做到“两个维护”，贯彻中央决策及总署党委部署，以服务国内国际双循环发展为重点，以打造诚信有序外贸营商环境为目标，深化 AEO 制度实施成效，完善以信用为基础的海关监管体系，提升治理水平，提高为群众办实事的能力，AEO 制度落实工作取得较好成效。

一、AEO 企业数量稳步提升

截至 2021 年年底，大连关区备案企业 36, 254 家，同比增长 8.9%。其中，进出口收发货人 34, 398 家，同比增长 8.8%；报关企业 1, 172 家，同比增长 12.9%。其中，高级认证企业 110 家，同比增长 10%；失信企业 73 家，同比减少 53.2%。

高级认证企业中，国有企业 9 家，占比 8%，同比增长 12.5%；外资企业 48 家，占比 44%，同比增长 6.7%；私营企业 22 家，占比 20%，同比增长 15.8%。高级认证企业中报关企业（含分支机构）31 家，占比 28%，同比增长 10.5%。

AEO 企业数量稳步增长，得益于以下几个方面。一是开展多元评估，涵养认证培育资源。针对辖区备案企业开展摸底调查，并通过“企业信用信息管理子系统”着重筛选业务量大、无违法违规案件记录、差错率低、查获率低、综合信用评分高的企业，以及辖区行业龙头企业、国家和地区重点项目企业、RCEP 企业、新兴行业企业、白名单企业、高精特新小巨人企业、与“一带一路”沿线国家和地区有贸易往来且有认证意愿的企业作为大连关区培育认证企业的后备资源。二是开展全方位信用培育，助推企业修炼内功。培育方式根据企业状况、工作实际及疫情防控要求实行多样化操作，采取线上线下相结合，重点培育、广普培育、一对一培育相结合。紧紧结合企业行业特点、经营现状、生产实际，因地制宜，因企而异，帮助企业在内部控制、贸易安全、守法管理、财务管理方面建立健全相关制度、规定，优化操作程序，细化工作流程，加强内部审计，建立责任追究，完善改进机制等。培育全程体现出“范围广、内容全、讲解精、配套准、服务优”的特点，推动企业及时调整状态，修炼内功，切实做好认证前充分准备。三是科学合理安排 AEO 认证，统筹把握认证模式。按照企业认证准备情况，实时开展实地认证，严格按照认证作业时限，克服疫情影响等不利因素，通过“远程面谈+实地考核”等形式，确保按时按质按量开展认证工作。

二、信用管理制度改革持续深化

2021 年 11 月 1 日，《中华人民共和国海关注册登记和备案企业信用管理办法》及配套的《海关高级认证企业标准》等相关制度正式实施，标志着海关全面深化信用管理改革进入了实施阶段，海关信用管理体系迎来再次全面升级更新。一是坚持党建引领，强化政治担当，将大连关区企业管理条线对此次信用管理制度改革的认识统一到总署党委决策部署上来，统一到更好地践行“我为群众办实事”的具体行动上来，体现到新时代中国特色社会主义新海关的担当作为上来。二是狠抓改革落实，按照总署要求，采取电话等方式逐一与原一般认证企业沟通联系，详细了解其经营现状及企业申请成为高级认证企业的意愿等，梳理建立专门台账。根据摸底情况，大连海关共有原一般认证企业 335 家，其中，110 家企业申请高级认证企业意愿强烈，希望通过海关的信用培育，尽快成为高级认证企业；225 家企业希望延续原一般认证企业措施管理，待自身管理水平达到高级认证企业标准后再考虑申请高级认证企业。同时，对关区存量失信企业情况进行再整理，梳理出符合信用修复企业名单，待征求相关部门意见后，对相关企业信用等级进行重新认定。三是注重改革后续跟踪，结合摸底情况，制订精准的培育计划和实施进度表，对于成熟企业，引导其申请高级认证，并尽快进入认证实施阶段；对重点培育企业，结合企业类型，开展梯队认证培育；对延续管理企业，正向引导，加强政策宣贯，提升企业对 AEO 认证的认可度。

三、信用监管模式逐步形成

创新监管方式，加强事中事后监管，推进“双随机、一公开”，进一步推进分级分类监管，构建以信用为基础的新型监管模式，加强对新兴贸易业态企业、集团企业、供应链企业的认证培育工作，拓展认证企业范围，推进跨部门联合监管和“互联网+监管”，实现“事前管标准、事中管检查、事后管处罚、信用管终身”。一是拓展信用监管应用场景，将信用监管贯穿于企业全生命周期，差别化措施覆盖到通关、后续监管等海关监管全链条，形成管理闭环，解决监管业务量持续增长和监管资源不足的矛盾。二是全面推进高级认证企业便利措施落地，出台《海关企业信用管理措施目录》，给予海关高信用企业优先办理、简化手续、专人协调等5大类22条措施。大连海关出台具有地方特色的高级认证企业便利化措施清单《大连海关便利高级认证企业十六项措施》，并细化总署措施目录，形成《大连海关高级认证企业管理措施目录任务分解表》，使各项便利措施落实落细，给予诚信企业充分便利，形成企业守法、海关便利的良性循环。三是加强高风险企业协同监管，将海关失信企业作为重点监管对象，提高布控比例、加大稽核查频次等，强化信用约束和失信惩戒，实现精准监管整体发力。2021年，下调失信企业30家，其中因走私固体废物下调失信4家，实现打击“洋垃圾”走私从企业信用管理入手的源头治理。

四、优化营商环境成效显著

聚焦“我为群众办实事”，持续提升企业获得感和满意度。一是助企享受AEO互认便利。截至2021年年底，我国已与21个经济体的47个国家（地区）实现互认，互认国家（地区）数量居全球首位，大连海关指导关区110家企业正确填写AEO编码，便利AEO企业享受通关便利，提升企业国际竞争力。二是持续加大信用培育力度，强化进出口主体的诚信意识。通过中国信用管理平台、宣讲会等方式解读海关信用政策，宣传诚信典型和曝光失信案例，组织企业信用培育57次，惠及企业380余家，引导优质的诚信企业提升信用等级。三是加强帮扶企业力度。依托“中国海关信用管理”微信平台，畅通协调员工作模式，共为平台企业解决跨关区等疑难问题55个；依托企业协调员制度和大连海关特色“百人千企”精准帮扶机制，针对企业通关等环节遇到的“痛点、堵点、难点”进行分类施策，做到对企业提出的问题第一时间受理、第一时间研究、第一时间解决。对于关区高级认证企业，均配备了直属海关或隶属海关关领导作为企业特邀协调员和具有资质的业务骨干作为企业协调员，帮助企业更快更好地解决相关诉求和困难。2021年，帮助企业协调解决涉及通关、查验、税款缴纳、加工贸易、稽核查等各类问题116个，得到了市场主体的一致好评。

（撰稿人：卢醇子　杨　宏）

大连海关支持辽宁打造对外开放新前沿

2021年，面对世纪疫情的重大考验和监管服务的繁重任务，大连海关在总署党委的坚强领导下，以建设新时代“一流强关”为目标，以促进地方经济发展为己任，深化监管改革，优化服务措施，狠抓作风建设，针对辽宁省外贸发展实际，出台了一系列压缩通关时间、促进贸易便利化的创新举措，采取了一系列优化营商环境、支持企业发展的实效做法，着力打造公平、透明、可预期的良好营商环境，为辽宁打造对外开放新前沿做出了积极努力。

一、不断推进改革创新，打造对外开放新前沿

2021年，大连海关以高质量为要求推进海关改革创新工作，聚焦全业务领域一体化、智慧海关建设、“连关特色品牌”3个方面，共推出43项业务改革举措，优化保税船用油直供监管作业流程、规范申报智能评估智慧监管新模式等24项特色改革项目已取得阶段性成果，企业对改革措施满意度为96.3%。一是持续推进通关一体化改革。大力推动“两步申报”“两段准入”等改革措施提质增效，惠及企业近1,000家；持续推进粮食、铁矿等大宗重点商品“两段准入”监管模式改革，实行附条件提离等便利措施，口岸放行速度大幅提升，以进境粮食为例，海关平均通关时长由近21天缩短至8天左右。高效推进以“查发”为导向的稽查改革落地，参与总署挂牌督办的首个专项稽查行动成效显著。推进海关认证企业差异化监管改革试点。实施“采信第三方”“企业自查结果认可”等核查新模式，核查监管时长平均压缩60%。二是推进智能化监管改革。推动“云系列”改革，检疫出口证书“云签发”覆盖关区出口货物签证业务近90%，惠及企业1,000余家；“云眼查”检查模式获得总署自贸创新备案，每票检查时间可控制在30分钟以内，工作效率约提升5倍，每票为企业节省交通、人力成本400元以上；开发“进境旅客电子化辅助系统”，实现旅客流调、采样、放行、样本

化验“一码到底”，大幅缩短旅客等待时间，降低疫情传播风险；创新运用辅助申报新技术助力企业合规便捷申报，自主研发“规范申报智能提示功能”并加载于中国国际贸易单一窗口（标准版），2021年已覆盖全部进出口商品税号的44.15%，相关商品规范申报率由89.6%提升至99.1%。三是积极推进联合监管改革。与辽宁省市场监督管理局开展部门联合“双随机、一公开”抽查工作，首批开展联合抽查88起，数量位居全国海关之首，实现“进一次门、查多项事”；推进“三互一协同”应急监管模式，大连海关隶属金普海关联合大连片区管委会、应急管理局对危险化学品开展“信息互通、监管互认、执法互助、协同响应”应急监管新模式，将每家企业每年4次迎检整合为每年1次，为综合保税区内所有企业每年节省近1,000小时迎检时间成本，提升监管效能和突发应急处置能力。

二、支持外向型经济发展，促进辽宁高水平开放

着眼于促进国内国际双循环，主动融入东北全面振兴、辽宁沿海经济带等发展战略，靠前服务、精准施策，以扎实有效的举措助力辽宁高水平开放。一是提升口岸、通道对外开放水平。支持东北亚国际航运中心建设，深化与辽港集团合作，滚动推进关港合作29个重点项目，着力提升口岸竞争力。高质量完成海关系统首个世界银行技术援助项目“推进自由贸易港建设的海关检验检疫政策和监管模式研究”。支持中欧班列和陆海新通道建设，助推大连港试点中欧班列出口定制化业务，累计监管88列。支持地方高水平开放，完成庄河港新建泊位开放验收。二是推动自由贸易试验区、综合保税区高质量发展。完成大连湾里综合保税区、大窑湾综合保税区联合验收工作，大连正式进入“双综保区时代”。完善特殊区域布局，形成大连湾里综合保税区、大连大窑湾综合保税区、营口综合保税区、大连保税区“3+1”的布局。三是积极抢抓RCEP协定机遇。开展了《RCEP对地方经贸发展的影响》关级课题研究，研究进出口主要商品关税减让等情况，全面分析RCEP实施对地方经贸产生的影响；结合省市两级政府“固补强”重点行业，梳理确定5条产业链、8个产业重点项目和13家产业链龙头企业，有针对性地开展RCEP实施影响统计分析。运用税政调研反馈企业政策诉求，5项调研被纳入国务院税委会《2022年关税调整方案》。

三、不断出台服务举措，助推贸易高质量发展

发挥海关职能作用，立足省市外贸发展和企业实际需求，创新出台服务举措，促进外贸稳中提质。一是支持重点行业企业发展。加强与辽港集团、辽渔集团等战略合作，与港口建立合作机制，滚动推进

重点项目；与大商所深化战略合作，支持上期所、大商所新增原油、铁矿期货保税交割库；专属为本钢集团推出集团财务公司担保；帮扶恒力石化全球单套最大产能乙二醇项目副产品“变废为宝”，逆势拓展4个国际市场。二是全面扶持新业态生长。全面推广跨境电商企业对企业出口监管试点和跨境电子商务零售进口退货中心仓模式。在大窑湾综合保税区推出“保税+生鲜”模式，首次以跨境电商保税备货模式进口美洲螯龙虾。在大连湾里综合保税区推出“前店后仓”模式，京东（大连）外贸综合体暨区域跨境电商总部项目正在建设。积极支持辽宁西柳服装城市场采购贸易试点，出口货值超过14.3亿元。支持大东沟边民互市贸易区通过验收。三是持续推动“保税领域八张牌”扩项增量。支持船舶企业开展企业集团保税监管、保税维修等改革试点；帮扶保税研发测试企业及时获取优惠政策信息，为精密仪器、研发用材料开通查验绿色通道；先后推出“集出分供”“跨关区直供”保税船供油监管新模式，每票跨关区供油出入库办理时间由原先的3～5天缩短为1小时。

四、持续推动跨境贸易便利化，优化口岸营商环境

大连海关不断推进通关便利化，优化营商环境，持续推出便民“硬措施”、打造暖心“软环境”、营造服务“好形象”，构建“三位一体”的完整营商环境建设体系。一是提供硬核政策优化营商环境。组织开展“口岸营商环境质量提升”专项行动、推出了“促进跨境贸易便利化十八条措施”、复制推广借鉴优化口岸营商环境促进跨境贸易便利化改革举措，建立了优化口岸营商环境协调推进机制，着力促进通关便利化。积极参加地方营商环境建设和评价工作，在“2020年度中国营商环境评价”中，大连“跨境贸易指标”再度获评标杆经验，连续两年获得“东北第一”的优异成绩。二是精准有效推动贸易便利化。实施“提速保畅助产”压缩通关时间专项行动，努力降低疫情影响，全力保障口岸提速增效。关区全年进口、出口通关时间分别为33.06小时、0.99小时，较2017年压缩比分别为72.2%、94.2%，在新冠肺炎疫情持续重压下，仍提前实现国务院“2021年压缩一半”的目标。执行自贸协定关税减让20亿元，执行进口税收优惠等政策减免税款2.2亿元。推动进口矿产品先放后检1,405批次，平均通关时长缩短至3天。实行进出口活鱼“海上过鲜”快速查验模式，有效保障产品新鲜度。推行出口杂粮“整批检测、过程监管、分批出证”监管模式，大幅节省企业成本。落实二手车出口申报无纸化，促进二手车出口业务实现零突破。助力关区大樱桃、草莓、蕨菜干、精炼稻米油等20余种食品农产品首次出口新加坡、卡塔尔等国家或地区。三是深化“放管服”改革，

帮扶企业发展。推行关区行政许可“一窗受理”“一网通办”，对涉及大连海关的13项涉企经营许可事项全面推行“证照分离”改革，共办理海关行政许可审批累计2,731件，推行全部审批事项网上办理，提交材料大幅减少，有的事项材料减少率达到75%，办理用时平均缩减57%以上，口岸卫生许可（涉及公共场所）核发由法定13个工作日缩减为1个工作日以内，惠及企业的成效明显。深化“百人千企”对口帮扶机制，解决各类困难和问题601项。

今后大连海关将持续以促进地方经济社会发展为己任，充分发挥海关职能和专业优势，全面提升监管执法效能和服务发展水平，统筹推进口岸疫情防控和促进外贸稳增长，全力助推辽宁高水平对外开放。

（撰稿人：刘晏伯）

大连海关风险防控体系建设

2021 年，大连海关认真贯彻落实总署党委决策部署，聚焦“风险整体管控、精准防控”目标要求，坚持系统观念，以“强监管必须防风险”为导向，以风险防控机制建设为抓手，找准“自己干”和“一起干”的契合点，不断加强对关区风险管理工作的整体思考、谋划和推进，构建形成以“风险防控责任机制、风险定期研判机制、风险防控协同机制、风险决策评估机制”为支撑的关区风险防控体系，切实提高风险防控整体效能，有效防范各种风险，坚决筑牢口岸安全防线。

一、深化认识，凝聚风险防控体系建设合力

成立工作专班深入学习习近平总书记在 2019 年 1 月 21 日省部级主要领导干部坚持底线思维着力防范化解重大风险专题研讨班开班式上的重要讲话精神，系统研究“完善风险防控机制，建立健全风险研判机制、决策风险评估机制、风险防控协同机制、风险防控责任机制”重要指示要求，结合关区风险防控工作实际，加强对风险防控形势的分析和把握，以风险防控更具长期性、复杂性、艰巨性的清醒认识，深入把握体系化应对新形势下各类风险挑战的现实要求，加强风险防控体系建设顶层设计，研究制定相关制度文件，强化风险防控体系建设制度保障。

组织召开风险防控体系改革推进会，专题就关区风险防控体系建设进行整体部署，并建立由关长亲自担任主任的关区风险管理委员会，强化对风险防控体系建设的组织领导，统一共识、凝聚合力，体系化实施关区风险管理。

二、健全机制，优化风险防控体系运行效能

（一）建立风险防控责任机制，拧紧责任链条。

细化明确各业务部门和隶属海关责任分工，拧紧风险防控分局牵头抓总、业务部门源头管控、隶属海关执行落实的责任链条，形成层层有目标、级级有任务的良好格局。明确责任分工，种好“责任田”。修订《大连海关风险管理委员会工作制

度》，完善风险防控分局与缉私、稽查、其他业务职能部门及隶属海关的联系配合办法，明确风险防控具体责任内容，形成风险防控分局统筹关区业务风险、职能部门主管各自领域风险、隶属海关负责辖区风险的责任分工体系。督办责任落实，拧紧“责任阀”。制发《大连海关紧急布控工作指引》《贸易渠道风险信息报送工作指引》，为相关部门单位履行风险防控责任提供科学指引。同时，压实现场指令执行主体责任，建立完善布控指令执行管控机制，严格布控指令刚性执行。围绕绩效考核指标，树好“风向标”。以绩效考核为抓手，对总署风险业务考核指标进行研究转化、量化分解，细化关区风险防控指标考核体系，以量化标准推动责任落实。

（二）建立风险定期研判机制，锁定重点风险。

坚持每月召开一次协调分析研判例会，交流沟通重点风险信息、业务风险处置成果、各领域风险防控重点，实现事前指令预防、事中现场处置、事后稽查缉私三层级成效转化。加强重大风险研判分析，实现管得“更准”。加强全国和关区风险态势动态分析，锁定不同时期不同防控重点，总结形成风险课题，组织相关部门单位开展联合分析，确定主攻目标，靶向防控关区重点风险。加强业务风险研判分析，实现管得“更精”。充分发挥业务部门和现场专业优势和手段优势，加强各自领域风险分析报风险防控分局汇总研究，在信息情报交流共享、风险甄别分析的基础上由风险防控分局组织开展专题联合风险研判，精准防控各领域安全风险。加强后续环节风险研判分析，实现管得“更好”。总结提炼历史案件风险特征，深入加强情报信息研判分析，形成高质量、指向性的行动线索，与缉私、稽查联合研判和处置，完成风险线索向大要案的成果转化。

（三）建立风险防控协同机制，强化风险防控合力。

坚持“内外”同步发力，打造协同共治的风险管理新格局。对内，加强与总署风险防控局（上海、青岛、黄埔）和业务现场的沟通协作，实现“上下协同”。加强与总署风险防控局（上海、青岛、黄埔）的沟通配合，在风险信息互通、防控手段共享等方面开展通力合作，有效甄别风险类型、风险大小和风险紧急状况，以风险联络员机制为依托，加强业务现场的执行反馈，实现重大风险的联合防控和快速响应处置。加强跨关区防控互动，实现“左右互通”。强化查获经验交流，加强风险信息共享，有针对性开展关区风险分析，防范风险口岸漂移。对外，推动口岸安全风险联防联控，促进口岸综合治理。深化与海事部门沟通协作，成立“三互联合研判工作室”，明确重点监管商品；深层次与生态环境部门开展合作，针对首次查获的未登记新化学物质风险防控问题，推动署级层面进一步完善新化学物质联动监管机制，得到总署和生态环境部充分肯定；与市场、烟草等部门建立情报信息共享网络，与重点企业加强信息情报交流，实现情报精准服务决策、服务实战。

（四）建立风险决策评估机制，有效管控关区业务风险。

坚持“管”风险更要“防”风险，以关党委、风险防控分局、业务部门、隶属海关共同参与的风险管理委员会为依托，加强对风险决策的科学评估，最大限度防范风险决策执行过程中可能产生的风险。首先，由风险管理委员会做出风险集体决策。每月由风险防控分局在联合研判的基础上形成风险态势分析报告，科学分析关区业务风险，上报风险管理委员会集体研究决策。其次，报关区月度形式分析例会专题研究。将风险态势分析及相应风险决策作为关区月度形势分析及工作督查例会的重要议题，更深层次对风险决策进行研究，进一步优化调整风险防控措施，统筹部署关区重大风险防控工作。

2021 年，依托关区风险防控体系，大连海关风险防控绩效指标完成情况实现量质提升，在 2021 年全国海关风险管理工作会议上，大连海关被列为专题发言单位，就风险防控体系建设做经验交流，得到总署充分认可。

（撰稿人：吕硕学）

大连海关打击走私重点工作专项行动

2021 年，大连海关坚持以习近平新时代中国特色社会主义思想为指导，坚决捍卫“两个确立”，坚定做到“两个维护”，深入贯彻落实党的十九届五中、六中全会精神，全面落实总体国家安全观，全力推进“国门利剑 2021”联合专项行动，持续保持打击走私高压态势，在打击跨境电商渠道走私、毒品走私、冻品走私、重点涉税商品走私、逃避商品检验检疫行为等领域聚焦发力，持续有效遏制走私多发高发势头，各项工作取得明显成效。

一、严厉打击跨境电商渠道走私

大连海关坚定不移贯彻落实党中央、国务院关于发展跨境电商等新业态新模式的指示精神，对相关走私行为保持高度敏感关注、予以严厉打击整治，有力促进跨境电商新业态规范健康持续发展。跨境电商渠道走私相较传统走私行为，往往涉及环节复杂、主体广泛、链条完整，大连海关印发《大连海关打击跨境电商进口走私“断链刨根”专项整治行动方案》，着力强化监管优化服务，断掉走私链条、刨除违法祸根，全力压缩电商企业、平台企业、支付企业、物流企业等走私违法空间。

大连海关风险防控部门经分析发现大连口岸宠物食品进口数据存在异常，联合缉私等部门开展共同研判。通过前期摸排，发现大连某些公司进口含有国家禁止进口疫区禽肉成分的澳大利亚宠物食品。2021 年 2 月 23 日，大连海关查获跨境电商渠道走私进口疫区宠物食品大案，刑事立案 1 起，查缉涉案企业 3 家，抓获犯罪嫌疑人 6 名，现场扣押涉案宠物食品 436 吨，查证涉案疫区宠物食品 6, 000 余吨。该案是大连海关近年来在跨境电商渠道查获的首起走私犯罪案件。

二、严厉打击毒品走私

毒品走私严重危害社会稳定和人民安全，境外毒品渗透形势仍趋严峻。大连海关清醒认识当前毒品犯罪形势的严峻性、复杂性，坚持对毒品走私行为进行全时段多维度打击，坚决筑牢口岸监管查缉防线。加大对进境运输工具车体、箱体、船体等易夹藏部位的检查力度；强化旅检、邮件、快件、跨境电商等“非贸”渠道管控；充分利用先期机检、智能审图等手段，提升非侵入式查验能力，依托业务系统，推动拦截物品识别范围和准确率“双提升”，加大人工查验力度，坚持“存疑必查”。同时，发挥风险研判作用，强化智慧型监管防控。

三、严厉打击冻品走私

冻品走私违法犯罪活动关乎人民群众身体健康和食品安全，易带来境外疫情风险，影响国家税收和社会稳定，严重危害国家生态安全和社会经济发展。结合《辽宁省打击走私综合治理领导小组关于加强新形势下打击冻肉走私工作的实施意见》部署要求，大连海关印发《大连海关关于严厉打击冻品走私的通知》，各隶属海关和职能部门盯紧看牢货运渠道，主动研究打私形势、强化防控措施、强化协作配合，形成打击合力。缉私部门持续强化阵地掌控，通过“智慧缉私”加强对重点区域的监测预警，对现行案件“露头就打”，建立事前预警、主动查发、精准打击、有效管控的专业打击方式。

四、严厉打击重点涉税商品走私

大连海关始终以切实维护国家经济安全和进出口贸易秩序为己任，严厉打击重点涉税商品走私，大力查处偷逃税款额巨大、危害严重的行业性涉税走私行为，加大对货运、寄递、电商、边民互市等重点渠道成品油、汽车、高档消费品等的打击力度，坚决遏制冻品、粮食、烟草等农产品走私行为，为维护国家财税安全，维护国家农业、粮食战略安全，维护百姓食品安全贡献力量。

2021 年 8 月 10 日，大连海关立案侦办一起低报价格走私进口镍钴混合物、粗氧化锌案，在大连、杭州、烟台等多地同步开展抓捕和查缉行动，抓获主要犯罪嫌疑人 10 人，查缉涉案地点 9 个。经查，2017 年 4 月至 2021 年 7 月间，该走私团伙在大连、青岛关区采取低报价格方式从韩国等国家、地区走私进口镍钴混合物、粗氧化锌等，共计 3.8 万吨。

2021 年 9 月 15 日，大连海关开展打击冻品走私专项行动。据查，2012 年至 2020 年间，某走私团伙为牟取非法利益，从境外采购冻品，采取制作虚假单据、低报实际成交价格等形式在大连口岸申报通关走私进境。该案抓获主要犯罪嫌疑人 3 名，查缉涉案公司 1 处，其涉嫌走私进口冻牛、羊副产品 8,000 余吨。

2021 年 12 月 16 日，大连海关联合汕头海关开展打击伪报贸易性质走私海产品专项行动，在大连地区统一开展查缉抓捕行动，打掉 9 个走私团伙，抓获 13 名犯罪嫌疑人。2017 年至 2020 年间，这些走私团伙将国内货主在日本订购的海参等海产品，通过将一般贸易伪报为边民互市贸易的方式，将上述货物从中越、中缅边境走私进境，再将货物邮寄给国内货主销售牟利。该案涉案海参案值 1 亿元。

五、严厉打击逃避商品检验检疫行为

自 2020 年海关缉私部门明确管辖包括逃避商检罪在内的 3 个海关监管区内涉及检验检疫相关刑事犯罪后，大连海关致力于在查办涉检违法犯罪案件中更好地发挥职能优势，利用海关口岸监管便利增强打击效果，在公共领域承担更多更大的历史使命，有力维护了国家政治、经济、生态、卫生等总体安全。

2021 年 10 月 28 日，大连海关在大连、丹东等地开展打击逃避法检出口木制品专项行动。行动期间，刑事立案 6 起，24 名主要犯罪嫌疑人全部到案并查缉涉案公司 8 个，涉嫌有效报检单 20,000 余票。2020 年至 2021 年年底，该涉案团伙为牟取非法利益，逃避商品检验检疫管理规定，冒用生产企业资质向海关虚假申报，提供给他人用于在多地口岸出口木制品，涉嫌逃避商检罪。

（撰稿人：王　鑫）

第三篇

党的建设

党建工作

【概况】2021 年，大连海关以庆祝中国共产党成立 100 周年和党史学习教育为主线，深入学习宣传贯彻党的十九届六中全会精神，以政治建设为统领，以“质量提升年”为抓手，大力推进政治建关、强化理论武装，推动党员干部学懂弄通做实习近平新时代中国特色社会主义思想，深刻领会“两个确立”的决定性意义，增强“四个意识”，坚定“四个自信”，做到“两个维护”。组织关区扎实开展党史学习教育，隆重庆祝中国共产党成立 100 周年，持续深化拓展“强基提质工程”，坚定不移推进全面从严治党，不断深化准军事化纪律部队建设，着力强化巡察工作质效，大力营造严管厚爱的和谐氛围，积极参加地方党建考核，党建考核等次为“优秀”，为关区各项工作提供坚强政治保障。截至 2021 年年底，大连海关有党员 3,560 人，其中在职党员 2,632 人；设置机关党委（含事业单位党委）11 个，党总支 26 个，党支部 347 个。

【推进政治机关建设】2021 年，大连海关党委结合庆祝中国共产党成立 100 周年，组织开展“永远跟党走”“身边典型、榜样力量”等主题宣教活动，开展红歌传唱，拍摄系列宣传片，营造浓郁的政治氛围。认真落实意识形态责任制要求，党委定期研判关区意识形态情况，认真落实意识形态工作责任清单，开展关区思想动态调研分析 2 次，及时掌握苗头性、倾向性问题。积极开展精神文明创建，举办 3 期“连关大讲堂”，关区 19 个单位全部通过全国文明单位和省级文明单位复核。加大政治宣传力度，开展 10 余次专题约稿，系统展示关区政治工作动态和成效，“梦海连天” 公众号实现关区全覆盖订阅、总署

▲2021 年 3 月 30 日，大连海关组织开展第一季度党委理论学习中心组（扩大）学习

采编量成倍增长。定期更新维护党建风采、政工网站、文化走廊等线上线下宣传阵地，推动政治机关意识进一步深入人心。

【强化理论武装】2021 年，大连海关党委把学习宣传贯彻习近平新时代中国特色社会主义思想作为首要政治任务，围绕学习《习近平谈治国理政》第一卷、第二卷、第三卷和习近平总书记系列重要讲话及指示批示精神等内容，组织 5 次党委理论学习中心组（扩大）学习，各级领导班子开展中心组学习 157 次。各基层党组织通过“三会一课”、主题党日等形式，常态化开展支部集中学习。利用集中脱产培训、举办“e 课堂”讲座，开设“钉钉”在线课程等多种形式，开展覆盖全员的学习培训。利用全民阅读、“学习强国”App 等开展个人自学，“学习强国”活跃度位于大连市前列，各级党员干部通过不间断的系统学习，加深理解把握，推动入脑入心。

▲2021 年 6 月 22 日，大连海关进行实地参观学习

【强基提质工程】2021 年，大连海关围绕持续深化“强基提质工程”，以基层支部标准化、规范化建设为抓手，持续推进基层党组织建设质量提升，推动 2 个隶属海关党支部改建党总支，实现“支部建在科上”全覆盖。制发《党支部月度主要工作指引》12 期，组织开展“智慧党建”系统专项检查通报 4 次，复核通过“四强”党支部 25 个，新评选“四强”党支部 36 个。强化示范带动作用，以“结对共建、帮扶提升”为主题，组织先进支部与其他支部“结对子”，推动党组织全面进步、全面过硬。坚持问题导向，结合巡视巡察和日常检查发现的突出问题，组织开展事业单位党建工作上下联动专项整治。广泛开展讲党课和优秀党课展播活动，1 个基层党支部书记“微党课”视频被总署集中展播，推动“压实支委责任链条”课题入选总署书记项目。

【党建品牌创建】2021 年，大连海关深入挖掘培树基层党建热源，持续深化党建品牌创建工作，坚持“优中选优”原则，复核通过党建示范（培育）品牌 14 个，新评选党建示范（培育）品牌 20 个。持续提升党建品牌示范引领作用，结合党史学习教育“我为群众办实事”实践活动，组织党员参加志愿服务、开展联建共建等。建立党建品牌日常工作台账，推动品牌实体化运作，围绕“一支部一品牌、一品牌一特色”，聚焦品牌名称、品牌标志、品牌内涵、创建做法、工作成效等内容，组织开展党建品牌和工作法集中展播，通过“党建风采”宣传关区党建品牌经验做法18个，组织开展品牌支部书记“百问百答”展播7期，关区4个全国海关党建示范（培育）品牌顺利通过总署复核。

▲2021年5月26日，大连海关举办单兵队列动作考核

【严格党员教育管理】2021年，大连海关开展“党旗在基层一线高高飘扬”活动，聚焦“三个作用”发挥，组织开展优秀党课展播，常态化组织党员突击队支援进出境口岸、冷链监管一线，组织党员进社区开展“助力文明城市创建”“助力疫情防控”等活动。严格党员教育管理，发挥支部管到人头的优势，通过组织生活会、谈心谈话等方式，强化党员“8小时”以外监督管理。严把党员“入口关”，年内发展党员40名。加大关怀帮扶力度，走访慰问困难党员、老党员和老干部250余人次，为因病致贫党员组织捐款14万元。召开关区“两优一先”表彰大会，3个党组织、7名党员获得省市级表彰，100名优秀党员、50名优秀党务工作者和30个先进基层党组织获得关区表彰，为221名老党员授予“光荣在党50年”纪念章。

【履行全面从严治党主体责任】2021年2月，大连海关召开2021年全面从严治党工作会议，深入学习贯彻习近平总书记重要讲话和十九届中央纪委五次全会精神，认真落实全国海关全面从严治党工作会议部署，明确7个方面61项重点工作。常态化分析研判关区全面从严治党形势，召开党委会议专题研究全面从严治党工作36次，研究制定党风廉政建设制度28项。压紧压实各级主体责任，组织各隶属海关党委报告履行全面从严治党主体责任情况，开展抽查核实并进行通报，组织隶属海关党委书记和直属党组织书记现场述责述廉述党建，开展7期“基层书记组长谈责任”视频访谈并展播。加强对“一把手”和领导班子监督，细化分解64项监督措施，年内，党委书记专题听取党委成员履行管党治党责任情况报告，对38名新任职下级“一把手”开展任职谈话，党委成员对19名下级“一把手”和领导班子成员开展监督谈话，持续强化监督约束。

【强化纪律作风】2021年，大连海关以“钉钉子”精神严格贯彻落实中央八项规定及其实施细则精神，细化治理违反中央八项规定突出问题47条措施，制定为基层减负6项举措，持续改进文风会风，选取4个隶属海关科室建立基层减负监测点和工作情况直报机制。集中开展纪律作风整顿和“内务规范强化月”活动，组织24个部门单位122名关员开展单兵队列动作考核，切实提升单兵训练水平，有效展示训练成效，强化准军事化纪律部队能力素质。开展行风视频和实地检查52次，及时通报问题隐患，邀请特约监督员开展行风评议，持续推进海关政务服务“好差评”系统应用，办件好评率100%，持续巩固行风政风建设质效。

【强化警示教育】2021年，大连海关党委全面推进清廉海关建设，紧密围绕“学、改、查、促”4个环节，推动廉洁正面教育和警示教育走深走实。8月至9月集中开展警示教育月活动，编印《海关工作人员廉洁从政法律法规制度选编》《海关工作人员纪律口袋书》，梳理中纪委、海关总署和关区近年来通报的典型案例并汇编成册，用案例教育身边人。针对总署党委印发的《关于深入治理违反中央八项规定精神突出问题　进一步推进清廉海关建设的若干措施》开展政策宣讲，常态化推进廉政教育和廉政文化建设，采取每月推送廉政文章、重要节点开展廉政提醒、集中培训设置廉政课程、开展以案促改等方式，引导党员干部知敬畏、存戒惧、守底线。

（撰稿人：郝桓宇）

巡视巡察

【概况】2021 年，大连海关党委深入学习贯彻习近平总书记关于巡视工作重要论述和党中央关于巡视工作的新精神新部署，深刻领会总署关于巡视巡察工作的新要求，坚定不移深化政治巡察，全面贯彻“发现问题、形成震慑，推动改革、促进发展”工作方针，以“两个维护”为根本任务，不断推进关区巡视整改和巡察工作高质量发展。

【高质量推进五年全覆盖】2021 年，大连海关党委召开领导小组会议 5 次，组织对 10 个被巡察党组织开展 3 轮政治巡察，发现具体问题 243 个，制定整改措施 492 项，在全国首次巡察工作推进会做经验交流，课题研究荣获全国海关二等奖，在《金钥匙》和《中国国门时报》刊发宣传稿 2 篇。

▲2021 年 8 月 3 日，大连海关召开 2021 年度第二轮巡察动员部署会

【推进制度规范化建设】2021 年，大连海关党委修订完善“1+N”巡察工作制度 21 个，形成“1+3”规范性文件和工作模板 68 个，分类动态调整巡察监督要点 4 次，完善巡察问题清单，实施“日联系”“周报告”“中期实地指导”“后期集中审稿”等工作模式，建立组办间“三联合”工作方式和巡察整改四方联审机制，推动提升巡察质效。

▲2021 年 10 月 14 日，党委巡察工作办公室对巡察组进行业务指导

【常态化推进巡视整改工作】2021 年，大连海关党委及时调整巡视整改工作领导小组和整改责任人，召开党委巡视整改领

导小组工作会议，研究关区巡视整改工作推进落实情况，对38项整改措施进行更新完善，并在关区通报巡视整改推进情况。

【打造巡察整改闭环】2021年，大连海关党委制定巡察整改工作实施办法，压实被巡察党组织整改主体责任，期限内整改完成率100%。完善巡察工作联系配合机制，对39个重点问题和10个共性问题组织开展3轮上下联动和自查整改，制定整改措施347项，建立5类26项量化评估体系，对29个被巡察党组织开展综合评估，推动整改走深走实。

【强化队伍建设】2021年，大连海关党委制定巡察干部选配考核管理制度，动态完善巡察人才队伍库，开展“培训月”活动和巡前专题培训3次，组织线上线下培训312人次，完善“三表一档”考核清单，实施专项奖励个人嘉奖3人、通报表扬13人。

（撰稿人：孙　凯）

纪检监察

【概况】大连海关党委纪检组是大连海关党委领导下的党的纪律检查机关，监察室承担大连海关党委纪检组日常职责，同时分设12个党委派驻纪检组（正处级）。2021年，党委纪检组按照大连海关党委“质量提升年”要求，深入学习贯彻习近平新时代中国特色社会主义思想和党的十九大精神，特别是党的十九届五中全会精神，从5个方面24项重点任务入手，认真履行全面从严治党专职监督职责，聚焦监督执纪问责主业，扎实推进纪检监察工作高质量发展。

▲2021年12月20日，大连海关召开“大连海关纪检干部深入学习贯彻党的十九届六中全会精神暨业务能力提升专题研讨班”

【习近平总书记重要指示批示精神和党中央重大决策部署督促落实】2021年，大连海关党委纪检组推动大连海关党委深入学习贯彻习近平总书记重要讲话精神，认真贯彻落实习近平总书记关于海关工作的重要指示批示和党中央重大决策部署。围绕禁止“洋垃圾”入境、打击象牙等濒危物种及其制品走私、治理“水客”走私、脱贫攻坚、“六稳”“六保”、减税降费等加强监督检查，发现问题、提醒纠正。立足“十四五”开局起步关键阶段，推动大连海关党委完整、准确、全面贯彻新发展理念，聚焦统筹新冠肺炎疫情防控和经济社会发展、促进国内国际双循环、落实总体国家安全观等重大任务，紧盯学习、部署、落实、成效4个环节开展专项监督，保障落地见效。参与公安部、海关总署专项行动，打掉4个“水客”走私团伙，涉案奢侈品3,000余件，获胡伟副署长批示肯定。

【新冠肺炎疫情防控监督】2021年，大连海关党委纪检组毫不松懈抓好常态化疫情防控监督，紧扣海关“外防输入”职责，坚持“人、物、环境同防”，构建“视频监控、派驻抽查、四不两直”“三位一体”监督体系，建立定期会商、检查反馈、联系配合、研判交流“四合一”工作机制。紧盯责任落实、紧盯重点环节、紧盯人员安全、紧盯问题整改，制定“海关疫情防控监督工作清单”，开展常态化监督 17 轮次、专项监督 4 次，制发通知通报 7 个。部署开展口岸疫情防控、人员安全防护、出口防疫物资监管等专项监督工作 5 次，推动发现并纠正问题 113 个，制发纪律检查建议书 24 份。向驻署纪检监察组报送常态化监督检查情况 17 次、专题报告 6 件。

【“现场监管与外勤执法权力寻租”专项整治】2021 年，大连海关党委纪检组统筹开展专项整治和“回头看”工作，推动召开工作推进会 5 次、领导小组会 3 次，变压力传导为整治实效。畅通信访举报渠道，设置举报箱 78 个、公示板 127 块，通过“信访举报联络卡”、海关新媒体平台通报企业 8,177 家。深入企业开展调研 98 家，发放调查问卷 2,888 份。开展逐一谈话 2,395 人，向 210 个执法一线党支部开展专题政策宣讲，组织 2,420 名干部职工撰写心得体会。结合关区特点，确定 83 项重点问题提纲，以“条线化”模式列明排查重点，梳理、汇总执法领域廉政风险，形成 203 项廉政风险清单。各业务职能部门发挥专业优势，牵头建立风险防范长效机制，建立健全制度机制 106 项，进一步完善权力运行监督机制。坚持查处是最有力的监督，立案 16 件，移送地方纪委监委处置 8 人。进一步优化营商环境，为 1,550 家企业提供“一对一”帮扶服务，解决企业“急难愁盼”问题 500 余项。

▲2021 年 7 月 15 日，总署“现场监管与外勤执法权力寻租”专项整治检查组到大连海关开展实地检查

【推进纪检机构量化考核】2021 年，大连海关党委纪检组围绕派驻纪检机构工作职责，合理设置 5 个方面考核指标，涵盖政治监督、日常监督、执纪问责和队伍建设等，确保考核内容主次分明、全面覆盖；采取差异化设置分值，阶梯式赋予评判，引导工作由“干没干”向“好不好”转变。突出重点任务，聚焦“国之大者”，围绕疫情防控监督、对“一把手”和领导班子监督、专项整治、政治生态研判等重要内容，做到重点突出、导向鲜明。充分发挥考核的激励约束作用，设置 18 个指标，对在重难点工作中有突破、有创新并取得成效的予以加分鼓励；设置 10 个指标，对履职尽责不到位、不规范等情况予以扣分，确保有奖有惩、正负兼顾；引入外部评价机制，将驻在单位全面从严治党工作成效、上级表彰奖励通报等，作为衡量派驻纪检组履职情况的重要内容。

【全面从严治党主体责任推动落实】 2021年，大连海关党委纪检组认真贯彻落实《中共海关总署委员会关于加强对“一把手”和领导班子监督的实施意见》，深入分析大连海关“一把手”违纪违法情况和规律特点，推动总关党委制定《加强对“一把手”和领导班子监督重点任务分工》，各级纪检机构与两级党委“一把手”、班子成员开展廉政工作谈话84人次。开展专项监督检查19次，基层调查研究27次，撰写监督执纪分析报告72份，制发纪律检查建议书70份，发现问题主动运用“第一种形态”51次，纠正落实上级决策部署不力的问题，有效推动主体责任落实。

【违纪违法案件查办】 2021年，大连海关党委纪检组加强对监督对象问题线索的集中管理、集体研判和全程督办，定期召开纪检组组务会暨案件线索推进会，严查处、强震慑，保持惩治腐败高压态势。全年处置问题线索76件（列全国海关第二），立案25件（列全国海关第一），给予党政纪处分16人，对4个党组织、6名党员领导干部开展追责问责，3人被地方监委和司法机关立案调查。

【“四种形态”运用】 2021年，大连海关党委纪检组坚持惩前毖后、治病救人方针，挺纪在前、抓早抓小的能力不断提升。年内，大连海关党委纪检组运用监督执纪“四种形态”批评教育帮助和处理139人次。其中，“第一种形态”123人次，占比88.5%；“第二种形态”8人次，占比5.5%；“第三种形态”7人次，占比5.5%；“第四种形态”1人次，占比1%。

（撰稿人：孔祥鑫　苏　欣　宫凡钦）

队伍管理

【概况】2021 年，大连海关深入学习贯彻习近平总书记关于干部人事工作和人才工作的重要指示批示精神，认真践行新时代党的组织路线，坚决落实总署党委关于干部人事工作的各项部署，深入推进干部工作“五大体系”建设，深化干部人事制度改革，坚持正确用人导向，落实新时代好干部标准，配强各级领导班子，狠抓执法一线科长队伍建设，提升基层治理效能，落实人才强关举措，打造高素质专业化人才队伍，健全干部监督机制，落实从严治关责任，激励干部担当作为，营造创先争优氛围，坚持用选人用人的公平公正营造政治生态的绿水青山，为海关事业改革发展提供坚强的组织保障和人才支撑。在总署 2021 年度选人用人“一报告两评议”中，大连海关选人用人工作总体评价和从严管理监督干部情况评价好评率均为 100%，首次实现双百。

【干部选拔任用】2021 年，大连海关大力选拔使用优秀年轻干部，合理使用各年龄段干部，坚持忠诚干净担当的选人用人标准，将政治素质考核贯穿干部育选管用全过程、各环节，注重对工作业绩的定性定量考察，严把政治关、廉洁关、能力关，树立鲜明的选人用人导向，围绕疫情防控等重点工作考察识别干部。加强执法一线科长队伍建设，制定《中共大连海关委员会关于加强执法一线科长队伍建设的若干措施》，组织 48 人参加进口冷链食品安全监管等重点专项工作，择优选调 6 人到机关职能部门交流任职，任命 2 名执法一线科长担任隶属海关党委委员。

▲2021 年 3 月 15 日，大连海关组织开展处级领导干部选拔廉政考试

【公务员管理】2021 年，大连海关深入推进公务员分类管理改革，将 5 个部门在编公务员纳入海关专业技术类公务员分

类管理实施范围。承接海关系统考试录用公务员面试改革试点，首次引进面试信息管理系统，首次采用结构化小组面试，首次增设卫生检疫专业招录计划，考录公务员 45 人。出台《大连海关关于进一步加强一线岗位资质管理的指导意见》，鼓励一线岗位 236 人新取得资质，关区取得不同类别资质的基层人员达 51%。开展公务员关衔评授。扎实做好公务员奖励，给予集体三等功 2 个、个人三等功 16 人，集体嘉奖 4 个、个人嘉奖 57 人，集体通报表扬 5 个、个人通报表扬 293 人。

▲2021 年 3 月 19 日，大连海关组织开展 2021 年度考试录用公务员资格复审

【事业单位管理】2021 年，大连海关深化事业单位改革，调整部分事业单位编制、内设机构和领导干部职数，细化事业单位“三定”方案，优化人员编制和领导干部职数配置，促进事业人事管理科学规范。完成事业单位岗位设置，明确 173 个管理岗位、455 个专技岗位、40 个工勤岗位配置，按照“一人一岗”原则，建立能上能下、能进能出管理机制。培养和激励高层次人才，优先晋升 29 名有特殊贡献专家人才的岗位等级。推进事业单位绩效工资改革，制订实施方案和指导意见，完善绩效工资分配办法等相关制度，稳妥做好事业单位所属脱钩企业人员安置。

【干部监督管理】2021 年，大连海关加强对“一把手”和领导班子的监督，完成针对 8 个隶属海关的选人用人专项检查和离任检查。严格执行个人有关事项报告制度，重点抽查核实 15 批次 103 人。强化制度刚性约束，出台纪律作风建设 6 项禁令，开展常态化整治，严格执纪问责。

【工资档案管理】2021 年，大连海关推动养老保险缴费清算。开展干部人事档案专项审核，重点推进事业单位档案审核，完成应纳入审核范围 424 卷档案的组织认定，实现档案审核全覆盖，对新进入审核范围的 286 卷档案随入随审，把好入口关。推动养老保险缴费清算。加强人事管理信息系统维护，编发系统维护要点，集中组织填报家庭情况调查表，完善家庭成员信息，建立维护质量考评机制。

【抗疫人力保障】2021 年，大连海关优化新冠肺炎疫情防控人力保障顶层设计，制订疫情防控人力资源调配方案、突发人员调配应急预案、一线业务临时交接人员保障方案等，根据一线、预备、应急“三线”需要将 952 人纳入疫情防控梯队。建立完善支援一线疫情防控工作机制，选派机关 15 批次 91 人次支援轮战，向地方联防联控机制争取选派 68 人次支援从事采样采血、消杀作业等工作。落实总署激励关爱疫情防控一线党员干部职工担当作为的11条措施和建立保护关心爱护疫情防控一线人员长效机制的16条措施，及时发现、表扬和奖励在疫情防控一线涌现出的先进集体和个人。

（撰稿人：王　权）

教育培训

【概况】2021年，大连海关以“质量提升年”为抓手，紧盯教育培训领域总署绩效考核客观指标，坚持指标导向和需求导向，突出重点、统筹规划、协调组织、精准施训，圆满完成关区检测技术任务。

【习近平新时代中国特色社会主义思想学习】2021年，大连海关始终将贯彻习近平新时代中国特色社会主义思想作为干部教育培训的主课首课必修课，在制订年度培训计划时规定学习内容，将各隶属海关单位学习情况纳入年度绩效考核。年内，组织开展5期处级以上干部学习党的十九届五中全会精神专题轮训班和4期关区学习全会精神“e课堂”，并将党史学习教育融入其中，组织开展4期“学史·铸魂”系列讲坛，推动理论学习与初心教育同频共振。组织关区全体干部参与“钉钉”平台“十九届五中全会精神”学习专栏，在关区举办的重点班次中安排专题学习研讨。

【专业能力提升培训】2021年，大连海关始终围绕《“十四五”海关发展规划》部署的目标任务，加强各级干部专业训练，提升干部能力素养，完成关区范围培训115期，培训1.53万人次，其中组织集中脱产调训30期，参训1,595人次；组织“钉钉直播课堂”培训45期，参训9,505人次；组织参加“海关e课堂”11期，参训2.89万人次；组织开展网络课程29期，参训6,848人次；配合总署组织开展署管干部培训8期；组织开展线上自学2期，参训1,666人次；组织开展送教上门2期，参训85人次；组织开展各类资质考试20场，参考2,518人次。组织参加总署举办的执法一线科长专题培训，213名干部参训。合理利用关区红色资源，打造精品课程，开展党建实训基地、现场教学课堂和观摩远程课堂“一基地两课堂”建设，搭建专题讲座、实训实操、虚拟教学、网络教学、现场教学5个教学模块，制作46门实训课程，一门课程获得党的十九大以来海关优秀教学成果海关干部教育培训类精品课程二等奖；夯实基础工作建设，加强关区师资能力建设，聘任新一期关区兼职教师139名，涉及授课领域23个、授课专题98个，优化精品课程清单41门。

【新冠肺炎疫情防控培训】2021年，大连海关全面考虑新冠肺炎疫情防控形势，结合属地要求，利用年初、年中等时间节点，及时编制并适时调整培训计划，尽可能降低疫情对计划执行和预算管理的影响。强化培训主办部门新冠肺炎疫情防控责任，明确提出线下集中调训类培训实行全封闭管理，严格执行“日报告、零报告”制度以及学员签署健康承诺书等刚性要求，确保各级干部培训期间“零感染”。落实《国务院联防联控机制关于进一步加强新冠肺炎疫情常态化防控培训工作》要求，制订《大连海关加强新冠肺炎疫情安全防护培训工作方案》和《大连海关关于贯彻落实〈国务院应对新型冠状病毒肺炎疫情联防联控机制综合组关于印发进一步加强新冠肺炎疫情常态化防控培训工作方案的通知〉有关事项的通知》，组织开展关区加强新冠肺炎疫情常态化防控系列培训3期；组织协调关区开展疫情防控专题能力培训174期，参训7,730人次；利用“直播课堂”“互动教学”“模拟实操”等多种培训方式提升专业知识覆盖面，为关区统筹口岸疫情防控和促进外贸稳增长提供智力支持和保障。

▲2021年4月13日，大连海关处级干部学习贯彻党的十九届五中全会精神暨党史学习教育专题培训班开班仪式

【庆祝教师节】2021年9月10日，大连海关组织开展庆祝教师节系列活动，颁发兼职教师聘书139份；做好系列宣传活动，在大连海关门户网站主页发布慰问信1封，自主录制视频短片1部并在大连海关门户网站主页、一楼大厅、餐厅等宣传平台进行播放，在总署《金钥匙》杂志公众号发布文章1篇，署采信息2篇，在“梦海连天”公众号发布文章2篇；收集推荐课程42门。

▲2021年9月10日，大连海关组织开展庆祝教师节系列活动

（撰稿人：孙泽宇）

第四篇

业务建设

法治建设

【概况】2021年，大连海关不断提升制度供给质量、规范监督执法质量、服务保障发展质量，为“一流强关”建设注入法治智慧、贡献法治力量。强化政治机关建设，加强党委对法治工作的领导；完善制度规范体系，提升制度供给质量；深化“放管服”改革，提高法治保障效能；推进行政执法“三项制度”，化解行政争议，加大规范监督力度；提升普法教育实效，运用法治智慧排忧解困。

【加强领导】2021年，大连海关召开关区法治工作会议；承接总署“十四五”法治建设规划，制定印发大连海关重点任务清单和2021年法治工作要点，组织2次党委中心组专题学法；开展关区法规建设史、新中国法制史等形式内容丰富的党史学习教育活动，召集6个直属海关开展线上联学，带动条线党史学习教育走深走实；开通“6458有事我帮”公职律师法律咨询热线；服务东北振兴，深入重点企业开展法律法规宣讲，帮助企业解决实际困难。

【制度修订】2021年，大连海关积极完善制度规范体系，提升制度供给质量。积极参与《中华人民共和国海关法》修订，并作为专家团队承担专项课题研究；承办总署政策法规司归类管理制度立法调研会议，积极参与总署规章制度修订和立法后评估工作，提出相关意见61条。废止规范性文件2件，审核内部业务文件5件；组织业务制度清理备案工作，对15件内部业务文件进行立法后评估。为“云眼查”“联合抽查新模式”“内销商品分类检验便利化措施”3项自贸创新措施提供法律论证。

【法治保障】2021年，大连海关取消“报关企业注册登记”审批事项，全面实施备案管理，同步调整并公开行政许可事项目录清单，全面推广报关企业备案全程网办，实现一地申请、一次办理。推进“证照分离”改革，制订全覆盖实施方案，针对13项涉企经营许可事项全面推进，更新《大连海关“证照分离”改革事项实施清单》，释放改革红利。服务大连海关关区重大改革，在民事纠纷的解决中发挥法律服务保障作用。

【规范监督】2021年，大连海关实现“三项制度+业务”深度融合，发布3个“三项制度”全流程模型；选取检疫、保税、查验等9个具体条线作为试点，“由点到线及面”地推动实施“三项制度”。成立应诉工作专班，办结行政诉讼案件6起、民事诉讼案件1起，实现司法诉讼零败诉。提升诉源治理水平指导基层执法。畅通复议渠道，推行“说理式”复议新模式，组织听证2次，办结行政复议案件5起。组织开展涉检行政处罚案卷评查，推动通报、培训、交流“三统一”；修订案审会工作规程，组织召开3次案审会，审议5起案件。筹办府院联建座谈议题，稳步推进签订合作备忘录工作。承办海关行政应诉第二协作区2021年度第一次联席会议，推动执法经验交流，信息互通。开展关港战略合作，建立畅通司法查封货物通报机制。

【法治宣传】2021年，大连海关举办“法律大讲堂”，组织党委理论中心组、大连关区全员学习习近平法治思想，网上专题培训班参加率和考试通过率100%。做好“八五”普法开局，谋划大连海关关区“八五”普法工作，细化分解任务，深入推进“谁执法谁普法”普法责任制。抓住“12·4”国家宪法日和“8·8”海关法治宣传日等普法时间节点，大力宣传《中华人民共和国宪法》《中华人民共和国民法典》等法律法规；组织普法讲师团赴4个隶属海关开展“点菜式”法治巡讲，赴企业宣讲《中华人民共和国行政处罚法》，提高普法精度。打造普法品牌“连关法语”公众号，推送文章33篇。组织线上法治培训讲座、知识竞赛等共40余次，营造良好学法用法氛围。

▲**2021年7月29日，法规处赴大连某重工有限公司生产作业现场普法解难题**

【办实事解难题】2021年，大连海关在“我为群众办实事”活动中，集结关区公职律师优秀力量，发挥专业优势，开通“6458有事我帮”公职律师法律咨询热线，为海关关警员和离退休老同志提供咨询服务150余次；深入重点企业开展《中华人

▲**2021年8月21日，大连海关公职律师就离退休老干部通过“6458有事我帮”热线提出的咨询问题展开研讨**

民共和国民法典》《中华人民共和国行政处罚法》等法律法规宣讲，就企业遇到的通关、民事方面法律法规疑难问题展开研讨，帮助企业解决船用备件取样、修船废铜处置等实际困难，缩短工程期限45～60天。

（撰稿人：高　硕）

业务改革与发展

【概况】2021 年，大连海关聚焦持续巩固通关提速成果，开展“提速保畅助产”专项行动，积极应对本土新冠肺炎疫情和国际形势影响，不断强化业务运行监控，深化通关模式改革创新，全力做好通关秩序维护和重点商品快速验放保障工作。统筹制定大连海关 2021 年业务改革工作要点，整体推进改革措施并督促落实。建立“问题清零”长效工作机制，推进“职能+现场+企业”良性互动，提升问题收集反馈效能，将问题清单转化为成效清单。推进关区执法规范性建设，推进“双随机、一公开”工作和规范检查异常处置工作。制定促进外贸保稳提质和优化营商环境系列措施，全力提升外向型经济发展质量。开展国外技术性贸易措施影响调查，编制大连海关禁限管理工作手册，指导一线工作。按时完成技术规范制（修）订项目，3 个标准正式发布并实施。组织开展“龙腾行动 2021”“蓝网行动 2021”“净网行动 2021”等知识产权保护专项行动，深入推进知识产权海关保护工作。

【压缩整体通关时间】2021 年，大连海关发布《“提速保畅助产”压缩通关时间 2021 行动计划》，部署 5 项制度和 14 项措施，聚焦冷链等 6 个严控领域开展定期监控，完成 62 次定期分析报告，向总署报送冷链商品等 5 篇专题报告；完成关区通关时效系统立项研发，启动 24 小时问题处置机制，对 14 项堵点问题形成解决方案。全年关区进口、出口通关时间分别达到 33.06 小时、0.99 小时，较 2017 年分别压缩 72.2%、94.24%，圆满完成国务院既定目标，并双双优于全国水平。

【重点物资通关保障】2021 年，大连海关坚决落实统筹口岸疫情防控和促进外贸稳增长要求，保障全年通关零断点和重点物资绿色通行，对 4 亿件合规出口防疫物资实施快速验放，与 60 余家进口粮食、能源物资企业建立“一对一式”通关计划联系机制，提高口岸周转和入市投产效率，在大连本土新冠肺炎疫情期间，启动通关应急预案，实施业务分流、证书异地通签等创新措施，联合地方建立紧急生产物资全程“绿色通道”，保障通用电器等重点企业近百票紧急生产物资顺利通关投产。

【通关运行监控】2021年，大连海关落实国务院“放管服”要求，深入推进申报制度改革，扩展“两步申报”改革至转关、大宗商品等4项新领域，依托线上答疑平台，“技术+业务”双线服务关区千家企业，进口“两步申报”单量达7.5万票，惠及千余家企业，同时协调船公司在港口疫情管控期间预报靠港安排，提高“提前申报”便利程度，出口“提前申报”率达到74%，同比提升16个百分点。探索优化报关单运行监控，确立14项监控指标，编发20期通关运行报告；针对长期未结关报关单，建立会商研判机制，组织开展专项清理，攻坚历史问题，实现应清尽清；深入推广新一代通关系统，开展业务培训，编写《H2018C常见问题QA清单》，组织关区梯次完成H2018 3.0版系统全面上线工作。按照总署综合业务司2021年海关业务运行重点任务专项工作安排，牵头11个直属海关成员单位组建“签证业务工作组”，在研究推动“云签发”署级应用、配合出口监管和属地查检改革、优化升级H2018拟证出证功能、拟制签证管理办法等方面开展工作，取得9项研究成果报送总署。

【改革与发展】2021年，大连海关发布《大连海关关于印发〈大连海关2021年全面深化业务改革工作要点〉的通知》（关内综函〔2021〕28号），推出43项改革举措，召开3次改革领导小组会议部署推进工作，并做好统筹协调和成效评估，企业对海关改革的满意度达到96.3%。推动“进出口商品智慧申报导航服务”创新举措入选辽宁省首届制度性创新成果并获奖。高标准落实国家和总署支持东北振兴举措和“十四五”东北振兴实施方案中涉及大连海关的任务。高质量推进“问题清零”工作，选取2个基层现场和2家企业作为总署基层联系点，开展“推进问题清零　深化改革创新”主题活动，组织开展问卷调查，共回收调查问卷592份。组织4场“职能+现场”、4场“海关+企业”线上座谈会，覆盖18个基层海关、104家企业和4个行业协会。

【“双随机、一公开”】2021年，大连海关加强与辽宁省市场监督管理局的联系配合，发布《大连海关　辽宁省市场监督管理局关于开展部门联合“双随机、一公开”抽查工作的通知》（大关综发〔2021〕14号），推动海关与市场监管部门开展联合抽查工作。持续推进关区“双随机、一公开”监管，制订《大连海关推进“双随机、一公开”工作方案》，梳理“双随机、一公开”22个抽查事项的制度规范，完善“一单两库一细则”。

【规范异常处置】2021年，大连海关印发关于规范检查作业异常处置工作的相关通知，健全海关检查作业异常处置工作机制，成立“大连海关检查作业异常处置领导小组”和11个业务条线的工作组，明确异常处置流程和规范。组织关区开展异常处置联合监督检查，发布《大连海关关于异常处置检查工作情况的通报》，提升监管现场执法统一性和执法效率，防范执法风险。

【业务协调】2021 年，大连海关发布《大连海关关于印发〈促进跨境贸易便利化优化口岸营商环境若干措施〉的通知》（大关综发〔2021〕12 号），推出 18 条措施，组织开展口岸营商环境质量提升行动，建立优化口岸营商环境综合协调推进机制，围绕优化业务流程、创新监管方式、降低合规成本、提升服务效能等方面出台具体措施，全力改善营商环境。在中国营商环境评价中，助力大连“跨境贸易指标”两度获评标杆经验。发布《大连海关关于印发〈2021 年深化关港战略合作工作方案〉及重点合作项目清单的通知》，深化关港合作，重点支持综合保税区和海关监管场所建设，支持大连港在“一带一路”建设中发挥更大作用，以滚动推进重点项目支持辽宁港口整合和发展。

【落实国家禁限监管制度要求】2021 年，大连海关加强对货运渠道固体废物、濒危物种及其制品的监控工作，落实国家禁止、限制类进出口货物管控要求；做好通用参数、准入规则维护保障工作，积极应对禁限管理措施变化；梳理已更新的禁限管理目录及 41 种监管证件要求，编制大连海关禁限管理工作手册，指导一线工作；严格关区监管证件日常监控及后续核查工作，减少监管证件漏证及异常风险。

【海关技术性贸易措施工作】2021 年，大连海关开展国外技术性贸易措施影响调查，组织完成 33 次通报评议；针对企业需求开展“一对一”帮扶，4 个典型技术性贸易应对案例在总署相关媒体发布；加强与地方政府沟通，贸易影响调查报告得到省长、市长批示，与庄河市政府沟通积极推进庄河水产品技术性贸易措施研究评议基地建设工作。发挥好技术规范对海关业务工作的技术支撑作用，提升整体专业技术水平，申报项目 18 个、立项 7 个、完成送审 4 个。项目成果逐步输出，《轻烧镁酸溶氯化物的测定　电位滴定法》等 3 个标准正式发布并实施。

【创新签证管理】2021 年，大连海关将贸易便利化理念与信息化技术相结合，依托信息化和“互联网+海关”的平台优势，利用国际贸易“单一窗口”研发“出口货物检验检疫证单云签发系统”，率先在全国推行“企业自主申报，海关后台审核，系统自动出具”的便利化证单申领新

▲2021 年 2 月 22 日，大连海关关员使用“云签发”为企业办理检验检疫证书

模式，实现出口货物检验检疫证书签发“零接触、零延时、零障碍、广联通”。年内，签发出口货物兽医卫生证单等覆盖关区出口货物签证业务近90%，惠及企业1,000余家。

【知识产权海关保护】 2021年，大连海关认真贯彻落实习近平总书记关于加强知识产权保护的重要指示批示精神，组织开展“龙腾行动2021”“蓝网行动2021”“净网行动2021”等知识产权保护专项行动，以“打促结合、高效便捷、综合治理”为原则，对重点领域、重点渠道、重点商品实施专项监管，不断优化服务企业措施，助力企业创新发展，持续深化部门合作，强化全链条保护，推进知识产权综合治理。结合东京奥运会、北京冬奥会等重大体育赛事，加强对进出口涉嫌侵犯奥林匹克标志专有权货物的监管查验，一举查获侵犯奥林匹克标志专有权的香蕉40余吨。年内，大连海关对侵权嫌疑货物采取知识产权保护措施162批次，查扣侵权货物（物品）141批次，涉及货物数量4.4万件。

▲2021年6月3日，大连海关在出口货运渠道查获侵犯商标专用权的轴承

（撰稿人：史　平　孙　瑶　杨　威　辛洪福　陈成贵　罗　建　赵晨星）

自贸区和特殊区域管理

【概况】2021 年，大连海关持续推进海关特殊监管区域高水平开放、高质量发展，牵头并组织辽宁省相关部门完成对大连湾里综合保税区、大连大窑湾综合保税区的联合验收工作。联合地方主管部门开展《中华人民共和国海关综合保税区管理办法》《综合保税区设立申请工作指引》政策宣讲，协同地方政府大力开展政策研究。支持特殊监管区域跨境电商、委托加工等新业态发展，促进国内国际市场双循环。持续推动自由贸易试验区改革创新和先行先试，制定《大连海关自贸创新及复制推广工作规程》，进一步规范备案审核、成效评估等工作，实现规范化管理。支持自由贸易试验区的特殊区域在拓展功能业态、制度创新等方面开展先行先试，推出 6 项自由贸易试验区创新举措，6 项自贸创新案例入选中国（辽宁）自由贸易试验区第五批改革创新经验，其中“云眼查”获得总署创新举措备案。大连自贸片区（保税区）被英国《金融时报》旗下的 FDI 杂志评选为 2021 全球最佳自由贸易试验区第三和亚太地区冠军。

【特殊监管区域整合优化】2021 年，大连出口加工区、大连大窑湾保税港区完成整合优化，分别升级为大连湾里综合保税区、大连大窑湾综合保税区。4 月 23 日，大连海关作为牵头单位，协调辽宁省发展改革委、财政局、自然资源局、商务局、税务局、市场监督管理局、外汇管理局等部门，完成对大连湾里综合保税区、大连大窑湾综合保税区的联合验收。10 月 9 日，验收结果获得总署批复同意，大连正式进入“双综保区时代”。

▲2021 年 4 月 23 日，大连海关参加大连湾里综合保税区、大连大窑湾综合保税区验收纪要签署仪式

【支持综合保税区新业态发展】2021

年，大连海关高度重视地方产业发展，加大入区项目指引政策宣讲力度，助力地方加快招商引资，支持地方经济盘活传统业务“存量”、做优新兴产业“增量”。年内，实现“保税研发”业务零的突破，新增“保税研发”产品153项，新增产值约1,500万元，有力推动综合保税区产业升级；“内销选择性征税”企业数量居于全国海关前列，累计为企业节约成本超过500万元；“委托加工”业务持续释放政策红利，实现产值12.8亿元，同比增长2%，新增就业近千人；首次以跨进电商保税备货模式进口鲜活类商品，大连跨境电商网购保税进口活鲜售卖时代正式开启。年内，大连海关辖区3个综合保税区及1个保税区进出口值达920.5亿元，同比增长8.6%，占同期辽宁省外贸进出口值的11.7%。

【扶持保税物流中心（B型）发展】大连海关辖区设有营口港保税物流中心（B型）和盘锦港保税物流中心（B型），2021年，大连海关按照规定完成对营口港保税物流中心（B型）的延期审核工作。深入企业宣讲保税物流中心政策，积极引导企业灵活开展业务，打造“东北老工业”特色贸易业务，带动周边物流业务发展。年内，大连关区保税物流中心（B型）依托出口退税功能，使地区外贸企业充分享受退税周期短的便利化政策，大量退税商品进入保税物流中心。年内，实现钢铁产品入区超过60万吨，贸易额近30亿元。

【制度创新】2021年，大连海关持续推进“保税+”系列改革，丰富“保税领域八张牌”内涵，着力扩项增量，培育新兴贸易业态和壮大传统优势产业，促进中国（辽宁）自由贸易试验区和海关特殊监管区域产业振兴和创新发展，铜精矿保税混兑、保税原油混调、保税仓储两仓合一、优化保税船用油直供监管作业流程、“中心仓”保税监管、粮食保税加工、保税维修、集团保税监管8个改革项目为地方外贸经济发展注入新动力。推进优化远程指导可视化研判查检新模式、综合保税区企业设备零配件便捷通关新模式、综合保税区“信用监管”新模式、规范申报智能评估新模式、与海事部门实现联网监管新模式和出口商品生产企业检查联合抽查新模式6项综合保税区监管举措。统筹规划和分级培树，实现5项创新项目成功落地。以强化大宗商品基地建设为重点，提升大宗商品智能化监管水平，年内“进境矿石全流程智能监管”、“物联网+汽车衡”监管等6项自贸创新案例入选中国（辽宁）自由贸易试验区第五批改革创新经验。加大复制推广工作力度，针对国务院发布的6批58项涉及海关职责范围的改革试点经验，推动43项创新举措复制推广落地见效，有效释放改革创新红利。

【“云眼查”模式】“云眼查”模式是大连海关充分应用新技术优化海关监管的典型创新案例。通过该模式开展属地查检作业，监管效率较以往提升3倍至5倍，作业全过程实时受控，执法信息实时存储备案，有效降低执法风险和疫情防控风险。8月23日，“云眼查”新模式获得总署自由贸易试验区创新举措的备案。

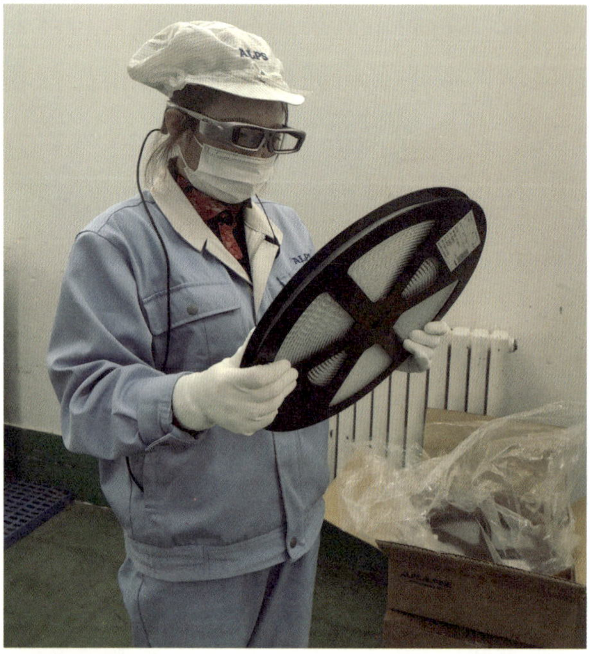

▲2021年8月24日，大连海关关员应用“云眼查”模式开展进口目的地检查作业

【助力区域发展】2021年，大连海关围绕中国（辽宁）自由贸易试验区发展的战略定位，支持东北亚国际航运中心、国际物流中心、大宗商品资源配置中心等重点项目建设。助推大连港搭建铁矿石混配、供应及分拨的一站式服务平台，打造“大船+混矿+转口”经营模式，为大连港建立面向东北亚的铁矿石混配及分拨中心奠定基础，年内，大连港混矿业务总量5,988万吨，排名全国第三。支持扩大水产品国际中转，开创国内冷藏集装箱“海铁联运”全新运营模式，为水果、肉类和水产品“冷链三大中心”建设提供有力支持，增强口岸国际竞争力。支持中欧班列和陆海新通道建设，助推大连港试点中欧班列出口定制化业务，累计监管88列，助力自由贸易试验区主动融入“一带一路”发展格局。充分发挥海关智慧，积极为地方经济发展建言献策，反馈区域建设相关建议11份，反馈省市人大代表、政协委员相关议案提案10份。加强与地方政府的联系配合，定期编发《大连海关特殊监管区域运行报告》，及时向地方政府通报区域发展情况，压实地方政府主体责任，形成共谋发展的合力。

【完成世界银行子项目研究】世界银行项目是财政部利用世界银行投资贷款实施的技术援助项目，大连海关申报的“推进自由贸易港（自贸试验区）建设的海关检验检疫政策和监管模式研究”作为世界银行第4批子项目成功立项。2021年，大连海关通过组织实地调研，组织相关领域专家进行多次论证，结合海关检验检疫需求，完成研究总报告《推进自由贸易港（自贸试验区）建设的海关检验检疫政策和监管模式研究》并正式发行，同时完成

▲2021 年 10 月 22 日，大连海关承担的世界银行子项目——“推进自由贸易港（自贸试验区）建设的海关检验检疫政策和监管模式研究”顺利结项

2 份咨政报告和 1 份研究建议报告以及翻译稿 11 篇。项目研究成果对完善海关检验检疫监管体系的科学性、有效性以及对海关制度创新和治理能力的提升具有重要的借鉴意义，为探索建设自由贸易港提出政策和制度设计建议，在完善政策体系、提升监管效能等方面提供有力支持。

（撰稿人：邢 彦 苏 斌 姜 杨）

风险管理

【概况】2021年，大连海关紧紧围绕高质量发展主题，以《2021年全国海关风险管理工作要点》为指导，以“全面嵌入、集约高效、精准靶向、纵深联动”为导向，系统加强关区风险防控体系建设，统筹推进全领域全链条风险一体化防控，持续提升风险防控整体效能，坚决筑牢国门安全防线。抓实绩效考核，量化风险管理绩效考核指标，细化任务分解，推进责任落实，夯实风险管理基础；优化完善风险防控运行机制，把准“自己干”和“一起干”的契合点，不断凝聚风险防控合力；综合运用“大数据+”手段，加强风险情报信息收集，强化风险分析成果转化，持续提升风险精准防控水平。

【风险防控责任机制建设】2021年，大连海关以厘清职责边界、拧紧责任链条为着眼点，修订完善风险防控分局与缉私局、稽查、其他业务部门及隶属海关的联系配合办法，优化完善风险防控分局关区业务风险统筹、业务部门各自领域风险主管、隶属海关辖区风险主体责任的责任分工体系，制发《大连海关紧急布控工作指引》和《大连海关贸易渠道风险信息报送工作指引》，为各部门单位履行风险防控责任提供科学指引，定期或不定期召开关区风险管理工作专题协调会议，督促风险防控责任落实。

【风险定期研判机制建设】2021年，大连海关以加强风险联合研判为切入点，坚持定期召开协调分析研判例会，交流沟通重点风险信息、风险处置成果、风险防控重点，实现事前指令预防、事中现场处置、事后稽查缉私三层级成效转化。加强全国和关区风险态势动态分析，锁定不同时期不同防控重点，提炼风险课题，组织开展联合分析，靶向防控关区重点风险。充分发挥业务部门和现场专业优势和手段优势，研判分析各领域各条线业务风险，在信息情报交流共享、风险甄别分析的基础上组织开展专题研判，精准防控各领域安全风险。总结提炼历史案件风险特征，深入加强情报信息分析，组织后续环节联合研判，形成高质量、指向性的行动线索，推动大要案成果转化。

【风险防控协同机制建设】2021年，

大连海关以加强风险防控协同联动为着力点，坚持“内外”同步发力，推动形成协同共治风险管理新格局，实现资源共享、优势互补。加强与总署风险防控局沟通配合，在风险信息互通、防控手段共享等方面开展通力合作，有效甄别风险类型、等级，依托风险联络员加强现场执行反馈，实现重大风险的联合防控和快速响应处置。加强跨关区防控互动，强化查获经验交流和风险信息共享，有针对性开展关区风险分析，防范口岸漂移。推动口岸安全风险联防联控，深化与海事、生态环境等部门沟通协作，促进口岸综合治理。

【风险评估决策机制建设】2021 年，大连海关以风险科学评估决策为着重点，修订完善《大连海关风险管理委员会工作制度》，进一步规范风险管理委员会运作流程，依托风险管理委员会加强风险集体决策，并将决策执行情况及风险分析作为关区月度形势分析及工作督查例会重要议题，科学评估执行情况并及时进行优化调整，最大限度防范风险决策执行过程中可能产生的风险。

▲2021 年 9 月 24 日，大连海关召开风险防控体系改革推进会

【固体废物专项风险防控】2021 年，大连海关坚决贯彻落实习近平总书记关于禁止“洋垃圾”入境的重要指示批示精神，坚持情报先导和人工分析相结合，丰富完善智能化风险分析手段，紧盯 2021 年固体废物全面清零后伪瞒报走私新趋势，持续开展固体废物专项风险防控，实现重点商品靶向锁定。年内，经风险布控查获固体废物近 600 吨，有效打击在固体废物清零大环境下固体废物走私。

【濒危及野生动物专项风险防控】2021 年，大连海关坚决贯彻落实习近平总书记关于全面禁止象牙贸易的重要指示精神，进一步加强濒危及野生动物专项风险防控，紧盯象牙等重点物种伪瞒报夹藏风险，聚焦市场需求，持续加大象牙、珍稀木材等野生动植物防控力度。年内，经风险布控，查获象牙、红珊瑚等制品近 9 千克。

【打击货运渠道集装箱伪瞒报专项行动】2021 年，大连海关根据货运集装箱渠道热点消费品等高税率商品走私高发势头，组织开展专项行动，连续查获多起货运集装箱渠道热点消费品夹藏伪瞒报走私案件，涉及案值逾 6,000 万元，经总结提炼案件特征规律、分析研判全国口岸风险态势并上报总署，促成全国海关开展打击贸易渠道热点消费品夹藏伪瞒报走私百日专项行动。在总署专项行动中，大连海关坚决落实总署部署，结合大连口岸实际，锁定打击重点，综合运用信息情报、数据分析、执法联动等手段，加强“揽、存、销”全链条打击，对热点消费品走私违法行为形成有力震慑。

▲2021 年 11 月 2 日，风险防控分局研究分析货运集装箱渠道夹藏伪瞒报走私风险

【骗取出口退税风险防控】2021 年，大连海关加强与地方税务、公安等部门的联系配合，对“假企业”“假出口”“假申报”等骗取出口退税违法犯罪行为实施集中打击。综合研判出口骗退税手段变化，优化调整风险防控策略，实现重点企业、重点商品、重点风险精准“画像”；整合风险防控、监管、科技、缉私等各领域各条线优势，统筹运用风险布控、现场拦截、化验鉴定、后续侦办等手段，推进事前事中事后全过程协同发力；加强跨部门合作，深化纵深打击，联合税务、公安等部门建立形成常态化查缉工作机制，深挖扩线、破网除链，依法从快从重加强对出口骗退税违法行为的惩治处理。年内，大连海关联合地方税务、公安等部门一举查获特大出口冻泥鳅骗取出口退税案，涉及案值逾 1 亿元。

（撰稿人：吕硕学　姜　雪　隋　杰）

税收征管

【概况】2021 年，大连海关以“质量提升年”为契机扎实推进关税领域政治建设、队伍建设和业务建设，强化履职尽责，深入推进综合治税，征收税款 654.07 亿元，同比增长 11.9%。落实“放管服”改革要求，执行减免税、自贸协定关税减让及进口税收优惠等政策减税 32.94 亿元；有效运用多元化担保降低企业纳税成本，关税保证保险担保方式担保金额达 56.84 亿元，利用集团财务公司担保减少集团资金占用 11.77 亿元，节省财务成本 1,975.60 万元。保质保量做好总署交办的重点工作，扎实完成报关单结构整合相关工作任务，牵头修订 2022 版《中华人民共和国海关进出口商品规范申报目录及释义》，积极参与 2021 年度全国海关税政调研和减免税业务改革，发挥关税新技术优势，推动“智慧征管”建设。强化关税工匠队伍建设，成立课题组培育专业人才，评选“工匠达人”6 人，培树“比学赶超”氛围；开展廉政警示教育，学习违法违纪典型案例，锻造清廉队伍。

【综合治税】2021 年，大连海关优化综合治税方案，定期开展税收预测和分析，及时跟踪税源商品变化，提升税收吻合度。创新监控方式，将欠税追缴及时性、担保处理不规范、汇率适用错误、退运货物超期未征税等多项指标列入隶属海关考核指标，并逐项开展监控。提升监控质量，将“海关内部控制与监督子系统”和云擎功能整合，编制“退运超期未征税、担保处置不规范”等数据模型，在总署考核中实现税收征管规范率零差错，同时，辅助隶属海关完善自控体系建设，主动开展监控复核。

【税收风险防控】2021 年，大连海关加强税收风险建议收集报送，对大连关区重点税源商品开展风险摸排，向总署税收征管局报送行业价格分析报告 3 篇、预警信息 2 篇，有效防控区域性行业风险。开展税收征管日常监控，归类审价原产地管理累计补税 5.54 亿元，非贸渠道补税 1.3 万元。强化对大宗商品的公式定价管理，定期开展监控，指导现场海关对特殊关系、滞期费等运杂费、保税内销等价格风险开展重点审核。利用减免税智能监控分析系统自主搭建风险参数模型 17 个。

【助推高校科研发展】2021 年，大连海关提出的“取消医疗检测设备使用限制”建议被纳入“十四五”科技创新税收政策，有效解决非医药类高等院校反映的跨学科、跨领域科研设备需求无法得到政策支撑的难题。组织科技创新政策线上交流会，明确操作流程，精准指导高等学校尽享政策红利。深入推进减免税业务改革，优化 4 项业务办理流程，压缩办理时限 30%，进一步提供通关便利。年内，审批科技创新项下进口科研设备货值 4,309.5 万元，减免税款 636.2 万元。

【税政调研】2021 年，大连海关关注行业、产业共性需求，参与 4 项全国范围的重点行业调研。面向关区内企业和业务现场广泛开展调研，相关列目或税率调整建议被《2022 年关税调整方案》采纳。有效发挥关税技术骨干作用，参与总署关税征管司组织的《中华人民共和国进出口税则》目录转换、消费品降税、进口环节消费税调整等多项税政调研专项工作。

▲2021 年 10 月 12 日，大连海关关员赴企业开展政策性退税调研

【RCEP 实施准备】2021 年，大连海关组织对内对外培训宣讲 27 次，参与署级课题 2 个，撰写理论研究文章 2 篇，在《经济参考报》《辽宁日报》《大连日报》《中国国门时报》及大连海关互联网站发布多篇政策报道。配合大连市地方政府做好实施准备，牵头制订《大连海关配合大连市落实 RCEP 工作方案》，确定 11 项具体工作任务，明确职责分工和完成时限。结合大连市重点产业石化、装备制造、船舶制造、纺织、水产冻品 5 条产业链 8 个重点产业项目、13 个龙头企业分链开展产业调研与指导，全面分析 RCEP 实施对地方经贸发展的影响。牵头 1 篇关级重点课题《RCEP 对大连市对外经济影响分析研究》任务，对 RCEP 成员国贸易商品开展分析，梳理总结 RCEP 项下关税减让优势与原产地规则运用措施，形成 RCEP 实施对大连市地方经济影响的相关建议，并将研究成果报送至大连市政府。

▲2021 年 6 月 2 日，大连海关关员赴大连自贸片区为企业做政策宣讲

（撰稿人：石　阅）

卫生检疫

【概况】2021年，大连海关召开卫生检疫2021年工作会议，加强卫生检疫统筹部署。卫生检疫工作以习近平新时代中国特色社会主义思想为指导，深入贯彻党的十九大和十九届历次全会及中央经济工作会议精神，以党的政治建设为统领，以“质量提升年”为抓手，以建设“一流强关”为目标，迎难而上，敢于担当，主动作为，严防境外输入，扎实做好常态化疫情防控，坚决筑牢国门安全防线。

【口岸疫情防控】2021年，大连海关召开视频调度会11次，按照新冠肺炎疫情防控不同阶段的要求，实时调整新冠肺炎疫情防控总体工作方案、应急处置预案、包机及分流航班检疫等专项工作方案，制定水陆空三类口岸疫情防控岗位作业指引43个，梳理业务文件千余份，发布文件摘要12期。组织大连海关关区开展采样及安全防护技能培训9次。做好入境客运航空器终末消毒和“四类人员”行李消毒的监督工作。严格开展进口高非冷集装箱货物预防性消毒监督工作。每日搜集疫情信息，撰写传染病疫情综述月报12篇、专项报告8篇、日常评估报告377篇，为领导决策提供参考，为一线执法提供依据。

【检疫查验】2021年，大连海关严格“三查三排一转运”，指导各单位在机场、丹东、港湾等口岸，开展职业暴露、标本溢撒、口岸拥堵失序群体性事件等新冠肺炎疫情防控突发事件实操演练或桌面推演，切实提高应急处置能力。按规定对来自相关国家（地区）的入境人员严格实施健康申明卡验核、体温监测、医学巡查、采样检测、信息通报和移交处置等工作。在有效防控新冠肺炎疫情的同时，严格口岸检疫监管，抓好“多病共防”，严防疫情叠加。

【疾病监测】2021年，大连海关收集全球传染病疫情信息，全方位、多层次严密监测全球传染病疫情形势，研判输入风险，撰写传染病疫情综述。持续做好新冠肺炎疫情评估研判工作，自主开展海港、空港口岸新冠肺炎疫情输入风险以及新冠肺炎疫情风险专项研判工作，并提出针对性防控措施，为领导决策提供参考，为一线执法提供依据。做好口岸疟疾防控工作，制订口岸疟疾防控详细方案，组织开展“全国疟疾日”宣传活动，参与世界卫生组织对中国消除疟疾认证的首场评估。

【卫生监督】2021 年，大连海关积极落实“两个抽检”计划，加强对国境口岸食品生产经营、饮用水供应、公共场所经营单位的卫生监督，督促企业落实主体责任，监督指导各隶属海关继续做好相关工作，有效排查风险隐患，确保口岸公共卫生安全。做好口岸病媒生物预防与控制管理工作，在大连关区口岸首次截获蛆症异蚤蝇。积极筹备大连长兴岛港开展口岸公共卫生核心能力建设工作，组织关区各口岸关积极开展自查，对存在的问题及时整改。全年，口岸区域病媒生物监测捕获病媒生物 2,992 只，鼠类病原微生物检测检出汉坦病毒阳性 6 只、博卡病毒阳性 7 只，蚊类病原微生物检测检出黄病毒属病毒阳性 1 批次 2 例，输入性病媒生物监测共截获 48 批次 1,437 只。

【首次截获蛆症异蚤蝇】2021 年 6 月 4 日，大连海关对装有油菜籽粕的阿联酋船舶进行取样送检，经大连保健中心病媒生物重点实验室对送检的 2 批次 175 只蝇类幼虫通过分子鉴定技术进行分类鉴定，确认 175 只蝇类幼虫均为蛆症异蚤蝇，此为大连海关关区口岸首次截获蛆症异蚤蝇。

【启用移动式防护装备穿脱方舱】2021 年，大连海关联合港口、企业共同研发生产口岸移动式防护装备穿脱方舱。口岸移动式防护装备穿脱方舱解决了北方口岸现场一线检疫环境恶劣的难题，减少人员交叉感染风险，避免穿脱过程导致的污染，为一线关员提供可靠的生物安全防护。

▲2021 年 2 月 20 日，大连海关检查移动方舱使用情况

【研发随机抽查系统小程序】2021 年，大连海关在全国直属海关范围内率先自主研发并完善随机抽查系统小程序，该程序依托办公软件“RANDBETWEEN 函数”计算功能建立，通过创建已知多个数据库，对数据库中信息同时进行一键随机抽取；通过该抽查程序可完全满足总署对国境口岸卫生监督抽查工作实行“双随机”的工作要求，实现对检查人员和检查对象的同时随机抽取，并做到科学匹配，真正意义上实现“双随机”功能。

（撰稿人：纪　嘉　周　玲）

动植物检疫

【概况】2021年，大连海关认真贯彻落实习近平总书记的重要指示批示精神和总署工作部署，扎实开展动植物检疫工作，圆满完成各项工作任务。严防重大动植物疫情传入传出和外来物种入侵，切实加强口岸动植物疫病疫情防控，严防非洲猪瘟、沙漠蝗、松材线虫等疫情传入，检出进境植物检疫性有害生物4,719种次，检出进境动物检疫疫病41项次，其中绵毛豚草、李属坏死环斑病毒、结核病、布氏杆菌病均为大连海关首次检出。开展“国门绿盾2021”行动，强化外来入侵物种口岸防控，截获外来物种94种次，其中马场黄金鬼锹甲、琉球带马陆、两种鼠妇等9种外来物种为全国非贸渠道首次截获。销毁进境不合格农产品1批，进口退运1批、召回1批，不予出口2批。上报总署违规通报325份。严格检疫除害处理监督，加强检疫处理单位资质管理，对外推荐新增注册企业25家。实现大樱桃首次出口新加坡、草莓首次出口卡塔尔和中国香港、葡萄首次出口菲律宾、软枣猕猴桃首次出口中国香港，促进对东盟水果出口。输日饲用稻草年出口量23.1万吨、3.5亿元。保障3,500头智利种牛、1,030只智利羊驼、40匹荷兰矮马顺利进境。进口新鲜水果48万吨、17.1亿元，进境新鲜香蕉46.8万吨、16.3亿元。组织开展“清风行动”，联合辽宁省林草局开展专项督查，相关工作得到辽宁省政府肯定。组织2次大连海关动植物检疫岗位资质培训和考试，新获资质488人次，增强一线执法能力。组织在盘锦港开展以口岸截获沙漠蝗为场景的进境重大植物疫情突发事件应急处置演练，强化海关、农业农村、边防、港口等各相关单位协同作战能力，提升口岸进境重大植物疫情突发事件应急处置能力。

【动植物疫病疫情防控】2021年，大连海关严格落实总署要求，召开加强松材线虫病等重大动植物疫情防控专题会议，开展重点环节布控查验，不断强化检疫监管。快速落实总署等九部门加强红火蚁防控要求，撰写红火蚁防控宣传稿件并在“12360海关热线”微信公众号发表。检疫来自非洲猪瘟疫区交通工具2,465艘（架）次，截获来自非洲猪瘟疫区的截获物177批次。

【生物安全监测及风险预警研判】2021年，大连海关制订5大类监测方案，细化10项外来有害生物监测计划，设置253个监测点，监测到7种检疫性杂草、1种检疫性实蝇、1种检疫性林木害虫以及舞毒蛾等重点关注的有害生物。制订境外动植物疫情信息监测实施方案，成立动植物疫情信息收集工作组。设定24小时时效线，创新建立编译组和审核组协作机制，提高编审效率。引入“信息评估”制度，剖析境外疫情潜在风险，提出预警建议。开展信息筛选技术研究，建立信息动态数据库、分类检索数据库，编译出的信息被总署“动植物疫情信息和检疫政策动态”采录48条。

▲2021年7月28日，大连海关关员首次在自捷克进境的云杉原木中截获检疫性有害生物松材线虫

【保障进口粮食供应链稳定】2021年，大连海关推进进境粮食“两段准入”监管模式改革，联合沈阳海关共同制订下发跨关区附条件提离监管方案，协同实施进境粮食跨关区附条件提离监管模式，解决粮食滞港及生产企业原料供应紧张难题，每船次调运时长压缩7~9天，两关共监管跨关区调运粮食115.42万吨，货值51.93亿元。建立进境粮食安全监管协调机制，运用“进境粮食管理系统”强化进境粮食核查，确保调运、生产及原料、下脚料处置情况全流程闭环监管，防范进境粮食非法流向。构建植物疫情实时监测与预警体系，开展外来有害生物监测，提高口岸检疫针对性和有害生物防控能力。落实关港合作重点项目，全面梳理综合保税区进口粮食检疫监管政策，主动为9家企业提供指定加工检疫要求技术指导，支持企业守法合规用好优惠政策，保障国内饲料市场需求。落实进境散装粮食检疫便利化措施，靠泊检疫进境粮食船舶245艘，监管进境粮食1,268.68万吨、货值400.31亿元，通关时长缩短40%以上，为企业节约成本近千万元。

▲2021年3月13日，大连海关关员对进口大豆实施表层检疫

【保障优良种质资源引进】2021年，

大连海关制订检疫监管工作方案、疫情应急处置预案，明确职责分工；召开协调机制会议，做到全程无缝监管，确保检疫安全；统筹大连关区动物检疫岗位资质人员，确保口岸检疫、样品采集和隔离驻场监管人员全部满足资质监管要求，提升监管水平。年内，大连海关保障3,500头智利种牛、1,030只智利羊驼、40匹荷兰矮马顺利进境，其中检出阳性种牛13头、羊驼1只、矮马2匹，检出二类进境动物检疫疫病4种，包括布氏杆菌病、结核病、牛病毒性腹泻黏膜病和马病毒性动脉炎。布氏杆菌病和结核病为人畜共患病，具有重要的公共卫生意义，其中结核病为大连海关首次从进境活动物中检出，布氏杆菌病为大连海关首次从进境种牛中检出。

▲**2021年8月13日，大连海关关员对进境智利羊驼实施采血并开展实验室检测**

【国门生物安全教育】2021年，大连海关加强国门生物安全展厅、国门生物安全展馆建设，依托展馆、展厅的线下资源，积极研发线上科普方式，全国首创国门生物安全主题的喜马拉雅电台及微信小程序，探索实践线上线下相结合的立体式科普模式，面向全社会特别是青少年，广泛开展国门生物安全教育；组织开展海关公益解说员活动、生物多样性保护主题社会公益型科普活动、国门生物安全主题展、主题读书展示等特色活动，累计受众超过100万人次，覆盖全球60多个国家和地区。

（撰稿人：王　耀　刘　琼）

进出口食品安全监管

【概况】2021年，大连海关强化风险管理，统筹做好口岸疫情防控和通关服务保障工作，筑牢进出口食品安全防线，创新监管模式，服务外贸发展大局。完成进出口食品化妆品安全监督抽检样品数2,187个，检出不合格进口食品化妆品40批次。对全关区55家输巴西水产品企业443个注册标签进行排查，将巴西官方要求逐一传达到企业，压实企业主体责任。组织隶属海关完成对773家出口食品企业的定期监管；对20余家进境粮谷指定加工、存放场所进行全面监管核查，发现问题30余项，取消6家场所资质。坚持以查代训，完成196人加工食品签证官资质培训考核工作。与哈尔滨、沈阳等目的地海关建立联系机制，简化通关流程，强化过程监管，进口杂粮5.2万吨，货值2.8亿元。复制自由贸易试验区改革试点经验，探索实施“整批检测、过程监管、分批出证”监管模式，促进大连口岸杂粮“破壁”出口，出口杂粮14.1万吨，货值15.9亿元。

【进口冷链食品口岸新冠肺炎疫情防控】2021年，大连海关严格规范进口冷链食品口岸新冠肺炎疫情防控工作，持续做好源头管控、口岸监测检测、紧急预防性措施落实、口岸环节预防性消毒监督等工作，在总署新冠肺炎疫情防控专项考核中居全国前列；3次迎接国务院对冷链新冠肺炎疫情防控工作的督查，完整、真实呈现大连海关新冠肺炎疫情防控工作情况，得到督查组专家的认可；开展进口冷链食品新冠肺炎疫情防控职业暴露、标本溢撒突发事件应急演练，提高应急处置能力；落实总署源头管控措施，完成总署对俄罗斯、荷兰等国家和地区17家境外食品企业的视频检查任务，总署依据检查结果暂停7家企业的输华资质；全国海关进出口食品安全工作会议对大连海关进口冷链食品监测检测样本量、进口冷链食品中检出新冠病毒阳性样本量、参加国务院联防联控机制工作督查、保障散装运输水产品安全等工作点名表扬。

【进出口食品化妆品安全监督抽检及风险监测工作】2021年，大连海关严格按照总署要求，组织开展关区进出口食品化妆品安全监督抽检及风险监测工作，检出不合格进口食品40批次；在出口动物源性食品安全风险监测工作中，检出1批次冻蝠虾砷超限、2批次毛蚶镉超限，均通报地方市场局、卫生局等部门；结合各隶属海关实际情况和不合格检出、境外通报情况，大连海关通过风险评估，组织制订出口食品关区监测计划，作为总署抽检计划的补充，及时下发风险预警，督促采取整改措施。

【规范出口食品境外通报调查】 2021年，大连海关通报境外不合格食品38批次；每季度发布出口食品境外通报不合格情况分析，做好风险研判，严格调查要求，规范隶属海关对出口企业监督管理，压实企业食品安全主体责任；通过视频点调、现场督查等形式，加强工作指导、督查，压实隶属海关监管责任，向庄河市政府通报1家企业本年内3次被境外通报情况；牵头推动输巴西水产品解禁工作，为关区9家输巴西企业撰写15份通报整改报告，得到巴西官方认可。

【应对技术性贸易壁垒】 2021年，大连海关成立国外食品法律法规跟踪和技术性贸易措施研究评议小组，有效应对国外技术性贸易壁垒。对韩国、美国和澳大利亚等国家和地区17个SPS通报开展评议，评议结果得到总署标法中心认可。针对“输印芸豆需出具非转基因证明”提出特别贸易关注，得到总署采纳并在WTO/SPS第79次、第80次大会上向印方正式交涉。持续跟踪东欧六国食品监管体系，对巴西、韩国等主要通报来源国家和地区的食品安全法律法规进行翻译，并组织汇编、印刷成册，分发各隶属海关，有的放矢指导企业提高产品质量，确保贸易顺畅。撰写业务研究报告《浅谈大连裙带菜出口检验检疫风险和应对措施》。

【推动特色产品出口】 2021年，大连关区首次出口蕨菜干、精炼稻米油、盐渍猪肠衣成品等24种食品，92批次，426吨，货值291万美元；解决关区特色产品鹿茸通关证书问题，保障货物通关顺畅，促进地方产业发展，全年辽宁地区鹿茸产业持续发展良好。

【食品安全社会共治】 2021年，大连海关积极组织参与“食品安全宣传周”活动，累计开展线上+线下活动70余次，发放各类宣传资料4,000余册，全面展示大连海关在维护进出口食品安全方面的举措和成效；联合大连市市场监督管理局相关部门到进口食品商店开展联合检查，以问题为导向，有针对性地做好业务指导及企业帮扶工作，监管互补。

▲2021年6月23日，大连海关积极组织参与“食品安全宣传周”活动

（撰稿人：靳晓妍）

商品检验

【概况】2021年，大连海关深入落实总署进出口商品检验工作会议要求，坚持全面加强重点敏感商品检验监管，全面推进出口商品质量安全风险监测、全面提升业务执法规范性水平，各项业务有序推进。初次检验检出不合格工业品4,313批次，同比增加67%。通过“12360”海关公众号、《辽宁日报》等媒体宣传进口儿童用品质量安全的知识和监管成效；与总署商品检验司、重庆海关联合发表《商品检验司多举措强化进口儿童用品质量安全监管》；“出口成品油检验监管模式改革”申报确定为大连海关2021年度关级重点课题，形成《大连海关出口成品油调研报告》；缩短进口原油检验通关时长1~2天，稳定炼化企业生产原料供应链，优化海关服务效能；深入推进保税铁矿混矿业务、铁矿品质检验和重量鉴定改革；与辽宁省市场监督管理局签订战略合作备忘录，开展东北、内蒙古六关联合风险监测，强化风险信息搜集和成果输出。

【严禁“洋垃圾”进境】2021年，大连海关开展属性鉴别140批，涉及货物重量13.01万吨，其中17批被鉴定为固体废物；按照总署关于确保固体废物零进口的相关通知要求，对大连关区进口固体废物情况进行全面排查，完成清零工作。

【危险化学品检验监管】2021年，大连海关进口危险化学品检验不合格1,325批，出口检验不合格59批，危险货物包装检验不合格55批；修订《危险化学品检验和危险货物包装检验鉴定工作要求》、制发《大连海关加强危险品检验监管工作的通知》；组织参加总署“危化危包”培训考核，大连关区109人通过考试，进一步满足查验岗位需求；通过“大连海关12360服务热线”公众号发布《海关总署2020年129号公告实施后进出口危险化学品报关要求解读》。在直播平台举办《进出口危险化学品及其包装检验申报》视频培训。

【进口商品质量安全】2021年，大连海关通过风险分析、靶向监测，针对与消费者关系密切的重点敏感商品开展风险监测。抽查272批，检出不合格119批；查发1批次夹带禁止入境的压力容器等进口数控成型磨齿机，涉案金额1,100万元。

▲2021年3月3日，大连海关与辽宁省市场监督管理局签署进出口商品质量安全风险监测体系建设合作备忘录

【商品鉴定】2021年，大连海关向总署报送大宗商品短重案例36例，涉及短重货值759.75万美元。在继续扩展“无人机水尺计重”应用基础上，启动“散货堆场无人机监管及三维建模重量快速测算方法”研究，完成大连海关科研立项，进一步拓展无人机在商品检验领域的应用；制定SN/T 5314—2021《无人机在水尺计重中的应用规程》和SN/T 3023.2—2021《进出口商品重量鉴定规程 第2部分：水尺计重》，并获总署发布；持续开展“清风行动”，打击进出口假冒伪劣商品，查获假冒伪劣案件10起，相关货物均按规定实施退运或销毁。

【开展“双特”便利化措施研究】2021年，大连海关对海关特殊监管区内生产的内销商品，率先提出“分级分类”和“验证+溯源”检验监管便利化措施研究，通过模型计算降低抽批比例，实现相关目录内商品免于取样送检。

【推进大宗资源改革】2021年，大连海关持续推动进口矿产品先放后检工作，进口矿产品1,405批次，货值1,028,659.5万美元。进口矿产品检验平均通关时长缩短至3天，为企业有效节省通关成本。

【进口再生金属原料检验工作】2021年，大连海关组织开展进口再生金属原料检验工作，强化人员培训，制订检验方案，完成全国第四、东北首票进口再生钢铁检验工作。检验进口再生金属原料19批次，重量2.47万吨，金额1,223万美元。

【进口旧机电检验监管】2021年，大连海关持续加大对进口旧机电货物的查检力度，重点关注瞒报夹带行为；引导进出口商了解中国旧机电产品和特种设备的安全性能监管政策和进口许可要求。组织政

▲2021年10月19日，大连海关关员对氢燃料电池汽车进行查验

策解读培训，全关区 134 人参加。检验进口旧机电 512 批，货值 3,080.8 万美元，其中 69 批不合格，货值 488 万美元。

【首批进口氢燃料电池车完成通关】 2021 年 10 月 19 日，在大连海关的监管下，140 辆氢燃料电池车在大连大窑湾汽车码头通关入境。氢燃料电池车装备有压力容器、输氢管道等，需要增加风险监测指标，海关业务专家将安全性能检测和压力容器检测同步进行，进一步节省企业的时间成本。

（撰稿人：梁译文）

口岸监管

【概况】2021 年，大连海关继续深化“查检合一”改革，完善口岸三级运行监控指挥体系，监控视频摄像头在线率考核连续 7 个月在全国海关领先。组织开展安全生产专项整治三年行动，排查整改安全隐患 41 项。推进行李物品、免税品、邮递物品监管智能化、规范化建设，完善旅检“无感通关”模式，提升信息化新技术在旅检监管领域的应用效能。支持毅都冷链四期完成进境水果指定监管场地立项、验收工作。支持营口港粮食分公司进境粮食指定监管场地扩建项目建设。完善国际中转、多式联运、邮轮经济等监管服务体系，助力东北亚国际航运中心建设建立完善多方联动运作协调机制，打造“船边直提”“抵港直装”作业模式。支持跨境电子商务综合试验区建设，支持市场采购贸易开展试点，支持边民互市贸易区建设，规范业态健康发展。

【新冠肺炎疫情防控】2021 年，大连海关为深入贯彻习近平总书记关于新冠肺炎疫情防控工作的重要指示批示精神，切实落实党中央、国务院相关决策部署，进一步加强口岸新冠肺炎疫情防控工作，成立疫情防控工作运行监控专班，在大连海关监控指挥中心每天采取与现场实时音视频连线、调取监管场所摄像头视频和调阅查验记录单、采样记录单、音视频录证资料等方式，对照相关作业指南和规范要求，进行监督检查。年内，监控专班对大窑湾海关、大连周水子机场海关和鲅鱼圈海关的进境人员采样、进口冷链食品和进口高风险非冷链货物核酸采样和预防性消毒监督现场的作业规范性和个人安全防护进行实时视频监控检查，对盘锦海关、大东港海关等 8 个口岸海关的交通工具登临作业进行随机抽取执法记录仪录证视频检查。对个人安全防护监督检查 621 次，进口冷链商品风险监测监督检查 920 次，进口高风险非冷链货物风险监测检查 939 次，填写监督检查日 2,480 份，通过强有力的监督，确保“外防输入”工作落实到位。

【海关正面监管】2021 年，大连海关开展大连和欧洲相关港口的“中欧安智贸”业务项目试点，自大连口岸海运出口的“中欧安智贸”项下报关单 1,424 票。

推进智能审图部署，向总署报送大连关区有效识别商品。开展打击跨境电商进口走私“断链刨根”专项整治行动，监管跨境电商进口清单35.11万票。下发《大连海关货运渠道口岸查验规范工作清单（2021）》，推进监管查验执法的规范性和统一性建设。实施辐射监测设备联网，46台辐射监测设备成功联网。组织濒危、反恐业务培训，开展关区涉恐突发事件应急处置演练。规范行政审批，79家监管作业场所全部完成整改达标工作。制订二、三级指挥中心的升级改造方案，提升视频摄像头在线率。

【支持外贸发展】2021年，大连海关与大连市口岸办共同签订《关于在大连水运口岸实行进口大宗货物提货单电子化工作的公告》，实现货物放行信息电子化。探索建立监管新模式，支持在铁路中心站设立保税仓库，打通全国特殊区域与大连铁路中心站之间的物流通道。打造“船边直提”“抵港直装”作业模式，对进口分流的危险品、冷链食品和出口危险品货物开展“船边直提”和“抵港直装”试点，实现“船边直提”6.77万个自然箱，“抵港直装”1.56万个自然箱，减少港区物流作业环节，降低企业成本。全面推广跨境电商企业对企业（B2B）出口监管试点和跨境电商零售进口退货中心仓模式，提升跨境电商进出口零售商品监管便利化水平。推进通关一体化，支持辽宁西柳服装城市场采购贸易试点，市场采购出口货值14.3亿元。与丹东市政府正式签订合作备忘录，支持边民互市贸易发展，辽宁省大东沟边民互市区顺利通过省级联合验收。

【安全生产】2021年，大连海关成立大连海关安全生产工作领导小组，制定大连海关2021年安全生产工作要点。开展安全生产专项整治三年行动大检查，持续更新“两个清单”。制订印发《大连海关学习宣传贯彻〈中华人民共和国安全生产法〉实施方案》，开展第20个“安全生产月”活动。开展8大重点领域安全风险隐患排查整治工作，立查立改，为建党百年营造良好氛围。组织开展题为“认真学习贯彻习近平总书记系列重要讲话精神，深入开展三年专项整治行动”的安全生产专题培训，邀请专家进行专题授课，扎实推进“安全生产月”活动，提升安全生产工作质量。

【濒危动植物种监管】2021年，大连海关深入贯彻习近平总书记关于打击象牙等濒危物种走私活动的重要批示精神，持续做好濒危动植物种监管工作。首次通过“大连海关直播课堂”方式，在线为大连海关182名关员讲解国际公约履约形势、有关濒危物种快速识别技巧，提升一线执法关员专业素养和监管技能。年内，查发濒危物种及其制品违法进出境情事91起，多次向辽宁省林草局、辽宁省农业农村厅等相关部门移交执法查没象牙、虎皮、玳瑁、红珊瑚等濒危物种及其制品。

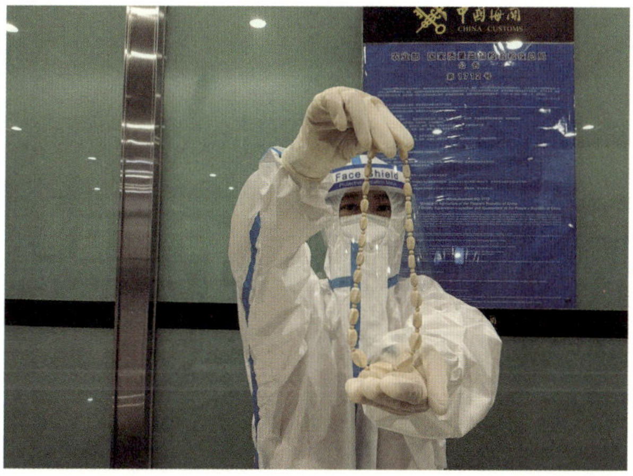

▲2021 年 7 月 2 日，大连海关查获象牙项链

【支持中欧班列发展】2021 年，大连海关立足口岸需求、高效服务，打造“港铁联通”监管新模式。主动对接相关企业，有效畅通不同监管场所间的物流运输渠道，深化与辽港集团、铁路部门、承运物流商等各方联系配合，开展现场办公，提高通关效率，实现“即时通关、即时放行、即时装车、即时发运”。立足企业诉求、精准服务，通过指导企业优化场区布局，新增铁路道线、汽车仓库等举措，确保场区建设与企业发展相同步，保障相关货物快速装卸、堆存、出口，打造良好的物流监管软环境。

▲2021 年 3 月 31 日，大连海关助力中欧班列再添“新乘客”

（撰稿人：刘　欢　李　胜　岳大鹏）

政策研究与统计

【概况】2021 年，大连海关认真学习习近平总书记重要讲话和重要指示批示精神，坚决落实“第一议题”制度。深入开展“三走进”活动，年内，开展各类统计调查调研 60 余次，形成报署调研报告 19 篇、国别监测报告 32 篇。指导规范 10 个关级信息化系统增设安全模块、完善数据管理制度。认真落实中央重大决策部署，突出对标对表，对《“十四五”海关发展规划》进行任务分解，制定细化措施 270 条，确保全方位承接无漏项。提高服务宏观决策能力，9 篇分析研究报告获中央领导批示，8 篇获省市领导批示。承办署级课题 6 个，立项关级课题 17 个。依法合规开展数据共享，确保海关数据安全可控，提供统计服务 71 次。持续完善“红色引领　数说海关”党建品牌建设。推行工作“清单式”管理和“跟踪式”督查，以更高标准推进准军事化纪律部队建设。

【统计调查与服务】2021 年，大连海关拓展统计调查领域，优化统计调查方法，完成进口货物使用去向调查、出口先导指数月度调查、疫情防控物资调研、跨境电商平台统计调查试点等专项工作，关区样本企业填报率、及时率 100%。广泛挖掘各类可进行布控转化的风险点，积极做好风险信息报送工作。以问题为导向，深入开展走进基层一线、走进服务对象、走进地方政府的“三走进”活动，开展统计基础调研、海运集装箱运力运价、化工行业外贸情况等调研，广泛听取各方面的意见建议，及时向总署、辽宁省、大连市相关部门提出政策建议，将问题清单转化为履职清单。加强对外提供业务数据审核，规范对外提供方式；对外签订备忘录或协议，精简数据范围和字段，确保海关

▲2021 年 6 月 11 日，大连海关统计分析处与大连市商务局对外贸易处座谈

数据安全可控；强化数据接收部门保存和使用海关数据的安全责任意识，发挥数据资源的应用价值。

【统计数据管理】2021 年，大连海关逐步建立数据质量分级管控机制，充分发挥担任全国海关统计数据质量控制中心副组长单位资源优势，加强对业务统计和贸易统计数据的比对分析，开展常规性风险研判，进行检控参数研究，提升检控问题向业务风险信息转化力度。加强对署级、关级系统使用的监督管理，强化系统主管部门管理责任，健全业务数据日常监督和常态化检查制度。

【统计分析】2021 年，大连海关完善全球贸易监测分析中心（大连）工作机制，充分利用中心平台，牵头 16 个海关完成 16 轮《全球贸易监测日报》编撰复核工作。积极参与总署重点商品调研，形成 19 篇贸易分析报告、32 篇国别监测分析报告。持续跟踪新冠肺炎疫情对省市外贸的影响和主要产品国际市场份额变动，向地方政府提出政策建议。开展贸易、业务数据综合比对和异动监测，辅助关领导决策参考。年内，撰写上报海关统计要情 138 篇，被总署采用 12 篇，被其他上级单位采用 2 篇；撰写省市外贸分析报告 8 篇。开展东北地区外贸形势发展的研究，服务区域外贸高质量发展。

▲2021 年 9 月 26 日，大连海关赴恒力石化进行实地调研

【政策研究】2021 年，大连海关全面承接《“十四五”海关发展规划》，全方位衔接东北全面振兴“十四五”实施方案、辽宁沿海经济带高质量发展规划和省市“十四五”规划中涉及海关工作的内容，通过“三上三下”的方式广泛征求关区意见，编制出台《大连海关贯彻落实〈“十四五”海关发展规划〉任务分工及细化措施》，形成 270 条具有关区特色的细化落实措施。实行课题牵头人制度，加强课题质量控制，提高课题管理质量和研究水平；推动研究成果转化为工作方案、意见、办法和改革措施，切实以研究促进海关改革发展。承办署级课题 6 个，组织开展关级重点课题 17 个。

【统计基础业务】2021 年，大连海关加强贸易、业务数据深度分析和风险研判，提炼风险参数，提升检控问题向业务风险信息的转化率。建立“日有监控、旬有预警、月有分析、季有通报、年有总结”的数据质量全程监控制度。健全业务数据日常监督和常态化检查制度，开展5个关级项目数据安全检查，指导“云签发”“云眼查”等5个新系统开发符合数据使用安全管理规定。

【统计队伍建设】2021年，大连海关按照“工作项目化、项目时限化、时限责任化”的原则，梳理形成正面工作清单，确保责任落实到位。制定大连海关关于进一步加强政策与分析研究工作的20条措施，着力打造“一关一品”“一处一品”工程。组建大连海关关区专兼职统计分析与政策研究人才库，培养锻炼专家骨干；设立统计专家和业务骨干人才库，探索实施分级分类、动态管理，积极参与总署集中工作专班，不断提升统计人才队伍的专业化水平。

（撰稿人：陈　宇）

企业管理和稽查

【概况】2021年，大连海关企业管理和稽查部门以党的政治建设为统领，坚持学习习近平新时代中国特色社会主义思想，深入贯彻党的十九大和十九届历次全会精神，推进党史学习教育常态化、制度化。认真贯彻落实两级海关工作会议精神，多项工作取得显著成效。以查发为导向，深入推动稽查业务改革。实施“采信第三方”“企业自查结果认可”等核查新模式，核查监管时长平均压缩60%。推广实施集团企业保税监管改革，对加工贸易重点行业开展专项稽核查行动，查发问题19起。落实海关企业信用管理制度改革，积极开展AEO“云培育”。加大简政放权改革力度，全年“多证合一”比率排名全国领先。积极发挥职能管理作用，强化业务运行实时监控，不断提高条线业务执法水平。2021年撰写刊发各类信息86篇，被总署采用6篇。

【稽核查管理】2021年，大连海关聚焦国门安全，推动稽查理念向“以查发为导向”转变，不断拓展涉税稽查领域，加大涉及国门生物安全、人民生命健康安全的稽查力度，深化稽查业务领域的关检融合，以关区重大税收安全风险和准入安全风险为稽查重点，在提高稽查查发率、稽查追补税、查发重大违法情事上下功夫。推动与市场监管部门的“双随机、一公开”联合抽查新模式。主动对接辽宁省市场监督管理局，建立联系配合机制，印发联合抽查方案，开展联合抽查88家次，覆盖全省6个地市和13个隶属海关，及时总结联合抽查经验，形成制度化成果，实现联合抽查常态化。年内，大连关区办结稽核查作业3,480起。

【保税监管】2021年，大连海关强化风险分析，加强对加工贸易的实际监管，将大连关区内1,300余家加工贸易企业按行业分成7个类别，每季度选取一个行业开展专项稽核查行动，发挥保税监管有效性。加强保税监管条线安全生产检查工作，每季度组织全面排查，突出对特殊监管区域和保税监管场所中危险品和液体化工保税加工和保税仓储的监管。年内，大连关区设立电子化手册1.49万份，核销结案电子化手册1.53万份；审批设立保税仓库及出口监管仓库7家，注销9家；区外加工贸易进出口总值为1,128.35亿元，特殊监管区域保税加工进出口总值369.56亿元。

【企业管理】2021年，大连海关深化“放管服”改革，推进各项便民利企事项落地，全面实施海关报关单位备案管理，扩大“多证合一”比率，提高注销便利程度。加强国外注册要求研究，为更多企业实施“走出去”战略做好服务；加强《中华人民共和国海关注册登记和备案企业信用管理办法》宣贯，细化解读新政策，开展“云培育”，新增高级认证企业11家，重新认证高级认证企业10家，形成企业信用状况向上向好的良好态势；完成依托企业协调员制度，建立“百人千企”精准帮扶的长效机制，为企业纾困解难。年内，大连关区有备案报关单位3.71万家，备案出口食品生产企业901家，对外注册企业1,206家次，高级认证企业110家。

【打击“洋垃圾”入境】2021年，大连海关持续保持打击“洋垃圾”入境高压态势，按照总署部署，开展近三年固体废物加工企业、两轮次进口再生金属企业专项稽查行动，累计稽查企业34家次，查发问题企业2家。

【推广企业集团加工贸易监管新模式】2021年，大连海关深入企业调研，了解企业生产经营模式和业务需求，对企业加工贸易监管模式便利性和业务流程进行全面政策解读，有效促进保税料件在企业间的自由流通，节省企业通关和税务成本。

▲2021年6月22日，大连海关推广企业集团加工贸易监管模式，面向企业进行政策宣讲

【试点核查新模式】2021年，大连海关在海关认证企业中，试点“采信第三方”“企业自查结果认可”核查新模式。只需审查企业提供的证明材料，减少下厂作业频次和时长，实现对守法者“无事不扰”，降低市场交易成本，实现关企共赢。

（撰稿人：孙　亮）

查缉走私

【概况】大连海关缉私局成立于1999年1月8日，管辖区域涵盖辽宁省大连、丹东、营口、鞍山、本溪和盘锦6市及所辖区域。缉私局设有办公室、政治处、纪检监察处、警务督察处、侦查处、查私处、法制一处、法制二处、情报技术处9个内设处室和大窑湾、机场、港湾、丹东、营口、鲅鱼圈6个缉私分局，均为正处级机构。2021年，大连海关缉私部门牢固树立总体国家安全观，坚决贯彻落实以习近平同志为核心的党中央关于海关缉私部门管理体制调整的重大决策部署，始终将习近平总书记关于打击走私的重要指示批示精神作为“第一议题”和根本遵循，全力推进“蓝天2021”“护卫2021”等专项行动。全力推进“国门利剑2021”联合专项行动，锲而不舍、一以贯之保持打击走私高压态势，深入开展反走私综合治理，深入推进全员打私，积极推进专业能力建设。全年，查办各类走私违法案件1,972起，开展“国门利剑2021”联合专项行动暨大连海关缉私行动，大连海关参加的打击走私淫秽物品专案入选总署年度打击走私十大典型案例；6起刑事专案被列为总署缉私局挂牌管理案件，1起行政专案被列为总署行政大要案。

【打击非涉税走私违法犯罪】2021年，大连海关缉私部门查发固体废物非法进境案件9起、1,827吨，退运1,525吨。查发濒危物种及其制品非法出入境情事91起，向辽宁省农业农村厅移交水生濒危动物制品88件。开展缉私专项行动，启动与地方公安响应机制，在外籍船舶内查获毒品可卡因近200千克，创大连海关查缉毒品数量历史之最，彰显大连海关落实习近平总书记重要指示批示精神， 开展禁毒人

▲2021年2月23日，大连海关查获走私进口疫区宠物食品6,000余吨

民战争的显著成效。查获跨境电商渠道走私进口疫区宠物食品大案，查证 6,000 余吨，该案系大连海关近年来在跨境电商渠道查获的首起走私国家禁止进口货物罪案件。

【打击涉税走私违法犯罪】 2021 年，大连海关缉私部门按照总署要求科学设定各业务部门年度打私工作量化任务，加强对关区“国门利剑”等专项行动的组织、协调和推动，加大海关业务部门的查发力度，不断强化案件线索移交，提高移交线索质量，定期总结、通报、评估关区打私工作。组织参加总署三轮打击“水客”走私专项行动，联合乌鲁木齐、汕头海关以及多地警方开展“剿猎 2021”等专项行动，刑事立案 7 起，查扣高档烟酒、箱包等奢侈品 597 件，手表 5,700 余块。在非设关地成功侦破绕关走私冻品大案，查扣走私船舶 1 艘、疫区冻品 328 吨。推动辽宁省疫情防控指挥部出台《走私违法犯罪涉案人员和货物疫情防控处置工作细则》，为疫情防控做出贡献。侦办低报价格走私进口镍钴混合物、粗氧化锌案，涉案货物 3.8 万吨。侦办“9·15”低报价格走私进口冻牛、羊副产品案，涉案货物 8,000 余吨。侦办“8·30”伪报贸易性质走私海产品案，打掉 9 个团伙。参加总署专项行动，查获 4 起走私烟酒、化妆品案，其中“11·01”走私洋酒案经深挖扩线，查扣 2 万余瓶，查证 7 万余瓶。

▲2021 年 10 月 18 日，大连海关查获走私高档酒

【“智慧缉私”建设】 2021 年，大连海关缉私部门对标公安、海关“十四五”科技发展规划，加快大数据资源池建设。优化缉私作战平台建设，推进电子取证及实验室建设。探索建立“缉私智库”，构建重点行业、重点商品、重点人员、重点渠道走私态势模型，构建预测预警防控主动打击模式。

【反走私综合治理】 2021 年，大连海关缉私部门加强与地方党委政府的联系沟通，积极争取对海关缉私工作的支持，推动地方政府组织开展丹东界江联合巡航执法等打私联合行动，开展随案同步整治，共同研究打击治理对策。推进走私冻品和固体废物归口地方政府处置，有效破解执法难题。与地方公安、海警、烟草、市场监管、国税等部门密切配合，签订打击烟草走私等合作备忘录，联合大连市烟草专卖局无害化销毁卷烟 2,204 条。向税务机构移交 3 起出口骗税案件线索。

（撰稿人：王　琳）

科技发展

【概况】2021年，大连海关紧紧围绕中心工作，深入推进科技兴关战略，做到党建与科技工作同频共振，认真践行“我为群众办实事”要求，开展跟班作业，王令浚副署长在科技人员跟班作业经验交流会上的讲话中对大连海关的“科技辅导员”品牌给予肯定。信息化建设稳固推进，完成信息化创新实验室“海关进出口商品文本信息处理智能化及应用研究”课题第二代原型系统（海关商品信息标注与解析系统，CCTTS）的研发；构建关区基于5G网络的VPN（虚拟专用网络）备份网络，优化大连海关视频监控平台系统架构，月度在线率99.29%；科学做好信息系统总体架构，严把立项关，避免重复建设，完成署级项目的升级改造3项，开发上线一批关级项目；实验室管理查改结合，增强检验检测技术能力，组织开展实验室安全检查，对发现的安全隐患提出要求，制定措施，进行整改。承担总署进口煤炭氟含量检测方法比对实验、省卫健委新冠病毒检测能力验证及检测结果比对等重要活动。规范执法保障业务样品对外委托检测，建立工作指引，明确工作原则和流程；科研创新再获佳绩，积极拓宽立项渠道，组织开展总署、省市各级科研项目申报，首次采用“揭榜挂帅”科研攻关机制，取得一批新成果；提高网络安全管理，加强计算机病毒防治。

▲2021年7月21日，大连海关召开大连海关科技工作会议

【新冠肺炎疫情防控信息化支撑】2021年，大连海关开发上线“大连海关疫情防控物资管理系统”，满足海关疫情防控物资从入库登记到申领、审批、发放全过程管理和统计、查询、提醒功能，提高疫情防控物资管理规范化水平，降低风险。

【署级信息化项目建设】2021年，大连海关完成署级项目教育培训子系统在线考试应用的国产化适配改造项目，实现数据库的迁移适配，解决中间件的切换和代码兼容性问题，完成浏览器的适配，对Web（万维网）页面进行修改。完成署级信息化项目商品归类管理子系统涉税化验应用年度任务书开发上线，增强与其他信息系统的配合衔接。完成署级项目商品归类管理子系统商品规范申报管理升级，根据总署关于报关单申报项调整的公告，配合信息中心、数据中心进行规范申报要素结构调整开发工作。

【关级信息化项目建设】2021年，大连海关完成H2018系统应用的技术准备工作，并在关区全面推广应用，新一代查验管理系统、H2018下发数据全面整合，实现总署下发数据统一管理模式。年内，大连海关有8个部门提出11项信息化建设需求。其中，移动端“智慧后勤”、通关时效系统、新闻舆论集成管理系统、归类智能导航应用管理系统（升级版）、疫情防控物资管理系统5项信息化应用项目通过立项论证。开发上线并推广应用新版“大连海关公务用车管理系统”，实现大连海关公务用车全过程信息化管理。开发上线“大连海关动植物检疫、卫生检疫注册登记管理及行政执法‘双随机’系统”，建立企业库和专家库，通过“双随机”方式产生匹配方案，并实现考核结果自动公示，注册登记企业分类管理、证书到期提醒等功能。

【信息化创新实验室课题研究】2021年，大连海关完成信息化创新实验室“海关进出口商品文本信息处理智能化及应用研究”课题第二代原型系统的研发。各项性能指标获得显著提升，该系统在海关总署税收征管局（上海）进行了现场验证。

【特殊监管区域与物流信息化项目应用】2021年，大连海关完成大窑湾综合保税区和湾里综合保税区升级改造版本上线，并验收通过。完成系统架构优化，减少系统运行故障点，卡口应用效能和通关便利性得到提高，关区特殊监管区域信息化应用水平得到提高。推行企业联网“科技辅导员”机制，实施仓储企业联网14家，监管作业场所卡口联网5家，实现全关区监管场所卡口联网的统一管理。有效提高口岸作业的信息化水平，为企业节省通关成本。优化数据传输机制，提升海关监管服务用户体验。

【智能审图应用】2021年，大连海关加强智能审图信息化平台技术保障，确保大连海关智能审图算法分类试点推广工作圆满完成。完成智能审图信息化平台更新部署工作2次，完成智能审图相关算法部署及试点工作3次。智能审图信息化平台完成货运渠道重点监管商品清单梳理。

【信息系统安全与运行管理】2021年4月，大连海关完成公安部组织的网络安全攻防演习，及时发现整改网络安全存在的问题和隐患，排查化解网络安全领域重大风险，保障关区信息系统安全稳定运行。完成4个信息系统的定级备案工作。采用信息化手段精准掌握主机房基础设施和在运行信息化设备的情况，保障网络信息系统正常服务。应用智能化环境控制系统分区域间歇运行精密空调等高能耗设备，机房年节约用电近15万千瓦时。提供“959595技术服务热线”人员365天7×24小时在线支持。完成主机房巡检4,720次，提升故障处理的时效性和及时性，故障处置率100%。完成H2010通关管理系统更新24次，关区各类信息系统运行稳定。

【信息化基础资源管理】2021年，大连海关开展主机房核心节点云平台资源扩容、优化完善及深化应用工作，完成主备机房应用项目容灾切换演练。推进服务器虚拟化和存储虚拟化的应用工作，完成重点项目的集中备份管理，降低各类设备的单点故障率。完成运行管理平台国产化服务器的上线部署实施替换，推进业务网紫光桌面云平台的安装部署调试。运用基础资源整合成果，淘汰老旧信息化设备，下线物理服务器60台，虚拟服务器24台，提高设备的国产化率和使用效率。

【信息化设备管理】2021年，大连海关开展信息化资产的清查工作，完成全关区52个职能部门、隶属关、事业单位相关资产数据清查工作。推进大连海关业务网国产终端替换工作，完成国产终端调试和替换，替换率100%，提前完成总署下发目标，同时做好非国产旧设备回收工作，实现单轨替代，单轨运行。

【视频会议保障】2021年，大连海关形成双人会议保障AB角工作机制，确保视频会议双保险，对从事关区视频会议保障工作人员建立实时培训机制；对关区全部具有视频会议终端的现场进行4次巡检并形成巡检报告，第一时间解决各关视频会议系统遇到的软硬件问题，确保运行顺畅；利用视频会议移动终端，搭建关党委会议室视频会议系统，满足视频会议和大屏显示功能。实现总署疫情应急点名响应30分钟以内到达，视频会议设备使用率99%以上，人员到岗率100%。

【网络与视频监控系统】2021年，大连海关构建关区5G VPN备份网络。完成APN（接入点名称）专线开通，模拟环境搭建及测试，隶属关5G VPN备份通道物联网卡开通工作。制定监管装备的入网规范，做好网络边界防护及资料收集整理，协调指导隶属关及现场实施人员做好设备入网、准入等工作。年内，关区入网各类监管机检设备108台。完成大窑湾海关机房的整体迁移工作。迁移涉及业务网重要节点9个、视频专网监管场所16个、网络设备30余台，提升网络系统可靠性，减少机房安全运行隐患。逐步注销关区内所有实验室专网线路，将实验室现有业务切换至业务网线路运行。完成5个隶属单位的线路切换工作。年内，大连海关视频监控系统在网运行视频监控点位2,344路，科技部门以“秒”为单位优化系统巡检机制，系统误报率降低50%，系统在线率提升近2个百分点。

【实验室技术能力建设与管理】2021年，大连海关为新冠病毒检测实验室配备检测设备32台套，调拨辅助检测设备17台套，关区实验室新冠病毒核酸检测能力提升至每日5,600份。加强边境口岸丹东P2实验室、鲅鱼圈移动P2+实验室建设，获得病原微生物实验室和新冠病毒核酸检测资质。保健中心P2实验室增加玻璃隔断及调整电梯控制系统，实现实验室接样环节人流、物流分离。完成样品分样接制样工作区建设，用于冷链检测样本在进入实验室前的消毒工作，该项工作经验获得总署高度肯定并在系统内推广。年内，大连海关对实验室进行二次优化调整，调整实验室31个。全关区实验室新增检测能力248项，依据国外标准开展进口煤炭氟含量检测，做好仪器设备保障和检测方法技术储备。完成实验室管理系统功能升级，实现系统业务切换。开展大连海关技术中心动检P2实验室压力控制系统、供暖制冷控制系统、新风系统修缮工作，保障实验室生物安全。

【实验室管理】2021年9月，大连海关成立新冠病毒实验室安全检查专家组，开展实验室检测和生物安全及人员防护的监督检查工作。开展专项检查、飞行检查和危险化学品实验室安全专项检查等20次，查发安全隐患并制定措施，建立《实验室安全管理问题台账》和《新冠病毒检测实验室生物安全问题台账》，消除风险隐患。梳理总署、大连海关机关和相关部门关于实验室安全管理的文件，发布文件清单及汇编。开展检验检测机构资质认定监督管理办法及生物安全法培训，提高关区实验室人员生物安全管理水平。制作《核酸检测人员安全防护装备的穿戴和脱卸》视频，组织P2实验室人员学习《进口商品新冠病毒实验室检测工作流程》最新版、《新冠病毒检测实验室接样环节安全防护操作指引（第一版）》，参加省卫健委组织的临床基因扩增实验室技术培训和地方组织的特种设备安全管理和作业培训。

【科研管理】2021年，大连海关组织开展总署、省市各级科研项目申报，“基于分级管理的海关数据应用安全机制研究”“‘区块链+物联网’在保税商品展示交易监管中融合应用的研究”等9个科研项目获总署立项；下达大连海关科研项目19项，首次开展大连海关“揭榜挂帅”科研攻关，立项科研项目3项，召开项目启动会、中期检查会和验收预审会，加强在研科研项目全过程管理。11月，组织辽宁省及关级项目验收会4次，23个项目通过验收。全年，获得辽宁省科技进步二等奖1项，三等奖2项；大连市科技进步三等奖2项；海关科技成果评定三级成果1项；大连市标准化资助奖励1项。

【科技综合管理】2021年，大连海关在关区范围内开展“海关科技人员跟班作

业”活动。采用多种形式开展跟班作业，解决现场技术问题及科技需求60项；开通

▲2021年9月24日，大连海关选手在总署组织的2021年全国海关科普讲解比赛决赛中，荣获“全国海关科普讲解十佳选手”称号

“e速达IT服务直通车”；组建“科技专班”；开发专用数据筛选程序；紧急开发RPA（机器人流程自动化）机器人助手。报送总署动态信息6篇、跟班作业经验交流3篇，建立科技服务基层的长效工作机制。调整大连海关科技委和专业委人选，支持青年科技人员在专业委等组织任职。组织开展科普讲解比赛，推荐优秀选手参加全国海关科普讲解比赛，获得第6名，并荣获“全国海关科普讲解十佳选手”称号。

（撰稿人：王　翊）

第五篇

综合保障

政务管理

【概况】2021 年，大连海关围绕中心工作，以“质量提升年”活动为抓手，全面提升各项工作能力和水平。将“第一议题”相关内容纳入督办清单，选取 16 项指示批示精神纳入一级督办跟踪办理；分级分类开展综合会议重点内容督办，推动各项工作落实落地落细。抓紧抓实新冠肺炎疫情防控，召开疫情防控指挥部会、工作例会、研判调度会、关区视频会等各类会议 80 余次，根据总署要求和疫情防控形势变化及时调整发布相关措施；严格出差出行，实行动态管理，及时掌握人员出差出行信息；强化封闭管理，不定期开展封闭管理情况检查，组织各相关隶属海关开展封闭管理风险排查。印发公文相关处理办法，建立周二无会日制度。开展大连海关关区应急值班能力提升工作，提升关区整体应急值班保障能力，高效保障疫情期间应急工作，保障完成各类转接、收发、报送等值班任务。做好新闻宣传工作，为庆祝中国共产党建党百年和建设新时代“一流强关”营造良好社会舆论环境。规范口岸开放办理流程，协调开展庄河港新泊位启用等事项。向总署报送“云签发”、商品智慧申报导航、釜山关际合作 3 个“三智”先试先行项目；加强“三智”宣传、政研工作。海关史研究工作稳步推进，启动口述史料抢救征集工作和首部年鉴编纂工作。

【督查督办】2021 年，大连海关坚决有力推动贯彻落实习近平总书记重要指示批示精神，切实增强“四个意识”、坚定“四个自信”、做到“两个维护”，突出抓好“第一议题”制度的落实。建立督办机制，逐月跟踪形成月度形势分析及工作督查例会贯彻落实“第一议题”情况汇报。全面排查问题，通报督促整改，确保制度执行一以贯之、不折不扣，立项督办 162 项，全部办结。对周（关长周例会、疫情防指例会）、月（月度形势分析及督查例会）、年度（关区年度海关工作会议）3 类会议以及大连海关防控指挥部工作例会议定事项进行立项督办，共立项督办 371 项，全部办结。

【精文减会】2021 年，大连海关发文总量同比下降 14.9%，其中发往基层正式下行文件同比下降30.7%，非正式文件同比下降17.4%。加强会议管理，严格会议审批程序，建立周二无会日制度，严控会议时间和规模，全年召开会议数量同比下降20%。

【应急值守】2021年，大连海关严格落实关于值班应急工作的各项部署要求，积极开展关区应急值班能力提升工作，进一步规范值班应急工作各项细则要求，做精做细，有效提升关区整体应急值班保障能力。高效保障疫情期间应急工作，上报各类疫情检出值班信息130余条。严格执行行政值班各项要求，细化完善关区各级行政值班工作要求，保障完成各类转接、收发、报送等值班任务50余次。规范完善安全保卫制度机制，起草《大连海关机关大楼安全保卫及突发事件处置预案》。

【政务公开】2021年，大连海关通过各类政务公开渠道主动公开海关政府信息2,537条，主动公开信息全文电子化率为100%，群众满意率100%。建立日常巡查监督制度和政务公开渠道畅通情况检查机制，制发《政务公开指南问答须知》，定期检查、通报、整改，关区政务公开渠道畅通率达100%。“12360海关热线”共接听电话4.10万通，问题解决率100%。全年编发署级月报12期、关级月报2期，反映报送热点问题、政策建议29条。制定《大连海关清理历史遗留问题工作机制》，召开11次清理历史遗留问题领导小组会议。人大建议和政协提案办结率100%。

【机要文档】2021年，大连海关认真落实总署党委保密工作要求，扎实做好关区保密工作，对关区机要设备和保密要害部位开展检查。结合国产化替代工作，抽查机关管理网电脑。组织开展纪念建党100周年宣传、“国家安全日”密码宣传工作。启动“大连海关1956—2018年人教类归档文件自拟标题工程”，完成1,500余件文件的自拟标题工作。完成1999年（含）以前永久文书档案向总署档案馆移交工作，纸质、电子档案归档工作。修订印发《大连海关文件材料归档范围和文书档案保管期限规定》，编写《海关系统文书档案归档业务演变汇编》，修订《大连海关档案综合管理手册》及《HB2012档案管理子系统操作规程》。完成2020年疫情档案整理工作，并按照辽宁省档案局要求移交疫情档案139件。

【信息工作】2021年，大连海关切实将信息工作作为落实重大事项请示报告制度的重要方式，及时报送大连海关在贯彻党中央、国务院重要会议精神及重大决策部署，落实总署各项工作要求中的相关情况，全面、多角度展现大连海关在创新监管、服务外贸等方面的工作成效，充分发挥政务信息以文辅政、服务决策的重要作用，关区信息工作总体保持稳中向好的良好态势。年内，大连海关编发《每日动态》250期，各类信息载体获关领导批示7篇次。全年，总署共编发大连海关动态稿件71条，信息被上级单位采用18篇次，获中央领导批示1篇次，总署领导批示4篇次。

【新闻宣传】2021年，大连海关不断提高政治站位、强化内容保障、严格发布审核，聚焦海关深入学习贯彻落实习近平总书记重要讲话和批示精神，积极宣传海关贯彻落实党中央、国务院决策部署，强化监管、优化服务、统筹疫情防控和促进外贸稳增长的各项举措和行动。年内，各级媒体累计刊发大连海关新闻稿件约1,100篇次，其中中央主流媒体报道87次，省市级地方媒体报道400余次，海关自有媒体刊发约600篇次，总署采用大连海关各类舆情稿件35篇，获总署领导批示4次。

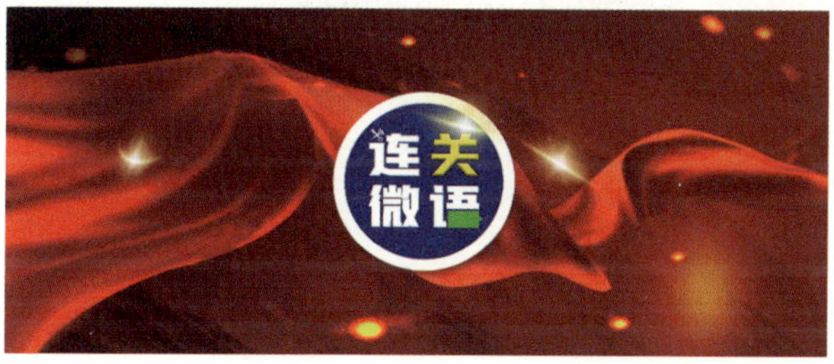

▲**2021年6月30日，大连海关官方微信平台“连关微语”正式上线**

【新冠肺炎疫情内部防控】2021年，大连海关紧跟总署要求及时完善新冠肺炎疫情内部防控方案和措施。印发《新型冠状病毒肺炎疫情防控工作方案》《大连海关入境人员卫生检疫岗位工作人员、进口冷链食品安全监管工作人员封闭管理工作方案》等制度，制定大连海关出差出行审批等管理规定，根据相关变化和要求及时进行调整完善，形成一套完整的动态管理的疫情内部防控方案体系。增设《疫情防控工作专报》和《每日疫情专报》两个载体，通报疫情形势发展变化，跟踪及时、反馈到位。细致开展人员排查，实施台账管理，建立详细的关区疫情排查情况日台账。开展紧急排查30余次，做到“四清”即旅居史情况清、隔离管控情况清、身体健康状况清、健康码情况清。

（撰稿人：陈鸿华　郭　华　程　群　蔡　晔）

财务管理

【概况】2021年，大连海关认真落实总署年度工作会议、全面从严治党工作会议决策部署，在总署党委的正确领导下，坚持以党的政治建设为统领，以“质量提升年”为抓手，着力提升财务保障质量和管理效能。坚决落实各项重大决策部署，贯彻落实习近平总书记关于食品安全“四个最严”和严禁“洋垃圾”入境等重要指示批示精神，推动查获走私冻品及固体废物由地方归口处置机制双双落地。坚决落实国务院减税降费决策部署，建立健全大连海关涉企收费管理长效机制。全面保障常态化新冠肺炎疫情防控物资平稳充足，为统筹新冠肺炎疫情防控和促进外贸稳增长、筑牢国门安全提供必要的财力保障。严格落实中央“过紧日子”要求，紧密围绕“五关”建设，聚焦年度中心工作，全面统筹资金资源，集中财力优先保民生、重点保运转、精准保发展。国有企业改革稳步有序推进，开展大连海关事业单位所属企业脱钩工作。国库集中支付系统监控、资金支付动态监控成效明显，财关库银横向联网持续优化，稳妥推进部门预决算公开。坚持立足实战需求，全面统筹财力资源，做好缉私经费保障，积极构建一体化缉私财务保障体系。

▲2021年5月8日，大连海关财务工作会议召开

【关税和进口环节税】2021年，大连海关征收关税和进口环节税净入库654.07亿元，比2020年多收69.57亿元，同比增长11.90%，完成税收计划的101%。

【海关罚没收入票据电子化】2021年，大连海关为优化营商环境，推进“放管服”改革，落实大连市政府“一网通办”改革要求，积极协调大连市财政局、国库及商业银行，完成大连地区12个隶属海关的海关罚没收入票据电子化改革工作，并对相应国库的级次进行规范。

【预算管理】2021年，大连海关坚决

落实党政机关“过紧日子”要求，组织关区各海关单位以“集中财力优先保民生，重点保运转，精准保发展”为原则，完成部门预算编制工作。采取多项措施，压缩一般性支出，统筹整合资源、调整优化结构，重点保障维持关区正常运转所需资金，精准保障海关国门安全、科技支撑、打击走私等重点工作任务需要。严格执行《中华人民共和国预算法》及其实施条例，落实主体责任，完善管理机制，改进工作方法，规范工作流程，完成年度部门预算批复及公开工作。按照深化预算管理制度改革要求，加大部门预算公开工作力度，确保公开的预算找得到、看得懂、能监督，提高部门预算透明度。完成年度预算执行指标。采取“点面结合”的模式，对关区预算执行实行分岗分片管理，对重点业务类专项、政府采购类、疫情防控类、基建项目实行重点管理、重点督办，以网格化管理模式推动预算执行工作。

【建立“过紧日子”长效机制】 2021年，大连海关坚决落实党政机关“过紧日子”要求。结合总署工作安排，建立大连海关定期评估机制，全面梳理并报送落实情况。坚持不懈把“过紧日子”作为关区财务工作的基本方针，抓好源头把控，从严从紧编制预算，从严控制“三公”经费及会议费、培训费、办公费等一般性支出。加大闲置资产盘活力度，严格报损报废审批，优先配置标准统一的资产，便于资产在关区间统筹调配。切实集中财力优先保民生、重点保运转、精准保发展，较好完成关区各项工作的经费保障工作。

【缉私部门财务保障】 2021年，大连海关坚决贯彻执行总署党委加强打私工作“1+6”文件要求，积极构建新形势下缉私财务一体化保障机制，做好缉私部门经费、装备、后勤等保障工作，安排专项经费用于“国门利剑2021”联合行动以及重点商品、重点领域走私等大要案侦办，扎实做好涉案财物后续管理和处置，坚持不懈推进全员打私，为大连海关缉私工作提供坚强财务保障。综合信息呈报《大连海关扎实构建新形势下缉私财务保障机制》获总署采用。

【部门决算管理】 2021年，大连海关财务部门组织关区财务骨干、专家，运用信息化手段，通过财务处现场归口审核汇总、各审核工作小组远程审核相结合的方式，开展2020年度海关部门决算编报工作，按时保质向总署报送2020年大连海关部门决算编报说明和分析报告，顺利通过总署会审。根据《中华人民共和国预算法实施条例》要求，做好2020年部门决算批复及公开工作。

【国库集中支付管理】 2021年，大连海关高度重视财政部门资金监管要求，及时跟踪梳理《国库集中支付授权支付指令书写规则》和《国库集中支付监控预警规则》，形成有效管用的风险防范体系。针对财政部驻地监督管理局通过动态监控系统发现的财政资金支付疑点信息，组织关区各海关单位及时进行逐条核实，做好汇总审核把关并向财政部门做好政策解释，组织问题整改。根据总署要求组织关区编报季度存量资金报表，督促关区各海关单位及时开展往来款清理，完善关区资金动态监管。

【涉案财物管理】2021 年，大连海关按照《海关总署财政部关于查获走私冻品由地方归口处置的通知》要求，12 月 2 日，推动大连市政府主管部门印发《大连市走私冻品处置管理暂行办法》，在大连市行政区域内进一步落实落细走私冻品移交处置工作机制。根据《中华人民共和国固体废物污染环境防治法》相关规定，9 月 28 日，推动辽宁省打击走私综合治理领导小组出台《关于依法组织处理非法入境固体废物有关事宜的通知》，与辽宁省政府主管部门建立“双无”（无法确定责任人、无法退运）固体废物由地方组织处理工作机制，做好过渡时期由海关财务部门负责固体废物的无害化处置工作。优化关区涉案财物管理工作机制，提升涉案财物管理工作效能。加强涉案财物安全生产管理，印发《大连海关涉案财物仓库安全风险隐患排查整治工作方案》，组织开展关区涉案财物仓库安全风险隐患排查整治工作，建立安全管理长效机制。组织关区开展长期未处置涉案财物专项清理工作，加快涉案财物处置进度。

▲2021 年 3 月 18 日，大连海关向辽宁省农业农村厅移交 88 件执法查没水生濒危动物制品

【企事业财务管理】2021 年，大连海关按照国家及总署关于公司制改革的有关要求，组织开展大连海关全民所有制企业改制工作。部署相关改制工作方案，从加强组织领导、依法依规、加强企业党建工作 3 个方面提出工作要求。“一企一策”推进国企改革三年规划，开展“僵尸企业”清理；推进全民所有制企业改制；加快推进企业脱钩工作；对保留企业进行优化整合，推进国企改革。关区 22 家企业参加总署组织的 2021 年度国有企业财务会计决算，组织成立工作组进行汇总审核，顺利通过总署验审。各隶属海关、直属企事业单位逐级落实责任，保质保量做好国有企业经济效益月报编报工作、业务收入系统编报上报工作。

【基建管理】2021 年，大连海关按照总署统一部署，将获批的中央预算专项用于口岸一线旅检现场改建。按照“优先保障重点口岸、优先保障重点设备、优先保障疫情需要”原则，投资安排用于关区 6 个入境口岸、7 个出境口岸，提升口岸公共卫生核心能力，为切实筑牢国门生物安全屏障发挥重要作用。根据总署有关进一步加大支持保障边关的 22 条措施，依据《艰苦地区边关生活保障设施建设指引》，指导并组织丹东海关申报“大连海关边关生活设施保障能力提升工程”，及时回应边关生活设施条件差等急难愁盼问题。

【政府采购管理】2021 年，大连海关按照财政部及总署关于预留份额采购脱贫地区农副产品的工作部署要求，积极落实政府采购支持脱贫政策，采取有力举措持续深入推进消费扶贫工作，关区 18 个预算单位报送采购脱贫地区农副产品的预留份额，提前超额完成全年采购脱贫地区农副产品的任务。在总署相关平台采购执行进度前十名单位中排名第六。落实总署各项改革措施，对政府采购备选库、名录库、资格库进行专项清理，不断优化政府采购营商环境。

【公务用车管理】2021 年，大连海关开发运行“公务用车管理系统”，通过技术手段实现更加科学、高效、智能的管理模式，提升公务用车管理工作水平。对用车、加油、保险、维修、养护等业务实现线上化操作和管理，提高公务用车利用率。

【资产管理】2021 年，大连海关将资产管理过程中的各项管理要求融入信息化应用系统，以固定资产信息系统控制引导和规范关区各海关单位固定资产管理工作，全面、准确、及时提供账务、实物管理，对固定资产实施信息化管理，实现固定资产管理全生命周期进系统、留痕迹、可追溯。组织关区开展 2020 年度行政事业性国有资产报告编报工作，通过总署远程数据审核专家组的审核。按照《中央垂直管理系统行政单位国有资产管理暂行实施办法》要求，向总署报备 2020 年大连海关国有资产出租等审批情况。

（撰稿人：王永胜　王迎辉　丛　民　曲　华　刘　驰　刘治寒　刘　强　孙　晶　张恒勇　陈　滨　周大鹏　姜　爽　勇　涛　聂玲玲　高君利）

督察内审

【概况】2021 年，大连海关督察内审工作坚持以政治建设为统领，以“质量提升年”为抓手，充分发挥督察内审监督职能作用。配合完成国家审计项目 2 个、总署专项审计 2 个、开展关级经济责任审计项目 5 个。开展署级重大决策部署督察项目 2 个、关级督察项目 3 个。制定《大连海关 2021 年度督察项目清单》，开展 46 项督察项目（其中职能部门 10 项、隶属海关 36 项）。编发《风险问题清单》，持续对署级审计项目中尚未整改完成的问题跟踪督办。开展内控前置审核工作 18 项，提出建议 122 条。辅助各职能部门和业务现场开发监控方案 14 项，总署采纳监控分析报告 38 篇。开展大连关区快件监管和税收征管执法评估，开展现场调研 1 次，撰写关级执法评估报告 2 篇，参与署级执法评估项目 1 项，组织报送署级评估报告调研 5 项。

【督察工作】2021 年，大连海关在关区范围内开展严格进境高风险货物风险监测和预防性消毒措施落实情况督察、进出口危险化学品监管措施落实情况督察 2 个署级督察项目，严防重大动植物疫情疫病传入传出和外来物种入侵措施落实情况督察、加强口岸监管管理措施落实情况督察、促进外贸稳中提质措施落实情况督察 3 个关级督察项目及 46 个部门单位督察项目，提出建议 21 条。

【审计工作】2021 年，大连海关全力配合国家审计工作，提供审计资料需求清单 700 余份。对大连海关推动重大决策部署贯彻落实情况、强化监管优化服务情况、贯彻执行中央八项规定及其实施细则精神情况 3 方面重点内容开展专项审计调

▲2021 年 6 月 8 日，大连海关召开大连海关关税及进出口环节税征管等情况审计进点会

研。开展实验室建设专项审计调研，提出整改推进措施 5 条。完成关区审计项目 5 个。

【内控建设】2021 年，大连海关印发《大连海关 2021 年度内控机制建设方案》，加强署级内控节点指标执行，编写《大连海关内控节点建设指南》，组织各职能部门梳理建立关级节点，强化关键岗位和高风险节点的执行和监控。组织开展 2021 年度内控评价工作，编写大连海关内控评价报告；编写《内控前置审核作业流程》《内控前置审核要点》，实现信息化项目内控前置审核后立项，切实发挥内控前置审核风险源头治理效用。

▲2021 年 12 月 2 日，大连海关召开隶属海关内控工作专题会议

【执法评估】2021 年，大连海关参与署级评估课题《全国海关技术性贸易措施》专题评估，参与总署督察内审司赴总署标法中心的调研工作，为署级评估报告的数据获取工作做出贡献，得到总署领导的肯定。积极配合署级评估项目在大连关区开展的调研工作，涉及综合业务、企业管理、特殊区域、食品安全、动植物检验检疫等多个业务领域。开展大连海关 2021 年度快件监管工作专题评估和大连关区税收质量专题评估。

【建立工作机制】2021 年，大连海关建立“一套制度、一本手册、一份清单、一套模板”的标准化审计工作机制。按照“定期收集、综合研判、紧盯关键、防范风险”的原则，梳理“三重一大”、三公经费、财务管理、采购管理、疫情防控等 22 个模块，489 项制度。积极与总署司局及其他直属海关沟通，形成涉及海关各重点领域、重要环节的“内部审计核查重点手册”。编制涵盖“重大决策部署落实”“执法领域”“非执法领域”“企事业单位”4 个领域的《风险问题清单》。制作《大连海关经济责任审计各类文书模板》，实现审计工作全程标准化管控。

【建立督审人才库】2021 年，大连海关建立涵盖由关税、综合业务、卫检、动植检、食品安全、商检、监管、稽查、加贸、自贸、数据安全、行政财务、企事业财务、风险防控、缉私 15 个业务领域、52 名业务专家组成的督审人才库，对关区审计人才实行标准化管理，开展岗前培训和专业技能培训，发挥各领域业务骨干在审计工作中的作用，提高审计专业化水平；通过“以干代训”“以审促学”“跟班学习”等多种形式，在实干中不断提高业务能力。

（撰稿人：王　永　吕永静　郭红梅　魏　巍）

离退休干部管理

【概况】2021 年，大连海关离退休干部工作部门积极开展“我为群众办实事”活动，与法规处对接，为退休老同志提供法律咨询服务，征集诉求 8 件。与财务处对接，为 940 余名老干部养老金账户办理免费信息到账提醒功能，为 50 余名退休厅局级干部申请办理“特诊医疗证”。在大连关区推广、运用“智慧银海”2 期平台，查阅档案 910 余份，核对各类信息 1.4 万余条，指导隶属海关熟练使用系统。组织大连地区老同志参加机关工会组织的“大连海关庆祝建党 100 周年‘永远跟党走’主题书画摄影展”，19 名老同志上报书法作品、绘画、摄影作品共 27 幅，10 名老同志的 16 幅作品在东港办公楼一楼大厅展出。

【干部队伍建设】2021 年，大连海关成立离退休干部办公室机关党委党史学习教育领导小组和工作组，组建大连海关老同志“党史、关史红色讲坛”宣传团，组织 360 余名老同志开展“红色地标巡礼”活动。利用“两块阵地”（老年大学和活动中心）统一老同志思想，使老同志真正做到“老有所学、老有所乐、老有所为”。在老年大学开设 15 门课程，供老同志学习；在活动中心每月开设“南山讲坛”，聘请大连市委党校和在大连市有一定影响力的先进人士，给老同志讲课，从思想上引领老同志。

【精准化服务】2021 年，大连海关为更好地服务老同志，对 15 名离休干部实施“一人一策”，对 37 名生活困难、因病致困老同志开展党内关怀。解决老同志诉求 600 余件，组织 600 余名离退休干部参加年度体检，发放慰问品 7,000 余份，走访慰问 330 余人次。

▲2021 年 6 月 21 日，大连海关走访离休老党员

【“光荣在党50年”活动】2021年，大连海关开展“光荣在党50年”纪念章颁发及走访慰问活动，走访慰问烈士遗属、部分老干部、老党员代表，为其授发纪念章221枚。

【中国共产党建党百年庆祝活动】2021年，大连海关参加总署“迎接建党百年庆祝活动”，上报老同志书法作品10幅、绘画作品2幅、摄影作品6幅、征文15篇、访谈视频1部、红歌视频1部。其中1篇文章被总署上报国家机关工委，4篇文章在总署获奖并刊印成册。

▲2021年5月20日，大连海关离退休老干部参加总署“百年风华　同心合唱”主题红歌微视频活动

（撰稿人：赵　刚）

第六篇

隶属海关

大窑湾海关

【概况】大窑湾海关于 1992 年 8 月开始筹备，1996 年 11 月正式开关。2018 年 12 月，原大连出入境检验检疫局、原大窑湾出入境检验检疫局转隶至大窑湾海关。2018 年 12 月、2019 年 2 月、2021 年 6 月，逐步完成内设处级和科级机构的职能和人员调整优化。

▲大窑湾海关办公大楼

2021 年，大窑湾海关坚持以习近平新时代中国特色社会主义思想为指导，坚决贯彻党中央、国务院重大决策部署，认真落实总署和大连海关工作要求，全面深化“五关”建设，强化监管优化服务，统筹推进新冠肺炎疫情防控和促进外贸稳增长，圆满完成全年工作任务，实现“十四五”发展良好开局。年内，监管进出口货运量 2,445.95 万吨，监管国际航行船舶 4,862 艘次，完成两税入库 134.98 亿元。进口报关单 17.61 万票，出口报关单 53.17 万票。精心组织庆祝建党 100 周年系列活动，扎实开展党史学习教育取得实效。关党委以“十个一”为载体，通过“学、观、讲、测”等方式，提升党史学习教育效果。将“我为群众办实事”实践活动贯穿党史学习教育全过程，重点打造“国门安全”“便民利企”“暖心聚力”3 项工程，推动“8+32”项措施落实落地。

【新冠肺炎疫情防控】2021 年，大窑湾海关实施“14+7+7”集中封闭管理，严格落实“四必须”“五件套”“六个不”要求，形成完备管理制度；建立新冠肺炎疫情防控常态化内部督导检查机制，开展督导检查 28 期，推动问题整改 93 项。严格按照“三查三排一转运”和“7 个 100%”要求，落实对换班船员的各项监管措施。开展进口冷链食品和非冷链货物风险监测；严格监督集装箱预防性消毒。

▲2021 年 3 月 4 日，大窑湾海关关员对入境船舶实施登临检疫

【国门生物安全】2021 年，大窑湾海关加强口岸动植物疫情防控，严防非洲猪瘟、沙漠蝗、高致病性禽流感等疫情传入。加强病媒生物监测和国门生物安全监测，全国首次在进境捷克云杉原木中截获松材线虫，在大连关区首次发现三裂叶豚草。坚决筑牢生物安全防线，全年检出有害生物 239 种、3,678 种次。

【进口食品安全】2021 年，大窑湾海关贯彻落实习近平总书记提出的“四个最严”要求，不断完善进出口食品安全治理体系和治理能力建设，检出不合格进口食品 16 批次。在“国门利剑 2021”专项行动中，查扣走私洋酒 2 万余瓶、查证 7 万余瓶，以实际行动维护口岸进出口食品安全。

【国家生态环境安全】2021 年，大窑湾海关坚决禁止“洋垃圾”入境，查获非法进口固体废物超千吨。严厉打击象牙等濒危物种及其制品走私，查发涉嫌濒危物种 11 批次。

【进出口商品质量安全】2021 年，大窑湾海关持续优化进出口商品检验模式，严把商品质量关。继续强化危险化学品及其包装检验监管，检出初次检验不合格货物 1,207 批次。查获 4 起知识产权侵权案件，首次查获奥林匹克五环图案标志侵权案件。

▲2021 年 7 月 8 日，大窑湾海关查获侵权轴承

【改革创新监管模式】2021 年，大窑湾海关完成 H2018 3.0 系统切换运行及业务流程规范整合。推动进口粮食“两段准入”附条件提离改革政策实施落地。推广应用“船边直提”“抵港直装”模式，完成监管作业 8.3 万余箱。采取“快改入销”等 4 项措施助力大连口岸平行车进口超千辆。推进特殊监管区域主动披露应用改革试点落地。参与总署智能审图“误报直通车”项目。拓宽无人机等科技设备辅助监管工作范围，开发上线网上辅助平台及手机应用程序。创新“互联网云核查”监管模式，强化保税监管，提升监管效能。推进“数智综保”建设，卡口监管、

围网监控等持续优化。

【优化口岸营商环境】2021年，大窑湾海关推广“云签发”、电子签证、“互联网+”办公模式。起草全国海关首个氢燃料电池车查验指导性文件，完成北京冬奥会首批140台进口车辆顺利通关。首次监管“纯氢燃料电池系统”气密试验，助力首台设备顺利出口。优化换船改配操作流程，实现减免金额700余万元。推进压缩通关时间，完成全年通关时间压缩至2017年的50%的任务目标。助力大窑湾辖区首家供船免税商店完成总署验收、顺利运营。服务“一带一路”增量扩线，全年出境中欧班列87列。完成大窑湾综合保税区升级改造和验收工作，助力大连正式进入“双综保区时代”。拓展行业新业务领域，东北地区首家进境粮食保税加工饲料企业落地大窑湾综合保税区。首批进口“跨境电商鲜活商品”实现顺利售卖，监管零售进口清单1.1万票。

▲2021年9月2日，大窑湾海关关员快速验放农机设备，确保秋收一线生产供给

【查缉走私】2021年，大窑湾海关严格落实构建防控、监管、打击一体化海关打私体系要求，统一“两简”案件、一般案件线索移交流程。深入开展“国门利剑2021”专项行动。在全国率先开展打击货运渠道集装箱伪瞒报走私专项行动。年内，“两简”案件立案近600起，一般案件立案近200起，刑事立案20余起。2起案件被列入总署缉私局挂牌督办，1起被列为行政大要案。

【队伍建设】2021年，大窑湾海关修订完善党委工作规则，健全议事内容目录清单，党委工作规范化、标准化水平持续提升。巩固“强基提质工程”质效，组织开展第一批“四强”党支部复核评选和党建品牌复核认定，6个基层支部被评为大连海关第二批“四强”党支部。高度重视“现场监管与外勤执法权力寻租”专项整治，多渠道公示专项整治有关情况。扎实开展纪法教育和警示教育，全面开展风险排查和问题整改，完成个人申报400余份，累计对6大类51项风险类别条目进行分解，查摆81个一线执法领域廉政风险点。

（撰稿人：王洪涛）

大连周水子机场海关

【概况】大连周水子机场海关前身为大连机场海关，于2003年5月经国务院批准设立，2005年8月正式开关。2018年4月原大连机场出入境检验检疫局转隶至大连机场海关，同年12月根据总署批复，正式组建大连周水子机场海关，原大连机场海关、原大连机场出入境检验检疫局的全部业务划归大连周水子机场海关。

▲大连周水子机场海关办公大楼

2021年，大连周水子机场海关（以下简称“机场海关”）在署关两级党委的坚强领导下，认真贯彻落实两级海关工作会议精神，以“质量提升年”为抓手，统筹推进新冠肺炎疫情防控和促进外贸稳增长，圆满完成全年工作任务。年内，监管进出口货运量5.90万吨，监管快件总量172.60万件，入库税收24.83亿元，监管进出境航班2,126架次，查获各类走私违规案件233起。

【新冠肺炎疫情防控】2021年，机场海关始终将新冠肺炎疫情防控作为首要政治任务，严格落实登临检疫、航空器终末消毒等各项防控措施和要求，完成口岸入境人员新冠病毒核酸采样3.15万份。完成高风险非冷链货物采样3.49万份。实施“14+7+7”集中封闭管理，完成12期集中封闭管理工作。搭建机场海关疫情防控体系，调整完善指挥部工作职责，形成各类方案预案300余份。组建疫情防控视频督查专班，发布专项整改联系单106份。

【海关监管】2021年，机场海关始终将监管作为履职尽责的第一要务，强化全链条监管，开展“清邮”行动、“断链刨根”行动，查处违规申报报关单2,358票。持续抓好安全生产，打好专项整治攻坚战，检出不合格危险化学品92批次。加强监管场所管理，补充完善地理信息219条。强化对快件、旅客行李、跨境电商等渠道的检疫查验，积极应对疫情背景下复杂的执法环境，持续保持打私高压态势。

【国门安全】2021 年，机场海关深入贯彻落实总体国家安全观，积极开展国门生物安全宣传，坚持多病同防，严防疫情叠加。全面强化国门生物安全屏障，建立健全重大疫情疫病突发应急处置预案，加大对重点输入国家和地区的风险评估力度。全年，检出有害生物 4 批次，非贸易渠道截获外来入侵物种 22 批次。

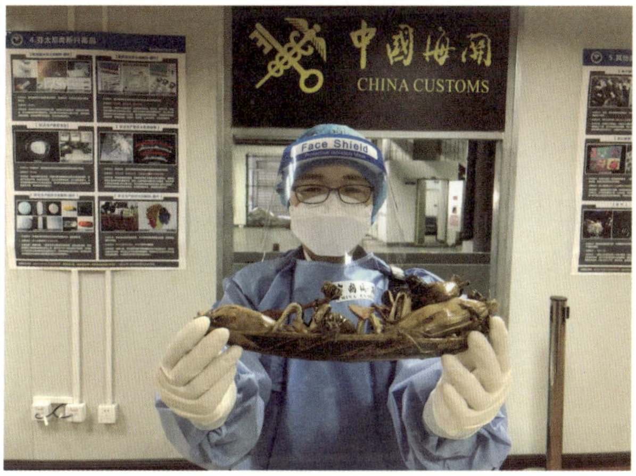

▲2021 年 5 月 11 日，机场海关在进境包裹内查获魔花螳螂卵鞘

【营商环境】2021 年，机场海关充分发挥海关职能作用，牵头建立空港口岸通关时效综合协调工作机制，采取“跟踪催报”“跟进催缴”“跟随确放”等措施，全年进口通关时间较 2017 年压缩 65%。为企业量身定制便利化监管举措，完成跨境生鲜、智利羊驼等进口业务便利化通关保障，全年解决企业各类“急难愁盼”问题 110 个。

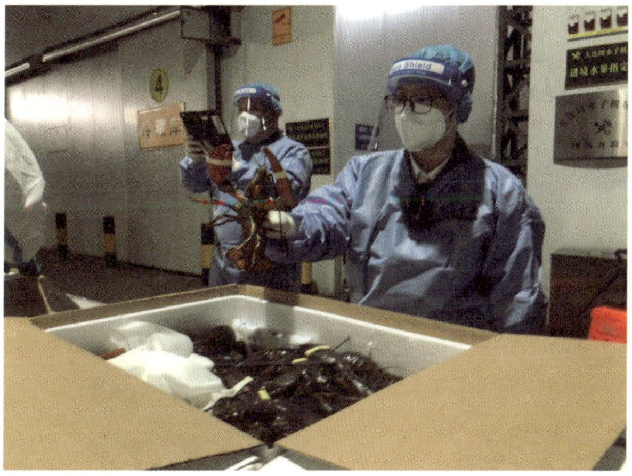

▲2021 年 4 月 30 日，机场海关关员查验跨境生鲜货物

【服务发展】2021 年，机场海关积极推进“放管服”“证照分离”等业务改革举措，在辖区内推行“告知承诺制”许可方式，实现公共场所类型企业先经营后审核。优化关企联络员制度，大力推广“提前申报”“两步申报”“两段准入”等海关改革举措，推出“云监管”“云协作”等多项便利化措施，全天候为企业提供通关保障。主动送政策稳信心，拓展保税仓储范围和航油提量供应空间，帮扶企业纾困解难。

（撰稿人：蒋艳双　韩　茜）

北良港海关

【概况】北良港海关于2019年1月25日启动筹建工作，2019年7月16日获得总署正式批准开关。2019年7月19日举行挂牌仪式。

▲北良港海关办公大楼

2021年，在大连海关党委的坚强领导下，在地方党委政府的大力支持下，北良港海关以政治建设为统领，认真落实“质量提升年”要求，全面推进“五关”建设，统筹抓好口岸疫情防控和促进外贸稳增长，较好地完成全年各项任务目标，建设“一流强关”取得新成绩。全年受理报关业务4,981批次，同比增长18.50%；监管进出口岸货运量6,439.80万吨，同比减少6.60%，货值1,436.10亿元，同比增加42.70%；监管进出境船舶1,883艘次；完成税收112.39亿元，同比增长18.39%；办理海关事务总担保657批次，涉及担保金额96.25亿元；完成公式定价备案审核439批次，完成价格审定599批次；为企业办理政策性退税19批次，17.47亿元。

【国门安全】2021年，北良港海关严格落实总署、大连海关及联防联控机制工作要求，完善进境船员应急处置预案，开展应急处置演练，强化监督检查，严格落实登临检疫，规范入境船舶终末消毒监督，加强与地方政府联防联控沟通，确保新冠病毒阳性船员无缝对接、闭环管理。持续提升口岸核心能力，加强口岸卫生监督，明确辖区8个口岸单位医疗垃圾清运责任。严格落实一线人员封闭管理，制订

“1+6”集中封闭管理工作方案和44项常态化关心关爱措施。积极推动埃博拉病毒等口岸重大传染病多病同防，严防疫情叠加。完成杂草、舞毒蛾、草地贪夜蛾、美国白蛾等共6项国门生物安全监测任务，进行34次分项监测。全年，截获检疫性有害生物28种、897种次，同比分别下降6.7%、增长89.2%；截获一般性有害生物182种、7,479种次，同比分别增长2.3%、90.4%。

【海关监管】2021年，北良港海关与大窑湾海关、金普海关签署三方法治共建合作备忘录，开展“宪法周”“海关法治宣传日”等法治宣传教育8次。推动关区10家监管作业场所全部整改达标，监控视频摄像头在线率保持99.3%。强化危险化学品安全监管，升级建设“液体产品计量系统”，实现智能化闭环监管。推广新一代电子支付、关税保证保险、汇总征税等改革措施，办理海关事务总担保共计657批次，涉及担保金额96.25亿元。运用集团财务公司担保模式为企业减少资金占用3.8亿元。加强规范申报管理，全年规范申报率99.42%。完成公式定价备案审核439批次，完成价格审定599批次。科学规范压缩口岸通关时间，全年进口、出口整体通关时间分别为21.43小时、2.3小时。完成对行业标准《进出口商品容器计重规程：岸船间管线充满度的判定》的修订，研发推出具备自主知识产权的“物联网+汽车衡”监管模式。

【服务发展】2021年，北良港海关积极推进对进口原油、粮食、矿石等大宗商品实施“附条件提离”，进境粮食整体通关时长压缩27%，进口原油通关时长由72小时压缩至4小时，进口矿产品口岸堆存验放时间压缩60%。深化船供油监管创新，办理时间由3~5天缩短为1小时。创新推出进口液化天然气“转场检查”措施，船舶滞港时间由2天压缩至3小时。优化保税原油出库监管手续，每票减少检测化验项目12项。推动全国首次“保税筛矿+国际中转”业务正式落地，6.16万吨保税筛矿产品中转出口韩国，助力保税矿石加工业务实现“双向发展”。北良港海关获评“大连市2021年度自贸试验区制度创新案例贡献单位”，船供油监管模式创新获评辽宁省“优化营商环境最佳实事”，“进境矿石全流程智能监管”“物联网+汽车衡”“船供油出入库无纸化办理”3项创新入选辽宁省第五批自贸创新经验。

▲2021年10月19日，全国首批铁矿石“保税筛矿”国际中转业务在大连港矿石码头装船出口

【东北亚粮食中心港建设】2021 年，北良港海关推动与大连自贸片区管委会、北良公司签署战略合作备忘录，促进大豆、玉米等民生物资扩大进口，政策措施惠及北良和10家粮食生产加工企业。支持中国麦芽产业多元化采购，高效验放中国首批1.8万吨进口乌拉圭大麦。持续亮化“进境粮食检疫全流程监管”创新品牌，升级无害化处理设施，完善视频监控网络，全面提升港区海关监管智能化水平。

▲2021 年 4 月 19 日，北良港海关高效验放中国首批 1.8 万吨进口乌拉圭大麦

【智能监管】2021 年，北良港海关建立进境铁矿石全流程智能监管系统，采用物联网、人工智能、大数据、AR（增强现实）等技术，集成无人机、监测仪、汽车衡、摄像头等设备，实现三维立体无人机全覆盖监管、进境铁矿石线上放射性监测、物联网衡器智能监管、AR 全景智能监管，水尺观测时长压缩 75%，减少人工监测约 5 万次/年。

▲2021 年 8 月 2 日，北良港海关关员操控无人机对进境铁矿石进行水尺检测

（撰稿人：史琼琳）

大连邮局海关

【概况】大连邮局海关前身为大连海关驻邮局办事处（以下简称“邮办处”），始建于1951年，是大连海关最早的派驻机构。1986年，邮办处属大连海关行李邮包监管处下属单位；1994年12月13日，邮办处升格为正科级派驻机构；1997年年初，邮办处升格为副处级派驻机构；2000年12月8日，邮办处（副处级）划归隶属机构——大连港湾海关（筹）。2001年4月6日，港湾海关（筹）驻邮局办事处调整为大连海关驻邮局办事处；同年4月12日，邮办处升格为正处级机构。根据《海关总署关于大连海关职能配置、内设机构和人员编制规定的通知》《大连海关关于大连邮局海关职能配置、内设机构和人员编制规定的通知》，2019年1月25日，大连邮局海关正式成立。

▲邮局海关办公大楼

2021年，大连邮局海关深入学习贯彻习近平新时代中国特色社会主义思想和党的十九届五中、六中全会精神，全面落实两级海关工作会议要求，以新时代“一流强关”为目标，以强化管理为主线，锻造“政治坚定、业务精通、令行禁止、担当奉献”的准军事化纪律部队，忠实履行海关监管职责，坚决筑牢国家邮路安全防线，不断优化口岸营商环境，提升海关窗口服务形象，认真落实总署“龙腾行动2021”“国门利剑2021”的相关要求，强抓国门生物安全和口岸环节反恐工作，努力开创邮局海关各项工作新局面。

【海关监管】2021年，大连邮局海关严格落实各项监管制度要求，加强口岸环节反恐维稳，实施安全生产专项整治。全年，监管进出境邮件118.99万件，其中进口92.76万件、出口26.22万件。监管跨境电商平台邮件2.66万件。退运违规邮件3,175件，同比上升57.96%。结关报关单3,868份，同比上升0.81%。税收入库1,782.22万元，同比上升57.74%。货物税468.71万元，同比上升19.96%。个人物品征税率43.55%。实征个人税1,185.66万元。查扣各类违禁印刷音像制品2,678件。

【服务发展】2021年，大连邮局海关将压缩整体通关时间工作纳入常态化管理工作中，创新通关管理方法，进口、出口整体通关时间分别为2.6小时、0.03小时。开展“营商环境就是我们自己”活动，落实“放管服”各项措施。参加大连电台《闻声知海关》栏目，做好“12360海关热线”问题的答复解释。支持邮政公司拓展国际业务市场，助力邮企提高物流管理能力和邮件处理速度。

【查缉走私】2021年，大连邮局海关贯彻落实习近平总书记重要指示批示精神，持续保持打私高压态势，加大查缉力度，发挥机检智能审图系统作用，加强关员的审图技能，提升非侵入式查发案件的能力。年内，查发象牙制品、管制刀具等案件9起，办结“两简”案件3起。

【国门生物安全】2021年，大连邮局海关坚决贯彻习近平总书记总体国家安全观和生态文明思想，多渠道提升全民安全意识，开展国门生物安全工作。完成邮递渠道邮袋、邮件的卫生检疫和检验检疫工作，强化非洲猪瘟全链条联防联控，对来自疫区的邮寄物品实行100%前置查验模式。推动国门生物安全宣传，利用全民国家安全教育日和海关国门生物安全教育日开展全民普法宣传活动。为大连自然博物馆国门生物安全专题展提供展品和派员做讲解。在盛文书店开设国门生物安全书角并提供国门生物安全相关书籍。参与喜马拉雅等新媒体的国门生物安全之声录制。截获甲虫、鼠妇、植物种子等外来物种信息被央视、辽宁卫视、大连电视台、“海关发布”“学习强国”等媒体报道。年内，截获禁止邮寄进境检疫物品270批次，其中动物产品247批次、植物产品9批次、特殊物品7批次；检出有害生物32种40种次。

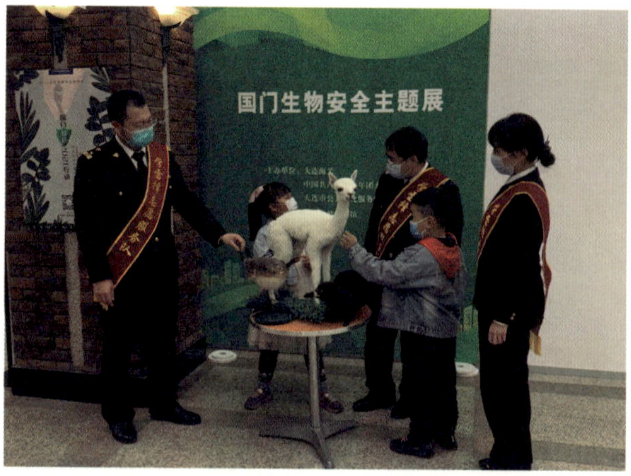

▲2021年4月15日，邮局海关开展国门安全系列宣传

【知识产权保护】2021年，大连邮局海关在“龙腾行动2021”工作中查获涉嫌侵权物品共计91批次，占大连关区查获涉嫌侵权物品总批次的64.5%，名列大连关区第一名。查获涉嫌侵权物品主要涉及服装、服饰、手表、鞋帽、配饰等物品，涉及路易威登、古驰、爱马仕、阿玛尼等20多个品牌。央广网、大连电视台等多家媒体对大连邮局海关查获侵权物品进行报道。年内，办结知识产权案件9起。

（撰稿人：张曼曼　熊国华）

七贤岭海关

【概况】 七贤岭海关前身为大连海关驻高新技术产业园区办事处，于2015年7月29日获总署批准设立，2017年12月28日正式对外办理业务。2018年4月20日，原大连出入境检验检疫局高新区机构筹备组并入大连海关驻高新技术产业园区办事处。2019年1月25日，大连海关印发七贤岭海关“三定”方案，七贤岭海关正式成立。

▲七贤岭海关办公场所

2021年，七贤岭海关深入学习贯彻习近平总书记系列重要讲话精神，贯彻落实党的理论和路线方针政策、中央重大决策部署，贯彻落实总署、大连海关党委各项决策部署，以“五关”建设为引领，以“质量提升年”为抓手，不断强化政治机关建设，发挥属地海关作用，立足高新区发展和企业实际需求，促进外贸发展稳中提质。收到各级通报表扬和感谢函8件。2人分别荣获大连海关优秀共产党员、优秀党务工作者称号，1个组织荣获先进基层党组织称号。在“庆祝中国共产党成立100周年专题”等征文活动中荣获一等奖1篇、二等奖1篇、优秀奖2篇。年内，七贤岭海关进出口货值2,544.48万美元，同比增长329%；进出口报关单714票，同比增长6%；征收税款432万元，同比增长636%；梳理19个自贸协定项下原产

▲2021年10月21日，七贤岭海关党总支开展“感悟红色印记”行走党课

地政策差别，原产地证书系统自动审核覆盖率达76%；为企业解决签证问题60余项，签发原产地证书1,337份，签证金额5,873.5万美元；办结“两简”案件3起。

【海关监管】2021年，七贤岭海关建立规范申报企业专属数据库，更新申报数据300余条，规范申报率达99.5%，上报《中华人民共和国海关进出口商品规范申报目录及释义》修订意见5条、规范申报常见差错审核指引1条，提出7条税政调研建议，其中3条被大连海关采纳并上报总署。加强进出口食品安全监管，制订《七贤岭海关进出口食品安全监管业务工作方案》，辖区企业出口食品被国外通报退运保持“零纪录”。进口属地查检作业200票，出口报检单审核放行1,167票；拟制检验检疫证书等835票。核查指令及时办结率100%。对辖区62家跨境电商平台和电商企业进行信息验核和调研，网上巡查30余个风险问题；对辖区3家企业下调信用等级，对1家失信企业进行信用公示。

【营商环境】2021年，七贤岭海关落实“企业协调员”和“百人千企，一企一策”对口帮扶机制，培育有意愿申请一般认证企业4家。对辖区1,200家企业“精准画像”，有效推进“放管服”改革，与大连市高新区市场监督管理局联合取消3项证明材料，许可改备案事项办理时限由20个工作日缩减至5个工作日；无纸化、零见面为284家企业办理企管业务。研究制定“我为群众办实事”实践活动重点民生项目清单，5个重点项目15项具体措施的相关问题均得到有效解决。向“关企业务联系群”的500家企业定期发布海关政策，收集意见建议，第一时间反馈解答，帮助企业尽享政策红利。年内，七贤岭海关复核通过辽宁省精神文明单位称号。

【助力春耕】2021年，七贤岭海关设立“绿色通道”，专人专岗提前掌握企业复工复产计划和出口安排。鼓励企业利用“单一窗口”申报，实行企业出口检验检疫申报全程无纸化，预约报检随到随验。从“源头监管”做起，探索风险评估与监控检测相结合工作模式，加强技术帮扶指导，压缩整体通关时间，保障春耕物资高效通关。年内，监管出口种子75批，货值1,080万元，7个蔬菜和花卉品种远销日本、比利时、美国、荷兰等。

▲2021年4月13日，七贤岭海关关员在种子繁育基地了解种植情况

【助推自主创新】2021年，七贤岭海关开展政策宣讲和企业调研，需求挖潜，选取重点企业培育孵化，备案服务外包手

册232本，备案金额1,593.89万元，完成7家技术先进型企业服务外包手册监管模式切换，推动服务外包转型升级。发挥政府、海关、企业互通互联一体化帮扶合力，激活高新区发展动力，指导企业用足用好各项税收优惠政策，提前申报、原产地证签发、装运前检验、即时查验等便捷的通关措施实现出口“一条龙”服务，助推中国制造“走出去”，实现国内国际双循环。年内，监管出境新能源汽车生产装备2,500万元，同比增长1倍多。

▲2021年5月24日，七贤岭海关关员开展出口前监管工作

（撰稿人：王雨葳　李辉林　娄晓燕）

金普海关

【概况】金普海关前身为大连经济技术开发区海关，于1985年筹建，1992年10月28日正式开关。2018年12月29日，金普海关按照新“三定”方案完成内设机构职能和人员调整，承担原开发区海关、原大连海关保税区办事处、原大连出入境检验检疫局本部及保税区办事处属地监管业务。

▲金普海关办公大楼

2021年，金普海关坚决捍卫“两个确立”，做到“两个维护”，坚决贯彻落实习近平总书记重要指示批示精神和党中央重大决策部署，扎实开展党史学习教育系列活动，统筹推进口岸疫情防控和促进外贸稳增长工作，全面提升“五关”建设工作质量，推动各项工作取得新的进步。年内，金普海关设立手册8,018本，结案7,907本；监管实际进出境报关单15.6万票，货值183.2亿美元；完成税收总额15.5亿元人民币；审批出入境检验检疫50,367批次，货值213.2亿元人民币；完成进出口商品查检作业9,066批次；签发检验检疫各类证单11,853份，签发产地证12,862份，签证金额7.7亿美元。

【政治建关】2021年，金普海关强化党建引领，3个党支部获评“四强”党支部，1个党支部获评党建示范品牌，1个党支部获评党建培育品牌，10个党支部共建帮扶。深入开展党史学习教育，组织“七个一”（撰写一篇百年历程体会文章、培养一批“红色讲解员”、举办一次党史知识竞赛、组织一次“歌唱党”歌咏比赛、开设一堂党史“红色讲坛”、组织一次关企党建联建、解决企业群众一个问题和难点）等系列活动，开设“云上展馆”，组织“红色讲解员”活动，评选“五佳讲解员”。履行全面从严治党第一责任人职责，研究下发《2021年金普海关全面从严治党工作会议重点任务分工表》，明确 6 个方面 36 项具体任务。导入过程控制理念，将廉政风险防控与业务流程管理相结合，梳理业务流程 144 个，覆盖 1,416 个业务风险点，编制属地型海关全业务流程廉政风险研判手册。建立“反围猎”风险识别、“八小时”外干预和制度运行效果评估 3 项机制。

▲2021 年 3 月 24 日，金普海关关员通过“云上展馆”学党史

【新冠肺炎疫情防控】2021 年，金普海关将新冠肺炎疫情防控工作列为周例会常规议题，召开防控指挥部专题会议 19 次，制定业务操作指南、应急处置预案共 16 个，开展新冠肺炎疫情防控检查督查 22 次。强化人员防护和健康状况监测。购入高精度测温仪，加强日常体温监测，严格测温、验码、登记制度。严格开展新冠病毒核酸检测，核酸检测 100 余次，6,300 余人次。开展防护服穿脱培训及演练和职业暴露演练 5 次。制订《金普海关保税仓库二线出库冷链食品安全监管工作人员封闭管理工作方案》和《金普海关保税仓库二线出库冷链食品安全监管工作人员封闭管理实施细则》，积极开展培训，规范作业要求。开展 4 批 8 人次二线进口冷链食品监管人员封闭管理，完成目的地查验指令 49 票。

【国门安全】2021 年，金普海关抓好进出境危险货物监管安全整治，检出 8 批危险货物包装不合格。严防“洋垃圾”进境，检出进口工业品不合格 96 批次，进口退运销毁 7 批次。严抓国门生物安全，截获有害生物滑刃属线虫 5 批次。严密食品安全监管，推动成立金普新区出口食品农产品安全联合监管领导小组，建立多元共治协调联动机制。强化属地监管责任，全年出口食品国外通报 1 批次，出口食品安全监管多项措施的采用取得良好效果。开展关区涉危企业风险排查，巡查监管场所 3 个，涉危监管场所均符合要求。印发《金普海关安全生产专项整治三年行动实施方案》，成立工作专班，建立问题隐患和制度措施“两个清单”，建立与口岸海关联系配合机制，修订完善制度文件。与

▲2021 年 6 月 28 日，金普海关与大连自贸片区签订“三互一协同”合作备忘录

地方安监部门联合发布“三互一协同”应急监管新模式，推动高效规范联合执法，提升监管效能。加大打私力度，增强查发能力，完成木材企业、跨境电商企业、特殊区域企业专项核查工作，发现问题企业34家；办结行政大要案1起，案值5,000余万元。

【服务发展】2021年，金普海关收集企业所思所盼问题清单30余项，“出实招”解决企业问题，形成16个典型案例，其中2个案例被总署《金钥匙》刊发。深化“百人千企”运行机制，第一时间适配集中征税、选择性征税、内销货物免征缓税利息等一系列政策。继续挖掘加贸集中审核作业制度优势，提升审核效率，手册设立占全关区75%以上。创建大连关区首家保税集团加贸监管改革试点企业，支持集团内企业间互相自由存放保税料件和余料结转、设备结转，取消外发加工备案、减免全工序外发加工担保等业务，每年节省相关费用超100万元。加大AEO企业培育力度，关区有高级认证企业46家。继续巩固压缩整体通关时间成效，优于大连海关关区整体水平。推进“证照分离”等改革，报关单位备案100%网上办理，时限压缩20倍。

【改革创新】2021年，金普海关创新提出进口货物目的地查检新模式，即“云眼查”，充分利用“5G+AR”信息化技术，对进口货物实施远程查检，实现“随到随查随放随用”，企业人员无须再往返海关和现场，可避免出现“货等人”的现象，降低企业成本；“云眼查”项目获得海关总署自贸创新案例备案，入选大连市数字应用场景一号项目，其专属“AR眼镜”已获得国家知识产权局实用新型专利授权。年内，金普海关于2020年首创的“云签发”项目被辽宁省政府以第一名上报商务部申请在全国复制推广；“云系列”便利通关新模式入选总署“我为群众办实事”百佳项目。

中国国門時報
ZHONGGUO GUOMEN SHIBAO
2021年5月14日 星期五 今日八版 第89期 总第5688期
中华人民共和国海关总署主管
国内统一连续出版物号 CN11—0249
代号：1-232

畅通“最后一公里”
——金普海关创新“云上海关”提升跨境贸易便利化水平

“十四五”开新局

▲2021年5月14日，《中国国门时报》头版头条报道金普海关促进贸易便利化举措

▲2021年11月9日，金普海关关员正在进行进口货物目的地检查新模式“云眼查”作业

【优化升级综合保税区】2021 年，金普海关助力完成湾里综合保税区升级改造和验收工作，4 月 23 日正式通过验收。提前布局落地 21 条措施，继续优化区内通关便利化工作，助力湾里综合保税区新发展格局。全国首创委内加工进口商品“合格保证+验证+质量追溯”监管新模式，助力企业连续 4 年取得逆势增长；保税研发业务取得新突破，区内新增产品 153 项，新增产值约 1,500 万元；推出“区区联动”创新监管举措，解决区内企业仓储难题；深化细化“英特尔”模式，形成一批解决企业新问题、新困难的有效做法。支持跨境电商“园中园”项目开工建设，综合保税区验收后首家“即买即提”体验店正式营业。在金普海关支持和推动下，湾里综合保税区在 2021 年全国综合保税区发展绩效评估中被评“双 A”，是东北地区首个“双 A”综合保税区。

（撰稿人：汤志坚）

金石滩海关

【概况】金石滩海关前身为大连保税区海关，于1993年筹建，1996年11月12日经国务院批准正式开关。2019年1月25日，金石滩海关正式组建，原大连地区各隶属海关的稽查业务都划归由金石滩海关承担，金石滩海关成为全国第一批稽查专业化集约型隶属海关。

▲金石滩海关办公大楼

2021年，面对世纪疫情的重大考验和全面履职的繁重任务，金石滩海关全关上下统一思想，坚决按照大连海关党委提出的“防好风险、带好队伍、改革创新、完成任务”的工作目标努力奋进，树立“坚持旗帜鲜明讲政治，坚持聚焦主业强监管，坚持立足本职促创新，坚持严守底线防风险”的治关理念，树立“查发导向”的工作思路，制定“以管为主”的工作总基调，落实大连海关“质量提升年”方针要求，全面推动各项工作高质量发展。

【党建工作】2021年，金石滩坚决落实“第一议题”制度，充分发挥党委理论中心组学习带动作用，围绕十九届四中、五中、六中全会精神和习近平总书记的重要讲话精神，以及纪法教育、廉政警示教育等内容开展集中学习28次。高度重视党建工作，扎实推进党史学习教育。依托“金石云”平台，开展“云竞赛”5次、“云讲堂”10期、“云打卡”红色地标6处，与系统内外7个单位开展联建共建，组织线下志愿和参观活动17次，并在关区会议进行经验交流。党建信息宣传被总署采用19篇，被大连海关采用31篇，被《金钥匙》采用4篇，被“梦海连天”公众号采用14篇；党史学习教育文章被《中国国门时报》刊登2篇。推动青年理论小组学习，通过开展座谈交流、观看党史微纪录片、唱红歌等多种形式，教育引导青年干部进一步深入学习党的光辉历史、深刻汲取砥砺奋进力量，推动党史学习教育走深走实。

▲2021 年 6 月 30 日，金石滩海关青年理论小组开展“学党史　守初心　担使命”集体学习活动

【正面监管】2021 年，金石滩海关办结稽查作业 344 宗，办结主动披露作业 36 宗。开展特许权使用费、固体废物加工企业、两轮再生金属、特殊监管区域出口钢铁、进口红酒、跨境电商 7 轮专项稽查行动，涉及企业 149 家，有力维护国家税收安全和检验检疫准入安全。查发以低报价格的方式走私进口粗氧化锌、镍钴混合物等累计 240 票；查发 4 家关联企业进口香

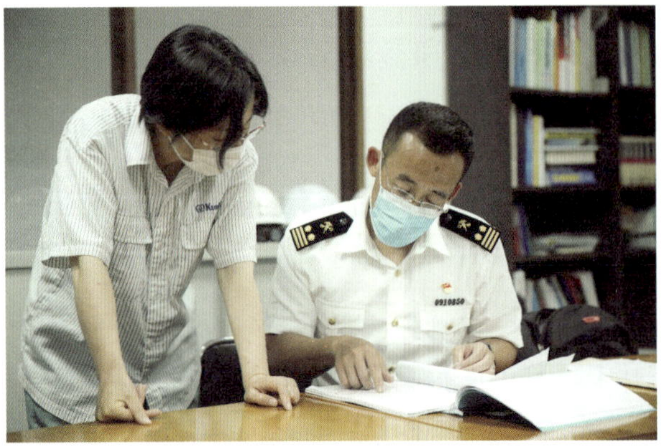

▲2021 年 8 月 13 日，金石滩海关关员到企业开展实地稽查

蕉低报运费和成交价格情事，与缉私部门启动共同经营合作办案机制，共同行动，充分发挥海关稽查的威慑和规制作用。

【稽查改革】2021 年 11 月，总署正式启动稽查业务改革，树立“查发导向”的工作思路，将以往体检式稽查改变为查发式稽查。金石滩海关迅速转变工作理念，结合关区业务特点，加强同法规、缉私、风险、关税等部门的深入联系配合，健全常态化分析研判机制，拓宽工作思路，拓展稽查空间，提升稽查的精准度。细化调整稽查科室职责分工，按照海关监管行业实施专业化分工，保证稽查岗位以差异化体现专业化。承接办理自主查发的行政处罚案件（简易程序案件、快速办理程序案件及检验检疫一般程序案件）工作职能。推荐署级稽查专家 1 人、关级稽查专家 9 人，依托“稽查蓝军基地”实训体系，开展经验交流，打造以业务骨干、专家能手带头的以点带面的工作机制，激发带动一线稽查人员干事创业热情。

【服务社会】2021 年，按照大连海关“我为群众办实事”实践活动安排，金石滩海关党委秉承“求实效、干实事”理念，积极服务地方经济社会。帮助守法企业用对、用足、用好主动披露政策，广泛开展政策宣讲，“一企一策”精准帮扶企业纾困解难，充分释放制度红利。年内，

▲2021 年 6 月 7 日，金石滩海关开展“我为群众办实事”实践活动，深入企业开展调研

为 36 家合规企业办理主动披露相关事宜，获得企业赠送的锦旗 3 面。组织人员 3 次深入社区开展防疫、宣传等志愿活动，多次开展帮扶脱贫地区活动，获得社区及脱贫地区的感谢信 2 封。

（撰稿人：余　沛）

大连港湾海关

【概况】2000年1月，国务院批准设立大连港湾海关筹备处。2003年6月，国务院和总署同意设立大连港湾海关，隶属大连海关，对外全称“中华人民共和国大连港湾海关”。2006年8月9日，大连港湾海关正式开关。2019年1月25日，大连海关明确机构改革后大连港湾海关的职能配置、内设机构和人员编制规定，在原有业务基础上，大连港湾海关还承担原大连出入境检验检疫局大连湾办事处、长海办事处所有业务和港湾办事处部分业务。

▲大连港湾海关办公楼

2021年，大连港湾海关在总署和大连海关党委的坚强领导下，以改革创新为动力，以“质量提升年”为抓手，以构建“和谐港湾、活力港湾、事业港湾、清廉港湾”为基本理念，全面推进“五关”建设，坚决筑牢国门安全防线，扎实做好常态化疫情防控，全力促进外贸稳增长。年内，港湾海关监管进出口货运量1,539.4万吨，进出境船舶1,932艘次，接受申报报关单3.73万份、快件287.1万票，监管免税品货值3.39亿元；签发原产地证书2.1万份，设立加工贸易手册3,441本，变更4,495本，核销结案3,886本；入库税收24.8亿元。

【党的建设】2021年，大连港湾海关坚持把学习贯彻习近平新时代中国特色社会主义思想作为首要政治任务，开展集中学习62次、扩大学习4次，党委成员讲授党课6次，各级党组织开展专题研讨111次。党委班子开展党史专题学习研讨10次，深入研讨4次，组织各级党组织书记讲授党史专题党课62次。开办党史学习专训班。组织庆祝建党100周年系列活动，通过祭奠革命英雄、党史知识竞赛、书画作品展览、红色经典诵读等活动，强化党性修养。新评选“四强”党支部3个，党建培育品牌1个，打造“线上支部”和

“躬身入局”工作法；成立“冷链监测工作组临时党支部”。年内，5名同志获评大连海关优秀党员，4名同志获评大连海关优秀党务工作者，2个党支部获评大连海关先进基层党组织，收到企业赠送锦旗8面、感谢信9封。

【口岸疫情防控】2021年，大连港湾海关召开26次指挥部会议，统筹完善“一线、预备、应急”3个梯队建设，组织80余人次支援一线，开展防疫技能培训和实操演练，增强现场人员的战斗力和防护能力。主动加强同地方政府间的联防联控，明确“四方责任”，理顺处置流程，确保闭环管理。坚持“多病同防”原则，严防埃博拉病毒病、黄热病、非洲猪瘟等传染病叠加。检疫查验出入境船舶1,319艘次。完善优化散货冷藏运输船监管方案，明确“一船一策”，压紧“四方责任”，合力阻断疫情传播路径。监督冷链货物预防性消毒5,000余吨，监管出入库9.5万吨。

【国门安全】2021年，大连港湾海关持续推动三级监控指挥中心实体化运作，强化现场监管业务常态化运行监控。规范监管作业场所管理，视频点位232个，摄像头在线率99.01%。利用“物流链可视化管理系统”和“智能GPRS运输车辆定位系统”发现违规情事6起。强化进口食品准入管理，查获5起进口食品违规情事，出口食品不合格通报保持“零记录”。快件监管现场加强智能审图技术应用，实现快件渠道侵权物品零查发的突破。在旅检现场新建“进境负压隔离室”，配备核酸检测仪、卫检智慧通道等设备，提升口岸核心能力。开展安全生产专项整治，组织开展3轮全领域风险排查。加强口岸动植物疫情防控，查验非洲猪瘟疫区进境船舶355艘次，截获病媒生物318只，监测发现检疫性有害生物桔小实蝇和意大利苍耳，检出进境动物疫病3项次。

▲2021年8月3日，大连港湾海关退运扇贝壳固体废弃物1,423.8吨

【查缉走私】2021年，大连港湾海关多次召开专题会议分析研判走私形势，部署强化监管打击措施，压紧、压实反走私责任。认真落实打私量化任务，在海关监管中查发的案件线索应交尽交、应移尽移。年内，查获各类案件453起，其中1起走私毒品进境案被列为总署缉私局一级挂牌督办案件，现场缴获毒品可卡因约200千克，这是近年来东北地区查获数量最大的可卡因走私案件。成立专班调查出境竹木草制品涉嫌逃避检疫案件及其衍生出的行政处罚案件，立案329起，按期审

结执行完毕。

▲2021 年 5 月 11 日，大连港湾海关与口岸联检部门联合开展“净海 2021”专项行动

【服务发展】2021 年，大连港湾海关继续打好“保税 8+N 张牌”，推广“船舶企业单耗自核”“集团保税”等一系列改革举措，年内辖区出口船舶 89 艘，货值 18.6 亿美元。实施“采信第三方报告”“企业自查结果认可”等核查新模式，核查监管时长平均压缩 60%，措施经验在全国范围内复制推广。采用“云端签发、线下自取”的海关证书出具模式，证书出具时间由 24 小时缩短至 10 分钟之内。引导 60 余家企业优化原产地证书种类，帮助企业获得关税减让优惠 7,165 万美元。拓宽 AEO 企业认证渠道，培育企业 200 余家，指导 31 家企业获高级认证资质。跟进“辽渔船舶工程分公司监管场所建设”战略合作项目，该监管场所已正式通过验收。依托“百人千企”对口帮扶机制，为企业减免征收加工贸易保证金 1.6 亿元，办理各类退税 363 万元。撰写 4 篇税政调研报告，提出 8 项减税建议，其中 2 项被财政部采用。推广“提前申报+两步申报”通关模式；推行“互联网+海关”技术，实现线上审放、证书自助签领功能；对 5 类矿产品采取“先放后检”措施，口岸放行速度从 3 天压缩至 1 小时。

▲2021 年 10 月 21 日，大连港湾海关到输日稻草及制品热处理企业跟班作业，实地了解企业生产及海关现场监管情况

（撰稿人：王迎爽　王　辉　郝晓然）

旅顺海关

【概况】2018 年 12 月 14 日，总署批复大连海关“三定”方案。2019 年 1 月 25 日，旅顺海关正式成立，承担原大连海关驻旅顺办事处和原大连出入境检验检疫局驻旅顺办事处的相关职能。

▲旅顺海关办公大楼

2021 年，旅顺海关在大连海关党委的坚强领导下，坚持把学习传达和贯彻落实习近平总书记重要指示批示精神作为“第一议题”，全力以赴贯彻落实党中央重大决策部署和总署、大连海关党委的工作要求。坚持以“质量提升年”为抓手，聚力中心工作，狠抓工作落实，坚持新冠肺炎疫情常态化防控，强化海关监管，筑牢国门生物安全防线，持续优化营商环境与助力外贸增长，综合治理能力稳步提升。年内，受理报关单 3,990 票，税收入库 4,387.4 万元；签发各类检验检疫证书 2,067 份、各类原产地证 1,583 份，涉及签证金额 3.59 亿元，可为旅顺地区企业减免进口国（地区）关税 798 万元。监管货运量 107.7 万吨，监管货值 84.1 亿元。参加口岸登临检疫工作 557 人次，监管进出境（港）船舶 754 艘次。

【口岸疫情防控】2021 年，旅顺海关严格落实“三查三排一转运”、“7 个 100%”、两级安全防护监督员“3+2”工作制度与要求，形成严密高效的防控体系。关领导带头分析登临检疫工作风险，“一船一分析”“一船一方案”，制定现场“一令一动”操作规程，拍摄教学视频，确保规定动作 100%落实到位。坚持多病同防，现场作业严格健康排查，有效防范新城疫、埃博拉、非洲猪瘟等传染病叠加。

【海关监管】2021 年，旅顺海关实地巡查监管作业场所 96 次，视频巡查 250

次。坚持统筹安全与发展，按照海关工作“八个方面”重大安全风险排查出5个方面涉及企业安全风险的问题，监督、指导相关企业全部完成整改。创新科技监管手段，充分运用门户式辐射探测设备、无人机等科技设备，提升监管效能。获批成为大连海关首批进出口商品质量安全风险二级监测点，开展进出口商品安全风险监测，抽查商品不合格率为60%。

▲2021年12月17日，旅顺海关关员对进口钢材进行查验

【守护国门安全】2021年，旅顺海关扎实开展国门生物安全监测，在辖区水果种植基地监测到重大检疫性有害生物，有力保障地方农业发展安全。严格落实食品安全“四个最严”，督促企业建立质量安全体系，做到食品安全管源头、管生产、管质量。严格检疫处理监管，规范检疫处理单位资质、检疫处理方案、工作档案存留等环节，固化形成检疫处理监管自查互查等方式，有力提升检疫处理监管工作质量。

▲2021年9月17日，旅顺海关关员在监管场所进行有害生物监测

【服务发展】2021年，旅顺海关开展企业调研60余次，搜集解决企业问题10余个。引导企业集成使用“提前申报+两步申报+两段准入”等改革模式，进口、出口整体通关时间分别为0.09小时、0.05小时，同比分别压缩96.1%和90.7%。推进《大连海关支持船舶行业发展十项措施》贯彻落实，建立政策指导专班，引导企业充分享受政策叠加优势，破解原材料进口难题，出口船舶26艘、总货

▲2021年2月17日，旅顺海关关员在辖区船舶企业开展现场查验

值 31.9 亿美元。助力特色农产品、食品加工行业提升出口竞争力，辖区裙带菜加工出口企业实现出口货值 2.26 亿元。支持推动辽宁省首家活体保税仓库——大连善水海产有限公司公用型保税仓库于 2021 年 6 月正式建立。

【进境动物监管】 2021 年，旅顺海关严格做好进境动物隔离监管，形成成立隔离检疫监管工作组、科学制订工作方案、建立人员健康筛查制度、在准备工作阶段开展对隔离场督导检查、严防人畜共患病等监管工作方法，完成 3,494 头种牛、964 头羊驼、40 头矮马进境动物隔离检疫监管，有力保障优质种质资源安全引进，为实现地方畜牧业供给侧改革提供重要助力。

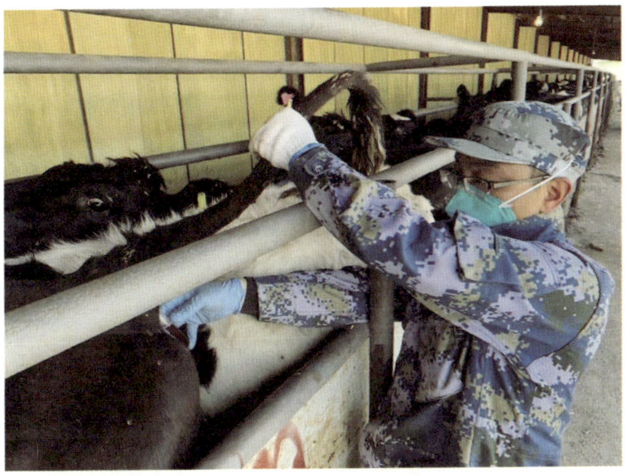

▲2021 年 8 月 15 日，旅顺海关关员对进境陆生动物进行现场检疫

（撰稿人：刘　凡）

庄河海关

【概况】庄河海关于2002年8月开始筹备，2010年1月8日正式开关。2018年4月，原大连出入境检验检疫局庄河办事处转隶至庄河海关。2018年12月，按照新“三定”方案，庄河海关正式组建。

▲庄河海关办公大楼

2021年，在大连海关党委的坚强领导下，庄河海关强化政治引领，深入学习宣传贯彻习近平新时代中国特色社会主义思想和党的十九届五中、六中全会精神，全面落实两级海关工作会议及全面从严治党工作会议各项部署要求，以“质量提升年”为抓手，紧扣“一流强关”内涵，坚持强化监管，持续优化服务，全力支持庄河地区经济社会发展。全年，完成税收3,083万元；货物进口报关单1,787票，同比增长0.9%；出具原产地证书1,553份，货值8,732.33万美元，同比分别增长5.5%和1.2%；缮制检验检疫证书1.09万份。

【政治建设】2021年，庄河海关牢牢把握政治机关属性，开展党委理论中心组学习16次、党委会集中学习40余次；扎实开展党史学习教育活动，充分释放支部活力，盘活各类资源，建立“读、荐、答、讲、行”五维度学习法，积极参与“三个一百”“党课开讲啦”系列活动，组织参观线上党性教育基地，发放党史学习资料100余次，增强党史学习教育实效；以“党建创品牌、支部创方法、党员创标杆”为抓手，深化提质增效，1个党组织获评关区第二批“四强”党支部，1个党组织获评大连海关基层党建示范品牌；扎实开展“现场监管与外勤执法权力寻租”专项整治工作，在全关范围以“五个一”（召开一次“以案为鉴”警示教育专题会议、主要负责人讲授一次专题廉政党课、开展一次普遍性谈心谈话、推送一条“廉政微语”、召开一次专题组织生活会）为抓手开展警示教育活动，强化清廉海关建设；扎实开展“我为群众办实事”实践活动，重点针对辖区水产企业开展调研，制定民生项目清单9项，解决群众“急难愁盼”问题23项，持续优化营商环境。

【新冠肺炎疫情防控】 2021年，庄河海关聚焦“五个到位”全面做好新冠肺炎疫情防控工作。结合疫情特点，庄河海关实际提出3个“充分认识”，统一干部职工思想，做到“认识到位”；在抗击“11·03”庄河新冠肺炎疫情期间，搜集各类法规文件、预警信息、标准共200余项，跟踪完善工作标准与制度机制，做到“标准到位”；与地方政府部门建立联防联控机制，明确查发、转运流程，各环节无缝衔接，确保主体工作不失位，关键节点有覆盖，做到“责任到位”；建立健全应急处置工作机制，通过“实时监控+视频回放”等方式强化疫情防控口岸一线执法作业日常督导检查，做到“落实到位”；严格落实“四必须”“五件套”“六个不”等工作要求，坚持“人、物、环境同防”，强化出入管理与消毒消杀，做到“效果到位”。

【海关监管】 2021年，庄河海关成立风险防控领导小组，对庄河海关整体业务进行梳理排查，推动业务标准化、流程化建设，对业务难点、重点进行培训，完善证书更改办法、权限管理、业务台账管理、属地查检流程等各类规章制度。全年，完成核查作业248家次，立案13起；办理“两简”案件1起。与庄河市自然资源局、庄河市市场监督管理局、庄河市公安局等8个部门联合开展“清风行动”执法检查，严厉打击野生动物非法贸易行为；与庄河市公安局、庄河市烟草局签订打私合作备忘录。

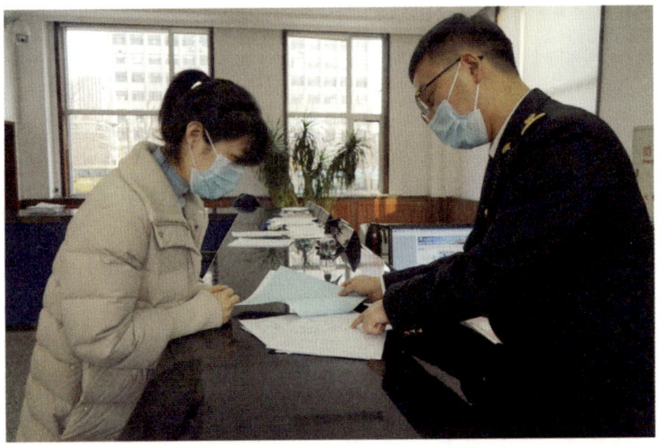

▲2021年10月26日，庄河海关关员帮助企业加急办理出口检验检疫证书的签证

【检验检疫】 2021年，庄河海关成立冷链封闭专班，依规做好冷链货物查验，持续强化个人防护培训考核。严防非洲猪瘟传播，采取统一指挥、分级管理、资源整合、信息共享的工作原则，保障辖区畜牧业生产安全，每周对辖区内疫情信息进行收集、整理、上报。强化生物安全监测，开展红火蚁、草地贪夜蛾、检疫性实蝇、苹果蠹蛾等6种监测任务。其中，植物有害生物监测设置监测点35个，监测160点次；水生动物疫病监控共完成13次取样，检测项目32项次；进行医学媒介生

物本底调查25次。强化危险化学品监管，全年完成危险化学品监管133批次，共计5,431吨，货值1,927万美元。

【服务外贸】2021年，庄河海关以现场管控、应急保障、调度应答等环节为切入点，持续压缩通关时间，全面提速增效，保畅助产。坚持“一企一策　一案一措”，新冠肺炎疫情期间实施检验检疫电子底账修改申请审批无纸化作业模式，加急办理出口检验检疫证书的签证，助力企业货物顺利通关。加强原产地签证，对RCEP相关政策进行三轮线上宣传，基本达到辖区企业全覆盖，保证企业享受到政策红利。自助打印证书数量较2020年同期提高52.7%，为企业节约成本近200万美元。落实行政审批“放管服”改革事项，缩减审批时间，降低企业行政成本。做好庄河港老码头硬件升级工作，完成庄河港“五室”搬迁改造。推进保税监管集中审核（水产行业）作业中心建设，建立水产中心审单复核机制。全年，水产中心共计设立手册758本，办理各类手（账）册变更1,810票；核销结案手册1,327本；办理厂外存放295票、外发加工343票；手册报核及时率、结案及时率均为100%。

【“大手册”管理】2021年，庄河海关进一步完善“大手册”管理办法，做到可复制、可推广，扩大“大手册”试点范围，产能规模由原来的50%左右提升至65%以上，并完成辖区内13家首批试点企业的全部核销工作。

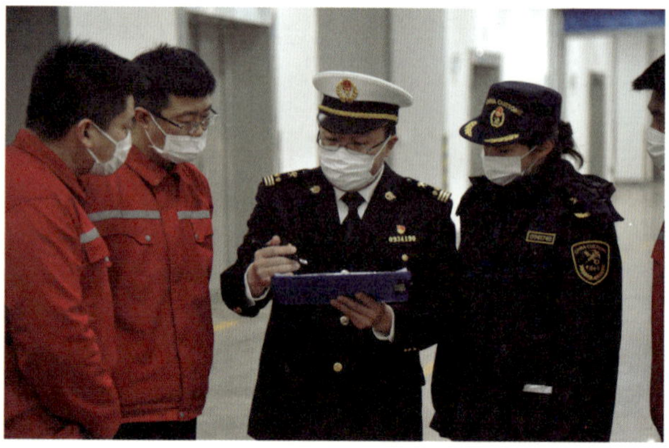

▲2021年3月23日，庄河海关关员正在对企业工作人员讲解“大手册”管理办法

（撰稿人：谷忠倩　赵书仪）

大连长兴岛海关

【概况】大连长兴岛海关前身为长兴岛海关，于2011年9月28日经总署批准设立开始筹备，2015年1月19日正式开关。2019年1月25日，原长兴岛出入境检验检疫局转隶至原长兴岛海关，正式组建为大连长兴岛海关。原长兴岛海关和长兴岛出入境检验检疫局口岸及属地业务全部划归大连长兴岛海关承担。

▲大连长兴岛海关办公楼

2021年，大连长兴岛海关上下齐心、团结奋斗，扎实推进“五关”建设，贯彻落实大连海关“质量提升年”工作目标，积极践行“仁爱、精进、担当、奉献”八字治关理念，以务实行动推动政治建关向纵深发展，各项工作保持良好的发展势头。全年，监管进出境船舶1,062艘次，贸易额135.9亿美元；加工贸易实际进出口总值10.19亿美元，同比增长112.8%；监管出口食品农产品1万余批次，较2020年翻一番，货值27.9亿元；入库税额118.45亿元，同比增长41%；受理船舶吨税申请182艘次，征收船舶吨税3,247万余元，同比增长89.6%。全年，办理“两简”案件9起、一般案件1起。

【党建工作】2021年，大连长兴岛海关坚持以饱满的政治热情和强烈的责任担当深入推进党史学习教育，开展13次中心组学习和30余次党支部集中学习。创新“党史365晨读半小时”学习品牌，举办3期“悦读百年经典”读书班，组织“我讲家乡党史”展示活动，开展“红色地标巡礼”，赴关向应纪念馆、普兰店烈士陵园、旅顺日俄监狱等教育基地开展沉浸式学习。打造以“率先垂范学+全员常态学”“线上指尖学+线下阵地学”“邀请进来学+常走出去学”“坚持系统学+结合实际学”为主要内容的“四学机制”，经验做法被总署政治部和天津特派办转发。为进一步提升基层党支部政治功能、组织能力、队伍管理能力，建立“链条式”支委责任落实机制，被列为总署“书记项目”。建立“我为群众办实事”两级实践台账、四类项目清单，其中创新进出口种苗监管模式、助力辖区特色农产品走进国际市场、解决辖区造船企业修船申报出口退税及修船废钢进口等民生项目取得积极成效，相关经验被共青团中央转发。年内，1个党支部获评大连关区第二批“四强”党支部，“长岛红帆”晋升大连关区党建示范品牌，“海港卫士”认定为大连关区党建培育品牌。1个集体、3名个人分别获得大连关区“两优一先”荣誉表彰。

【海关监管】2021年，大连长兴岛海关持续推进安全生产三年专项整治工作，强化危险化学品及其包装检验监管，检出不合格危险化学品34批次。坚决落实食品安全“四个最严”要求，严格开展3起国外通报调查，受理口岸卫生许可延续申请4家，开展供船物料和辖区食堂食品加工快速检测24次，食品安全监督抽检6次，检出大肠杆菌超标1次。监督查验供船物料1,323次。持续提升后续监管效能，完成定期管理类核查162起，风险类核查作业48起。推动核查领域改革落地，与长兴岛和瓦房店市场监督管理局开展8次联合执法检查，实现“进一次门、查多项事”。

【新冠肺炎疫情防控】2021年，大连长兴岛海关压紧压实口岸疫情防控责任，做好多病共防，防止疫情叠加。严格落实登临检疫“一口岸一策、一船一策”“三查三排一转运”等措施，完善与地方政府及口岸部门联防联控工作机制，明确“四方责任”，确保无缝对接，实现“信息共享、风险共防、闭环监管”工作目标，强化检疫一线人员安全防护，严格落实入境人员卫生检疫岗位工作人员“14+7+7”封闭管理，确保“四必须”“五件套”“六个不”等各项措施落到实处，完善口岸疫情防控监管链条。年内，大连长兴岛海关1人被授予“大连市防疫先进个人”荣誉称号，2人被授予个人三等功，4人受到大连海关通报表扬。

▲2021年3月8日，大连长兴岛海关关员攀登悬梯开展卫生检疫

【国门安全】2021年，大连长兴岛海关积极开展国门生物安全监测工作，筑牢国门安全屏障，重点围绕草地贪夜蛾、舞毒蛾、检疫性实蝇等8项检测任务，累计检出有害生物100种次，其中检出检疫性三裂叶豚草和其他杂草19种次，检出舞毒蛾2只。严把口岸关卡，年内查验进境板材27批次7,400立方米，进境原木18批次4.2万立方米，截获有害生物8批次14种次。广泛开展国门生物安全宣传工作，派员赴大连自然博物馆现场示范讲解国门生物安全知识。

▲2021年5月9日，大连长兴岛海关开展国门生物安全宣传活动

【服务发展】2021年，大连长兴岛海关持续加大优化营商环境工作力度，极力压缩通关流程时长，年内进口、出口整体通关时间分别为10.85小时、0.14小时，较2020年同比均压缩50%以上。推广原产地证书自助打印、“快递签”和“信用签”业务，平均压缩业务办理时间40小时。主动融入辖区高质量发展大局，配合地方政府招商引资，牵头引进中林木材加工、进境种牛隔离场项目等。围绕恒力石化（大连）有限公司发展堵点、难点，研究形成课题《油气系统在保税原油监管中的研究和应用》，并被总署立项。参照进口公式定价货物管理相关规定，为企业量身打造危险化学品出口监管方案，保障2,100吨苯乙烯顺利出口韩国。

▲2021年9月26日，大连海关到长兴岛企业调研

（撰稿人：姚志刚）

营口海关

【概况】营口海关原称山海关，亦称牛庄海关，是东北地区最早设立的海关机构。设立伊始，海关大权一直被英、日、俄等列强轮番把持。1948年2月，营口解放，“金钥匙”回到人民手中。1952年10月23日，营口海关暂时撤关；1981年3月5日，为适应改革开放的需要，营口海关恢复设立。2018年4月，原营口出入境检验检疫局的职责、机构、人员转隶至营口海关，统一以海关名义对外开展工作。

▲营口海关办公楼

2021年，在大连海关党委的坚强领导下，营口海关坚决贯彻党中央、国务院决策部署，全面落实总署、大连海关两级工作会议精神，扎实开展党史学习教育，以党建为统领切实推进“五关”建设，以服务地方经济发展为己任，稳步推进机构改革，加强准军事化纪律部队建设，狠抓党风廉政建设，统筹抓好口岸疫情防控和促进外贸稳增长，各项工作取得新成绩，“一流强关”建设迈上新台阶。全年，两税入库11.36亿元，同比增长47.72%；进出口货运总值14.70亿美元，同比增长67.1%；货运量1,054.59万吨，同比增长13.20%；签发各类原产地证书37,122份，同比增长2.7倍；检验进出口工业品1,254批，货值8,656.8万美元，同比分别增长5.10%、49.20%。查检出境动植物及其产品1,029批，货值1,559.83万美元。设立加工贸易手册300份，核销加工贸易手册305本，结案305本，报核及时率和结案及时率均为100%；综合保税区受理报关1,014票，同比增长91.30%；监管进出口货运量5.6万吨，货值4.27亿元；跨境电商成交9,382单，保税备货210.19万元，国际快件业务试运行圆满成功。

【海关监管】2021年，营口海关在关

区范围内首创零接触“信用签”模式，筛选12家企业进行试点并逐步推广，全年签发原产证书37,112份，助企享惠近3亿元。推广进口货物“提前申报”“两步申报”模式，进口商品铁矿石全部“两段准入”。减免税备案和减免税审批环节合并为减免税审核确认，实现减免税担保证明无纸化通关。推动“以企业为单元加工贸易监管”政策率先落地实施。压缩通关时间，构建“每日监控”和报关单“日清”机制，非工作时间段24小时全天候预约通关，进口通关时长32.47小时，同比压缩25.2%，出口通关时长为0.01小时。引导企业通过“单一窗口”“互联网+海关”办理“报关企业”和“双重身份企业”备案，实现“网上办、零见面”和“一次申请、一次办理”。通过设立专门咨询岗，“面对面”办理业务、答疑解惑，发布“企业注册登记到期提醒”信息等方式不断提高监管服务。

【检验检疫】2021年，营口海关建设植物检疫初筛实验室，提升一线检疫查验能力。成立营口海关“专家动物检疫现场查验专班”，制订重大植物疫情应急处置预案并定期演练。针对辖区活水生动物出口受新冠肺炎疫情影响同比大幅下降的情况，采取优先审单查验检测，监管出口活水生动物260余万元，同比增长15.91%。深入调研出境宠物存放场所，现场解答场址验收和出口通关等方面的问题。指导企业规范建设出境宠物存放场所并顺利通过考核验收。加强与地方主管部门的检疫协作和信息沟通，及时收集掌握国外检疫监管准入要求和境内外重大疫病疫情舆情信息，开展风险研判并制定有效举措反馈企业。检疫出口宠物猫狗474批次，货值300余万元。严格出口危险化学品等重点敏感商品检验监管，组织全体科级干部参加“危险品及其包装岗位练兵集中教学”专题培训，与企业联合开展应急演练，辖区监管危险化学品企业连续多年安全无事故。参与总署开展的重大专项稽查行动3次，办结稽核查作业75家。

【进出境快件中心建设】2021年，营口海关主动对接营口自由贸易试验区管委会，为推动进出境快件业务的立项提供政策支撑。指导企业对场所进行整改，严格落实自由贸易试验区内“证照分离”的改革措施，为运营企业提供技术支持，助力其通过海关验核，并完成经营海关监管作业场所企业的注册登记。协调地方政府与快件运营人企业到主管部门走访调研，全程指导企业完成海关备案。

▲2021年11月9日，营口海关快件中心首批测试单顺利通关放行

【跨境电商出口海外仓监管】2021年，营口海关与中国（辽宁）自由贸易试验区营口片区管委会、市商务局等部门和单位通力协作，联合研究制订跨境电商出口海外仓实施方案。“一企一策”对营口市30余家出口企业进行调研和政策宣讲，对有开展“9810”业务意向的企业开展“一对一”通关业务指导。10月12日，东北首票以跨境电商“9810”方式申报出口货物在营口综合保税区申报通关。

▲2021年10月14日，经天津港海运出口至美国洛杉矶的海外仓货物顺利通关

（撰稿人：刘　丰）

鲅鱼圈海关

【概况】鲅鱼圈海关于1988年8月开始筹备，1991年9月正式开关。2018年4月，原鲅鱼圈出入境检验检疫局的职责、机构、人员转隶至鲅鱼圈海关，统一以海关名义对外开展工作。

▲鲅鱼圈海关新业务技术大楼

2021年，面对百年变局与世纪疫情交织叠加的复杂严峻形势，鲅鱼圈海关以强烈的历史主动精神知难而进、迎难而上，以党的政治建设为统领，以“质量提升年”为主题，以绩效考核为抓手，以改革创新为动力，全面推进“五关”建设，各项工作取得新进展、新突破、新成效。年内，税收入库146.9亿元，同比增加15.99%。其中，关税21.12亿元，同比增加45.86%；进口环节税125.78亿元，同比增加12.13%。监管进出口货运量7,600.6万吨，同比减少4.7%，货值213.9亿美元，同比增长30.0%；监管进出境集装箱53,737箱次，同比增长21.4%；监管进出境船舶3,550艘次，同比下降8.0%。

【新冠肺炎疫情防控】2021年，鲅鱼圈海关抓紧抓实新冠肺炎疫情防控工作，召开新冠肺炎疫情防控相关会议77次、实地调研督查59次，坚持每周开展视频督导检查。严格落实封闭管理“四必须”“五件套”“六个不”等要求，在大连关区创新性开展沉浸式岗前培训模式。严格执行上级布控指令和“7个100%”等要求，全年检疫查验2,288艘次国际航行船舶，采集新冠病毒核酸样本10,591份。严格开展进口冷链货物风险监测和预防性消毒监督工作，对3,336个进口冷藏集装箱进行新冠病毒核酸检测。高效做好应急处置工作，妥善应对本地及周边地区疫情险情；发布疫情重点管控、关注地区预警通知，定期组织新冠病毒核酸检测。

【国门安全】2021年，鲅鱼圈海关牢牢守住国门防线。持续关注食品农产品安全，全年监管进境粮食55船次、重量278.40万吨、货值15.51亿美元；持续强化外来物种入侵防控，检出检疫性有害生物25种1,243种次，在全国口岸范围内首次截获鹿鼠尸体，在大连关区范围内首次截获屋顶鼠尸体；坚决打击走私，依法退运废旧发电机组配件50.17吨，查发并退运禁止进口固体废物旧高尔夫球包468个；查证国家禁止出口货物1.04万吨；严格做好进出口危险化学品监管，首次开展出口危包（双瓦楞纸箱）性能检验工作，完成仙人岛保税原油罐区盘库工作，危险化学品监管全年安全零事故。

▲2021年3月19日，鲅鱼圈海关关员对再生钢铁进行检验

【海关监管】2021年，鲅鱼圈海关坚决杜绝空箱夹带，监管进口空箱14,192标箱。严厉打击商业欺诈行为，查获不合格进口铁矿粉15批次、重量94.7万吨，依法退运氟含量超标进口煤炭6批次。帮助企业用好主动披露政策，接收主动披露作业18个，同比增长225%。更新辖区企业管理数据库，针对辖区993家备案企业进行注册备案信息核对。

【服务发展】2021年，鲅鱼圈海关优化“两段准入”监管，对进口原油、铁矿粉、原油、粮食全部实施“两段准入”。探索再生金属进口监管模式，保障东北地区首票2,200吨再生钢铁顺利通关，全年进口再生金属2.45万吨、货值1,192.65万美元。推进保税船舶供油业务复制落地，填补营口港加注国际航行保税燃料油空白。支持省级重点BOPET薄膜项目建设，减免税款6,784万元。助力辽南特色水果出口，全年出口新鲜水果2.27万吨、货值5,884万美元。开展输韩泡菜原料及产品的技术性贸易措施应对，全年出口输韩脱水泡菜产品554吨，同比增长15.6%。

▲2021年1月25日，鲅鱼圈海关关员在水果企业调研

【煤炭检验】2021年4月17日—18日，中国合格评定国家认可委员会（CNAS）派员对鲅鱼圈海关综合技术服务中心采用国际标准（ISO 11724）检验煤炭中氟含量项目进行现场评审。评审组按认可准则要求，对该实验室煤炭检验涉及的人员能力、设施设备、实验操作和结果报告等进行全面考核，各项结果均符合要求，同意向 CNAS 推荐。鲅鱼圈海关成为全国海关系统中唯一一个具备采用国际标准检验煤炭氟含量资质的单位。

【“智能水尺计重”】 鲅鱼圈海关自有专利“智能水尺计重”系统主要应用于进出口大宗散装货物的水尺计重工作，可实现平均每船压缩工作时间 50% 以上，节省船舶在港费用 800 美元。该软件获得国家版权局软件著作版权，并被中山大学自贸区综合研究院评为“2019—2020 年度中国自由贸易试验区制度创新十佳案例”，2021 年 5 月被列入中国（辽宁）自由贸易试验区第四批改革创新经验向全省复制推广。

（撰稿人：徐茂林）

盘锦海关

【概况】盘锦海关前身为营口海关驻盘锦办事处。2015 年 6 月，国务院批复同意设立正处级盘锦海关；7 月，总署批复设立盘锦海关；10 月，大连海关批准成立盘锦海关筹备处；12 月 30 日，盘锦海关正式成立。2018 年 4 月，原盘锦出入境检验检疫局转隶至盘锦海关。

▲盘锦海关办公大楼

2021 年，面对世纪疫情的重大考验和监管服务的繁重任务，盘锦海关在总署和大连海关党委的坚强领导下，以政治建设为统领，以“质量提升年”为抓手，立足新海关职责，扎实推进“五关”建设，对标对表年度工作目标和任务，在支撑服务经济高水平开放、高质量发展等方面实现新作为，圆满完成各项年度工作任务。全年，审核进出口报关单 622 份，同比增长 6.7%；征收税款 41.43 亿元，同比增长 145%；签发原产地证书 1,277 份，签证金额 7,896.52 万美元，同比分别增长 22.5% 和 21.7%。监管进出口货物 1,289.4 万吨，同比增长 15.4%，货值 59.9 亿美元，同比增长 125.4%；监管进出境船舶 620 艘次，同比增长 13.3%；稽查企业 7 家，办结 6 家，核查企业 47 家，办结 47 家，办结主动披露作业 4 家；查获刑事案件 2 起、一般行政案件 10 起，办理“两简”案件 3 起。

【新冠肺炎疫情防控】2021 年，盘锦海关严控风险，筑牢口岸检疫防线，严格实施“三查三排一转运”等检疫措施，坚持人物同防、多病同防，严防疫情叠加。注重内防外控，深化联防联控合作，坚持船前会议制度，强化“3+2”安全防护监督机制，加强对消毒工作监督指导，扎紧疫情防控闭环。

【海关监管】2021 年，盘锦海关加强重量鉴定监管，查发短重 39 批次。强化进出口商品监管，进出口商品检验不合格 10 批次。制定《盘锦海关 2021 年安全生产工作要点》，开展“安全生产月”活动。加强海关监管作业场所管理，开展实地巡查 64 次。加强危险化学品检验监管，出口危险货物包装性能检验和使用鉴定检出不合格 14 批次。加强内控节点管控，提出问题处置建议 6 项。

【检验检疫】2021 年，盘锦海关持续加强外来物种入侵防控，监测发现外来检疫性有害杂草 3 种，截获检疫性有害生物 1, 632 种次，截获有害生物 8, 261 种次。

【服务发展】2021 年，盘锦海关压缩通关时间，进口、出口整体通关时间分别为 11. 78 小时、0. 02 小时。督导地方跨境监管区域建设，备案 18 家电子商务企业，注册 1 家电子商务交易平台和 1 家跨境电商物流企业。帮助企业快速完成减免税申报，出具征免税证明 12 份，减免两税 196 万元。培塑自主知识产权企业 4 家。助力盘锦港 3 个新开泊位通过口岸开放验收。为进境粮食开通“绿色通道”，实行“提前预约”，执行“5+2” 24 小时通关服务查验机制，提高通关效率。运用“远程鉴定系统”，做到“检得出、检得准、堵得住”。扩大进境粮食种类，帮扶进境油菜籽企业获得加工资质。助力盘锦特色化工品燃料油出口 18 万吨；助力辖区植物源性饲料水飞蓟粕、香菇菌棒、动物产品羊毛脂、竹木草制品等多种新产品首次出口；促进河蟹出口创新高，全年出口中国台湾地区和韩国实用活河蟹 32 批次 139 吨，货值 301 万美元。支持综合保税区申建、中国（盘锦）跨境电子商务综合试验区建设及辽东湾国家级外贸转型示范基地建设。

【改革创新】2021 年，盘锦海关推动“提前申报”“两步申报”“两段准入”等改革落地实施，实现单证审核、减免税审核等模块在 H2018 中顺利上线运行。深化“放管服”改革，实施行政审批“零接触”网上办理，“证照分离”改革全面落地。推进企业 AEO 认证改革，助力 2 家企业完成认证前培育，完成 1 家企业 AEO 高级认证。运用进境粮食陆路运输可视化视频监控技术，监管进口大豆运输 47 万吨。参加《进境粮食贸易趋势及口岸检疫标准化研究》《进境大豆原粮中外来有害杂草监测及风险分析》2 项技术研究。制作行政执法“三项制度”执法宣传视频，开展 1 次线上互联网观摩以案说法的庭审活动。

【应急处置演练】2021 年 11 月 5 日，大连海关在盘锦港举行以口岸截获沙漠蝗为场景的进境重大植物疫情突发事件应急处置演练。演练模拟隶属盘锦海关在对进境货轮进行检疫查验时，发现活体沙漠蝗，现场启动进境重大植物疫情突发事件 C1 类 IV 级应急处置程序。经过现场防控处置、检疫除害处理和后续监测等一系列紧急处置措施，最终使该疫情突发事件得到有效处置。此次演练提升了口岸进境重大植物疫情突发事件应急处置能力，检验了海关、农业农村、边防、港口、检疫处理单位等各相关单位协同作战能力。盘锦市分管市长及盘锦市商务局、盘锦海事局等18家单位的领导、负责人参与观摩演练。

▲2021年11月5日，大连海关在盘锦港举行以口岸截获沙漠蝗为场景的进境重大植物疫情突发事件应急处置演练

【截获检疫性杂草绵毛豚草】2021年12月9日，盘锦海关对自美国进口的5万余吨大豆实施现场查验，查验人员在表层检验检疫时严格按照作业指引等相关要求多点取样、过筛检疫，现场发现大豆中混有多种杂草籽，经鉴定确定截获47种杂草籽。其中，检疫性杂草籽13种，分别为狭果苍耳、西方苍耳、球果苍耳、柱果苍耳、三裂叶豚草、豚草、绵毛豚草、黑高粱、假高粱、多年生豚草、刺蒺藜草、少花蒺藜草、刺苞草。其中，绵毛豚草系大连口岸首次截获。

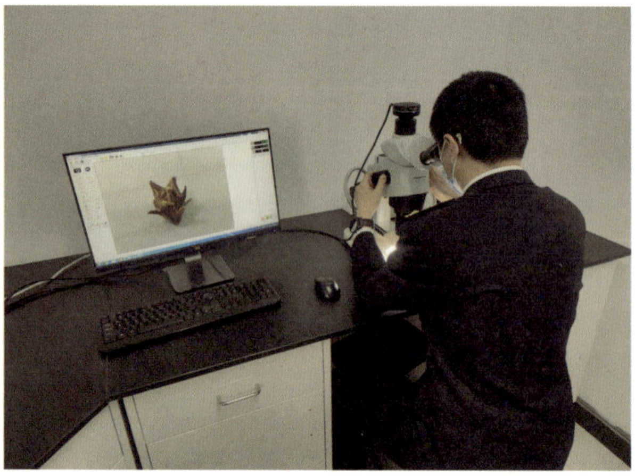

▲2021年12月9日，盘锦海关截获检疫性杂草绵毛豚草

（撰稿人：孔令娇）

鞍山海关

【概况】鞍山海关于1989年筹建，1991年10月25日经总署批准正式成立。2019年1月25日，原鞍山出入境检验检疫局的职责、队伍划归鞍山海关。

▲鞍山海关办公大楼

2021年，鞍山海关以习近平新时代中国特色社会主义思想为指导，深入学习贯彻党的十九大及历次全会精神，全面贯彻落实两级海关工作会议精神，以党的政治建设为统领，以“质量提升年”为抓手，坚定不移落实“第一议题”，统筹疫情防控和促外贸稳增长，坚守国门安全防线，坚持改革创新发展，持续优化口岸营商环境，推动党史学习教育走深走实，深化“四强”党支部建设，开展“学党史、忆初心”等主题鲜明、形式多样的活动，各项工作取得新的进步。全年，监管进出口货运量17.56万吨，同比下降43.35%；审核报关单1,820份，同比增长10.60倍；进出口总值16.30亿元，同比增长7.15倍；征税2,993.13万元，同比增长8.25%；签发原产地证5,379份、金额8.13亿美元，同比分别增长18.06%、73.71%；检验检疫出入境货物3,079批，同比增长16.23%；设立加工贸易手册156本，金额1,541.37万美元，同比分别增长12.23%、45.53%。

【海关监管】2021年，鞍山海关强化监管，毫不放松抓好新冠肺炎疫情防控常态化工作，完善5项防控方案预案，建立安全防护监督机制，严格规范落实执法一线疫情防控各项措施，从严从细执行内部防控要求，选派7人次支援口岸冷链监管。持续推进安全生产专项整治三年行动，开展涉危企业和作业场所安全生产检查，及时排查消除风险隐患。加强危险化学品及其包装检验监管，全年检出不合格危险化学品30批次、其他工业品11批次。落实总署“龙腾行动2021”“国门利剑2021”要求，深化全员打私，严厉打击“洋垃圾”“水客”等走私，全年查获各类走私违法违规案件9起。

【检验检疫】2021年，鞍山海关严守国门安全防线，加强动植物疫情防控，严防非洲猪瘟、高致病性禽流感等疫情传入。全年出动60余人次，完成杂草、草地贪夜蛾等国门生物安全监测和外来物种入侵防控工作。落实食品安全“四个最严”要求，对进境粮食实施全流程监管，全力维护国家粮食安全；加强出口食品农产品源头和事中监管，开展出口肉鸡疫情和兽药残留监测，全年供香港地区禽肉产品出口8,046吨，创历史新高。与属地政府开展企业联合检查和“食品安全周”等活动，严厉打击违法违规行为，推动食品安全共治。

【营商环境】2021年，鞍山海关优化营商环境，提升跨境贸易便利化水平，落实减税降费政策，构建顺畅关企沟通渠道。加强对整体通关时间的监控，实行“日监控、月通报、季评估”和报关单“日清”机制，进口整体通关时间3.96小时，压缩33.68小时，出口整体通关时间2.04小时。稳步提升“提前申报”“两步申报”应用率，持续扩大自报自缴、汇总征税、电子支付等便利化措施覆盖面。精简报关随附单证，检验检疫证书100%“云签发”。原产地证书智能审核、自助打印，实现证书“秒审、秒签”。创新监管方式、优化业务流程，推行窗口业务网上办、预约办、容缺办、马上办。落实“百人千企”对口帮扶机制，配备协调员，对AEO高级认证企业“一企一策”辅导，给予关税免担保、优先办理业务、减少监管频次等便利措施。实施7×24小时预约查验，推广疫情期间收发货人不到场查验模式，提升现场检查效率。提前介入，加强政策宣传指导，全力支持鞍山保税物流中心建设。

【市场采购贸易试点】2021年，鞍山海关创新监管模式，出台8项市场采购贸易试点监管措施，规范监管程序，支持3个大型专业市场纳入市场采购集聚区范围，实现商品溯源及监管部门间信息共享。落实“减单证、优流程、提时效、降成本”要求，制订通关保障和应急方案，全天候协调解决突发问题。采取“云端服务+当面指导”实现货物随到随检“零等待”。深化关地合作，与海城市政府签署战略合作备忘录，提出21项支持外贸发展措施和5项重点任务， 联合开展相关案件

▲2021年6月29日，辽宁西柳服装城国家市场采购贸易方式试点启动

追溯与查处工作，持续提升培育外贸新业态、贸易便利化水平。全年，市场采购贸易出口货值2.20亿美元，服装、箱包等出口商品覆盖“一带一路”沿线和欧盟等89个国家或地区。

【助力特色产业】 2021年，鞍山海关对口帮扶供港禽肉加工企业，配备协调员，“一对一”指导企业做好自检自控，开展备案养殖场肉鸡新城疫、禽流感疫情监测，对加工原料加强兽药残留及微生物项目检测，确保出口产品符合食品安全要求。全年，出口禽肉产品8,046吨，创历史新高。优化出口宠物检疫流程，针对新冠肺炎疫情期间国际航班经常变化的情况，对出口宠物开辟绿色通道，更好地服务市场主体，激发市场活力；加强宠物检疫联动，与地方兽医主管部门互通信息，掌握辖区宠物疫情动态及生物制品使用管理情况，确保出口宠物质量安全。全年，宠物出口1,042批次，共8,393只，出口目的地扩大到韩国、新加坡、美国等10个国家和地区。

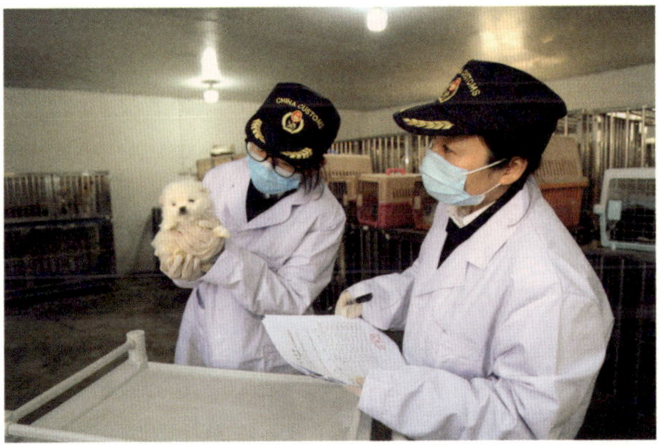

▲2021年2月25日，鞍山海关关员对出口宠物犬进行查验

（撰稿人：孙　宇　樊成平）

大东港海关

【概况】大东港海关于1988年2月开始筹备，1992年11月8日正式开关。2018年4月，原东港出入境检验检疫局转隶至大东港海关；2019年2月，根据“三定”方案完成内设机构设置及人员调整。

▲2013年10月9日，新建业务综合楼正式启用

2021年，大东港海关团结拼搏，奋发进取，扎实推进“五关”建设，党史学习教育成效显著，专项整治亮点突出，疫情防控坚决有效，国门安全保障有力，促进地方经济发展稳中有进，业务改革实现重大突破，各项工作取得丰硕成果。全年，监管进出口货物1,591.9万吨，同比下降5.60%；进出口货值41.7亿美元，同比增长48.60%。监管进出境船舶868艘次，同比下降20.10%。实现税收入库22.79亿元，同比增长74.17%。

【新冠肺炎疫情防控】2021年，大东港海关严格落实“三查三排一转运”“一船一案”等措施，开展风险分析、检查方案制订、船舶卫生检疫等工作。形成完备的疫情防控人员三级梯队及管理制度，14组、68人次参与封闭管理工作。在做好“人防”“物防”的基础上，探索“技防”手段，利用视频监督检查疫情防控工作超过160小时，有针对性地开展7次疫情防控培训、演练及考核，一线人员考核通过率达到100%，确保疫情防控工作各项要求执行到位。加强内部防控，强化出差出行管理。安装人脸识别和车辆通道识别系统，严格办公区域管理。安装红外人体表面温度快速筛查仪和“光疫苗”设备，做到体温快速筛查和无害、实时、高效消毒。

▲2021 年 1 月 15 日，大东港海关关员结束登轮检疫工作

【国门安全】2021 年，大东港海关一体推进非洲猪瘟、高致病性禽流感等口岸动植物疫情防控，严防疫情叠加。有序开展国门生物安全各项监测工作，严格按照监测指南科学实施，检测鉴定采用权威、有效的鉴定方法和标准，确保结果准确、及时。全年，监测到检疫性杂草 1 种，检出有害生物 121 种、检疫性有害生物 16 种。落实"四个最严"食品安全监管要求，完成进出口食用农产品和饲料安全风险监控 458 项次。

▲2021 年 6 月 14 日，大东港海关关员开展国门生物安全监测

【海关监管】2021 年，大东港海关规范监管作业场所管理，巡查监管场所 90 余次，对发现的问题及时反馈运营企业并跟踪督办。加大货运渠道查私力度，组织专家联合研判重大走私风险。进口商品初次检验不合格 13 批次，最终检验不合格 1 批次，数（重）量鉴定不合格 1 批次。承办大连海关口岸监管环节化学涉恐突发事件应急处置演练，相关工作得到大连海关应急指挥部和丹东市口岸反恐单位的高度评价。后续监管效能持续释放，对 260 余家企业实施定期管理类核查，对 3 家企业进行不合格产品退运调查，下发核查建议书 6 份。

【营商环境】2021 年，大东港海关开展"我为群众办实事"实践活动，推进 17 项"实事"全部落地生根。压缩通关时长，进口、出口平均通关时长分别为 19.81 小时和 0.77 小时，同比分别下降 16.5%和 46.5%。与活贝类出口企业共同开发冰覆盖普通集装箱替代冷藏箱技术，使企业物流成本平均每箱下降 45%。出台《促进大宗商品进口通关便利化若干措施》，落实粮食"附条件提离"、铁矿石"先放后检"等举措。探索周转空箱非贸核注监管模式，破解集装箱"一箱难求"困境，空箱通关时长压缩 65%。助力辽宁省首个日韩朝蒙俄五国贸易互市贸易试点通过省级验收。

【改革创新】2021 年，大东港海关对 15 个科室的 80 余项职责分两次循序渐进地进行调整，形成以"双随机"和"选查处分离”为基础的“1+X”科室职责架构。制定《进境粮食全流程闭环监管工作指引》，落实“附条件提离”举措，梳理8项现场查验工作重点，进一步压缩进境粮食通关时长。整合10个业务运行系统的运行管理，根据实际需要开发4个新的应用和功能，利用合作研发的“大东港海关双随机系统”，实现各项通关作业指令由指挥中心统一接收并派单，实现对数据的自动分析处理和执法全流程监督。

【助力特色农产品出口】 2021年，大东港海关以“我为群众办实事”实践活动为契机，主动对接草莓、软枣猕猴桃、蓝莓等特色农产品种植生产基地，提供量身定制的业务指导，推动地方“原字号”特色农产品出口；收集企业最关心的RCEP关税减让清单和享惠产品范围等问题，利用线上+线下的方式进行全面准确的解答，对重点企业进行“一对一”政策帮扶，指导企业吃透RCEP原产地规则，切实享受到自贸协定带来的红利；在通关层面，大东港海关采取“急事急办、特事特办”策略，针对草莓鲜果“运输急”的特点，使用7×24小时工作模式并开辟农产品绿色通道，做到生鲜农产品立报立检“秒通关”，全力压缩通关时长。

▲2021年1月29日，大东港海关关员到草莓基地指导企业完成注册登记

（撰稿人：李晓楠）

丹东海关

【概况】丹东海关前身为安东海关，于 1907 年创建，1965 年 5 月 7 日改名为丹东海关。1980 年 2 月，丹东海关被明确为海关总署直属处级海关。1985 年 2 月，海关总署决定，丹东海关为大连海关所属正处级隶属海关。2018 年 4 月 20 日，原丹东出入境检验检疫局的职能及人员转隶至丹东海关，统一以丹东海关名义对外开展工作。

▲丹东海关办公大楼

2021 年，在大连海关党委的坚强领导下，丹东海关全面贯彻落实“质量提升年”部署要求，坚持继承和创新并行，夯实政治建设、强化监管服务、严管厚爱队伍，各项工作扎实推进。

【政治建设】2021 年，丹东海关牢牢把握政治机关定位，将习近平总书记重要讲话和指示批示精神一贯到底、落实到位。落实“第一议题”制度，全年召开党委会议 42 次，形势分析及工作督查例会 12 次，关务例会 8 次。高水平推进党史学习教育，开展“百年党史”知识测试、红色地标巡礼和“赓续建党精神 · 奋进强关之路”等系列学习活动，推动党史学习教育走深走实。抓实基层党建，3 个党组织获评关区第二批“四强”党支部，2 个党组织获得大连海关基层党建示范和培育品牌单位复核认定，1 个集体连续获评全国青年文明号。推进边关生活设施保障工程，提高边关干部生活幸福感。

【海关监管】2021年，丹东海关监管进出口货运量4.58万吨；设立加工贸易手册384本，同比增长24.60%，结案加工贸易手册372本，同比增长17.35%；监管实际进出境报关单2,743万票；进出口货值7,263万美元；税收总额2,016.85万元人民币；签发检验检疫各类证单2,372份，签发原产地证5,571份，签证金额2.58亿美元；注册企业数252家。强化出入境人员监管，对临时出入境人员“一事一案”，科学制定、动态调整工作流程，做到监管服务兼顾并重。开展“国门利剑2021”专项行动，加大打私力度，增强查发能力，在进出境邮递渠道、稽核查以及保税监管等领域精准发力，全年查获刑事案件2起、一般案件10起、“两简”案件37起。

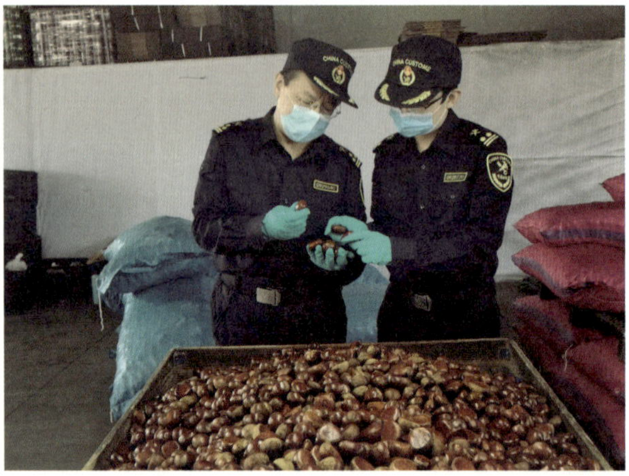

▲2021年12月28日，丹东海关关员查验出口板栗

【国门安全】2021年，丹东海关坚决贯彻习近平总书记总体国家安全观和生态文明思想，多渠道提升全民安全意识，积极开展国门安全保护工作。全年组织召开疫情防控指挥部会议20次，传达、落实各级防控工作要求，健全各项工作机制，P2实验室正式投入使用；加强联防联控，确保全链条封闭；建立三线防疫梯队运行机制，开展应急处置演练17次，组织技能培训20余次。加强病媒生物监测和国门生物安全监测，扎实开展“国门绿盾2021”专项行动，全年捕获有害生物3种，截获禁止进境动植物产品50批次，截获植物有害生物15批次。强化食品安全管理，严格落实“四个最严”要求，全年抽检样品155个、项目500余个；开展进出口食品安全宣传工作，结合“食品安全宣传周”等活动，开展线上、线下政策宣讲4次，提升辖区企业守法意识；积极参与大连海关境外输华水产品生产企业视频检查工作，获总署、大连海关通报表扬各1次。

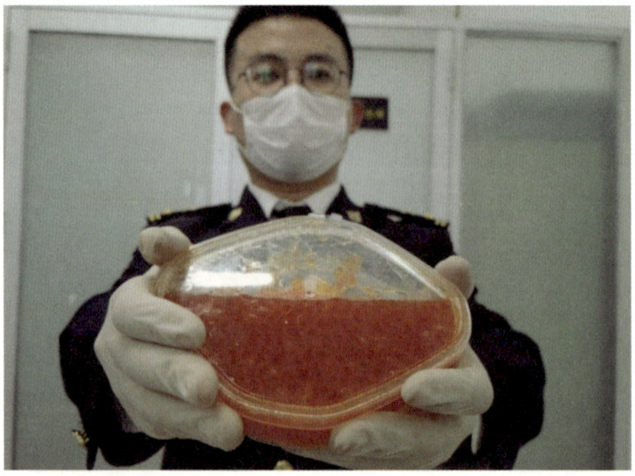

▲2021年3月17日，丹东海关寄递渠道截获三文鱼鱼籽

【服务发展】2021年，丹东海关持续压缩通关时间，进口通关时间为18.27小时，出口通关时间为1.31小时。加强政策研究及部门合作，助力企业抢抓RCEP机

遇。坚持精准施策，开展送教上门活动，帮助企业用足用好优惠措施，活鱼、豆酱、草莓特色产业及特色产品出口量值同升。全年，“云签发”证书2,177份，企业电子缴纳关税自报自缴率达90%，新一代电子支付率和税单无纸化率均达95%。加强国际贸易“单一窗口”建设推广工作，主要业务的“单一窗口”应用率达到100%。推进“证照分离”改革落地，办理企业备案252家。支持丹东新大桥、丹东机场、太平湾口岸开放升级，积极为互市贸易发展建言献策。

（撰稿人：孙大亮　李汪洋　姜爱丽）

本溪海关

【概况】本溪海关前身为丹东海关驻本溪办事处，于1997年12月28日经总署批准正式成立，是丹东海关所属副处级单位；2011年6月，变更为大连海关驻本溪办事处；2012年，升格为大连海关所属正处级隶属办事处。2018年12月14日，本溪海关正式成立，原辽宁出入境检验检疫局本溪办事处的职责、机构、人员转隶至本溪海关。

▲本溪海关办公楼

2021年，本溪海关在大连海关党委的坚强领导下，坚持政治统领，全力以赴抓好“质量提升年”各项工作落实，全力推进“五关”建设，以绩效考核为抓手，在海关监管和服务地方经济发展方面取得新成效，以扎实的工作和饱满的热情献礼党的百年华诞。全年，设立加工贸易手册36本，备案金额764.8万美元，手册核销结案44本；进出口报关单47票，同比下降13%；税收总额194.2万元，同比增长209%；出入境检验检疫申报2,860批次，货值48,620.1万元；签发原产地证书1,380份，签证金额70,241.9万美元；新备案企业21家，注销3家。

【国门安全】2021年，本溪海关落实食品安全“四个最严”要求，完成出口食品监督抽检3批次、动物源性食品风险监测2批次、饲料添加剂风险监控2批次，全年未发生出口食品农产品被国外通报、退运情况。开展国门生物安全监测与宣传工作，设置检疫性实蝇监测点5个；进行红火蚁田间踏查2次；开展松材线虫防治工作，对进境货物木质包装检疫送样2批次；开展“国门绿盾2021”专项行动，严查种子苗木进境走私违法违规行为；开展国门生物安全专题宣传2次，线上视频推广1次，到企业普法宣传10余次，发放各类宣传资料300余份，受众500余人次，增强公众生物安全意识。落实习近平总书记关于安全生产重要指示批示精神，持续推进安全生产三年专项行动；强化出口危险品及其包装检验监管，全年检验出口危险品及其包装147批次、5,241万元，同比分别增长83.8%、161.3%，辖区180吨液氧实现首次出口。加强进出口商品质量安全风险监测，全年送检样品5批次，所检项目全部合格。

【海关监管】2021年，本溪海关持续提升稽、核查监管效能，开展稽、核查作业39起，有效做好后续监管工作。年内，完成“两简”案件2起、一般行政案件3起，实现行政案件查发数同比增长300%。建立属地申报企业规范申报数据库，应税报关单规范申报率达99.6%。加工贸易手册报核及时率和结案及时率均为100%。出口食品生产企业备案作业均在规定时间内受理并完成。

【服务发展】2021年，本溪海关业务大厅推出窗口“无否决权”承诺，为工作对象提供“一站式”服务。年内，在本溪市“年度优化营商环境工作评议”中位列第一，是唯一一家“满意率100%”的驻溪中直单位。落实“百人千企”重点帮扶机制，为本钢集团签发原产地证书1,047份。指导企业用好集团财务公司参与海关事务担保政策，使企业节约资金占用7.25亿元，节省财务费用支出3,000余万元。帮助企业协调船务公司，解决订舱紧、发货难、转型升级后扩大出口等问题，全年辖区竹木草制品出口709批次、货值1.4亿元。推进“海关+企业+农户”新发展模式，助力辖区食品农产品出口541批次、货值2亿元。

【“我为群众办实事”】2021年，本溪海关结合“我为群众办实事”实践活动，积极推进“证照分离”改革，优化审批服务，上门指导企业完成出境竹木草制品生产企业注册登记，加速审批流程。靠前服务，协调解决企业出口船期问题，指派专员协助企业健全全链条追溯体系，2021年6月29日辖区2,000万支木质咖啡棒实现首次出口。

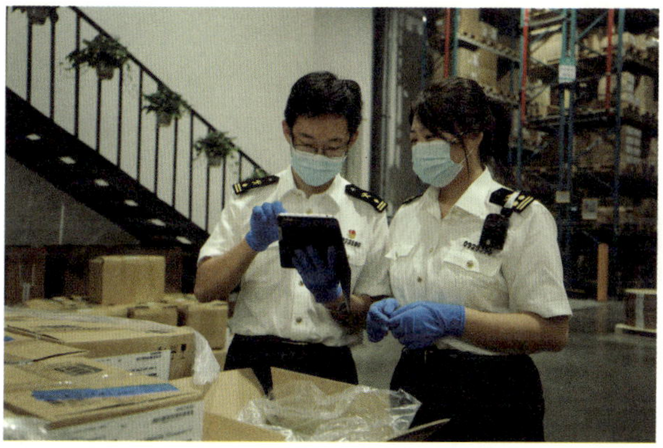

▲2021年7月29日，本溪海关关员查检出口货物

【助力家具出口】2021年，本溪海关精准分析辖区行业发展态势，以助力乡村振兴为抓手，大力扶持辖区家具出口提质增量。推进“云服务”通关模式，降低企业因通关环节产生的资金成本和时间成本；对家具出口企业实行分级分类监管，缩短检验周期，从源头上保证家具出口时

▲2021 年 12 月 29 日，本溪海关关员对出口家具进行现场查检

效，帮助出口企业抢抓海运窗口期。全年，本溪海关累计监管出口家具产品 671 批次、货值 1.3 亿元，家具生产企业为当地提供就业岗位 800 余个。

（撰稿人：杜　宇）

第七篇

事业单位

大连海关后勤管理中心

【概况】大连海关后勤管理中心（以下简称“后勤管理中心”）由原大连海关后勤管理中心和原辽宁出入境检验检疫局机关服务中心合并而成，于2019年3月正式集中办公。根据《大连海关关于印发事业单位主要职责、内设机构和人员编制规定的通知》，新的后勤管理中心正式成立，承担大连海关机关后勤保障相关工作。

2021年，后勤管理中心在大连海关党委的正确领导下，坚持以习近平新时代中国特色社会主义思想为指引，围绕中心、服务大局，努力践行“忠诚、安全、务实、奉献”工作理念，以党的政治建设为统领，以推动服务保障工作高质量发展为主题，以改革创新为动力，以“质量提升年”为抓手，以安全生产为底线，全力打造智慧型、服务型、安全型、节约型“四位一体”的后勤服务保障队伍。全年，累计消毒1.11万次，完成机关办公楼2.5万余平方米公共区域消毒工作；完成公务车辆出车前后消毒2,960次；开展消毒和防护服穿戴培训及新冠肺炎疑似病例转运工作应急演练；严格管控外来人员，排查外来人员5,200余人；进一步细化126条安全管理风险点，增加自查频次；开展《安全生产法》全员学习和培训工作；定期开展燃气、车辆和相关特种设备的安全排查工作；完成老干部活动中心和干部交流用房维修及苗圃实验室暖气改造等项目；优化采购流程，完成疫情防控物资采购67批次，政府采购15项、一般采购400余项、定点采购113项、委托采购19项；根据第三巡察组的反馈，制定《大连海关后勤管理中心巡察整改工作清单》，将3个方面9项问题细化为27项具体问题，并制定50项整改措施。

【疫情防控】2021年，后勤管理中心按照大连海关党委部署，坚定信心和决心，狠抓落实，强化监督，坚决做好新冠肺炎疫情防控期间纪律监督工作要求；对贯彻落实自身防护和后勤服务保障工作的各项措施进行跟踪督办，不断完善应急预案，加强应急值守；与各部门积极沟通协调、密切工作配合、强化信息共享、形成工作合力；全力做好各项应急保障服务工作，坚决打赢新冠肺炎疫情防控阻击战，确保机关办公区域安全。

▲2021 年 10 月 22 日，后勤管理中心组织相关人员进行模拟演练

【安全生产】2021 年，后勤管理中心牢固树立“安全无小事”意识，提高安全生产红线意识，严密防范安全事故发生。进一步提高思想认识，全面落实新冠肺炎疫情防控主体责任，进一步细化防控措施，持续优化和完善防控措施。从安全生产教育、排查安全隐患、强化疫情防控各项措施等方面入手，深入开展检查工作。重点检查地下停车场、排水设施、空调机房、食堂、门岗、视频监控等重点区域。对机关办公区域出入管控、公共卫生防控、应急排查处置等方面逐一梳理。对检查中发现的问题详细记录，并责令相关责任部门立即整改，及时消除安全隐患。

▲2021 年 9 月 15 日，后勤管理中心开展监控室现场检查

（撰稿人：孙中岩）

大连海关技术中心

【概况】大连海关技术中心前身为辽宁出入境检验检疫局检验检疫技术中心，1999年10月经原国家出入境检验检疫局批准成立，属具有独立法人的直属事业单位。2019年，经中央编办批复更名为大连海关技术中心，是隶属于大连海关管理的公益二类事业单位，主要承担各类海关归类化验、检验检疫、检测鉴定和技术开发等工作。

2021年，大连海关技术中心在重大动植物疫情响应、固体废物属性鉴别、濒危动植物鉴别、海关涉税归类化验和法定检验业务中为海关执法把关提供坚实的技术保障。全年，承担各类法定检验业务14,903批次，同比上升6.8%；化验鉴定339批次、551项次，同比分别上升146%和13.1%；固体废物鉴别138批次，鉴定出固体废物17批次。

【国门生物安全保障】2021年，大连海关技术中心完成进口牛和羊驼等活动物检疫15,453头份，检出黏膜病抗体阳性5头份、布鲁氏菌病抗体阳性8头份。截获有害生物107种8,014种次，其中检疫性有害生物35种1,574种次；先后从自多哥进境的植物中检出单孢共头霉和篮状菌属真菌，为我国口岸首次截获。在自日本进境邮件中截获4批次活体节肢动物鼠妇，截获冀地鳖和琉球带马陆各1批次；在进境邮件中截获4批次违规入境昆虫，其中马场黄金鬼锹甲为我国口岸首次截获，对防止辽宁辖区内多种重大动物疫病的传入传出提供有力技术支撑。

【“洋垃圾”鉴别技术保障】2021年7月30日，大连海关技术中心在对一批申报名为“次氧化锌”的进口货物进行固体废物属性鉴别时，发现该样品中ZnO（氧化

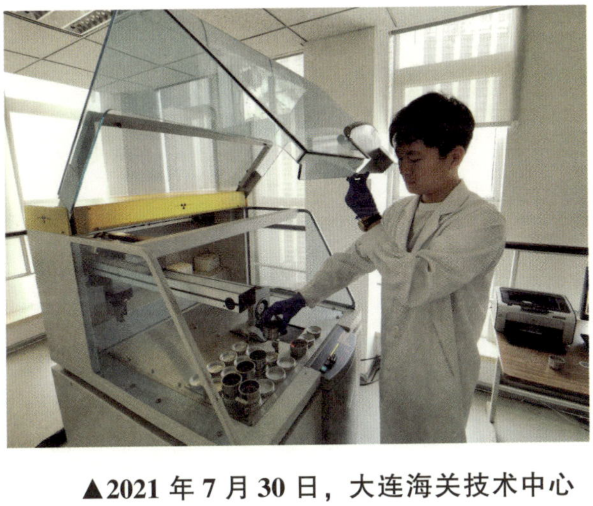

▲2021年7月30日，大连海关技术中心鉴定出进境“洋垃圾”

锌）含量不符合行业标准 YS/T 1343—2019《锌冶炼用氧化锌富集物》对氧化锌富集物中 ZnO 含量的质量要求，经过技术中心专家组讨论，依据相关标准和文件，鉴别该样品为我国禁止进口固体废物。

【科研创新和技术开发】2021 年，技术中心科研创新能力不断提升，获省部级科技奖项 3 项、海关总署科技成果评定 3 项、大连市科技进步奖 2 项。动植物检验鉴定国家标准样品研发中心通过现场评审获批成立。开发粮谷、医疗物资和动植物检疫等领域急需检测能力 300 余项，在服务执法和促进贸易便利化方面发挥积极的作用。

【业务拓展和服务提升】2021 年，大连海关技术中心通过国际合作投标的方式将以往分散在美国、日本和泰国的输韩大米检测业务承揽回国，形成“中国产、中国检”的输韩大米出口新局面。检测项目覆盖全部 575 种农药残留检测，所出具的检测报告在韩国通关时可被直接采信，提升中国产品质量和检测能力在国际舞台的竞争力，为东北特色农产品出口营造“国内检、国外认”的通关便利。

▲2021 年 8 月 5 日，大连海关技术中心食品理化实验室对标国际开发农药残留检测新方法

（撰稿人：牛承辉　张晓声）

大连国际旅行卫生保健中心

【概况】大连国际旅行卫生保健中心（大连海关口岸门诊部）是大连海关直属正处级事业单位，独立法人。2019 年 4 月 30 日，中央编办批复海关系统事业单位整合调整事宜。2019 年 5 月 5 日，原辽宁国际旅行卫生保健中心（辽宁出入境检验检疫局口岸门诊部）更名为大连国际旅行卫生保健中心（大连海关口岸门诊部）。2021 年，根据《海关总署关于大连海关所属事业单位编制调整的批复》，大连海关印发大连国际旅行卫生保健中心（大连海关口岸门诊部）职责配置、内设机构和人员编制的规定。大连国际旅行卫生保健中心工作职能为卫生检疫技术支撑工作、出入境人员传染病监测体检和法定预防接种工作等。

2021 年，大连国际旅行卫生保健中心（以下简称“保健中心”）在总署、大连海关两级党委的正确领导下，按照海关工作会议精神和全面从严治党工作会议要求，以党建为引领、以质量提升为抓手，以新冠肺炎疫情防控为重心，在全体干部职工的共同努力下，圆满完成既定工作和上级交办的任务。严格落实“现场监管与外勤执法权力寻租”专项整治工作方案；紧密结合警示教育月开展规定动作，将纪法教育、警示教育贯穿专项整治全过程；高度重视巡察工作，对照巡察反馈意见 21 个具体问题开展对照自查，制定具体整改措施 62 条；积极开展教育培训工作。安排技术骨干到科研院所进修学习；组织高等院校实习生实习工作；开展研学实践教育活动。

【执法技术保障】2021 年，保健中心以人民至上的坚定信念，全面打响口岸疫情防控阻击战，为抗疫大局做出突出成绩，切实防范疫情叠加，保障口岸公共卫生安全，出色完成各项任务，被评为全国海关系统抗击新冠肺炎疫情先进集体。凭借在疫情防控工作中的出色表现，保健中心 1 人获得全国海关系统抗击新冠肺炎疫情先进个人、1 人获得大连市抗击新冠肺炎疫情先进个人、13 人获得大连海关疫情防控表彰奖励。全年，保健中心完成 55.15 万份样本的新冠病毒核酸检测工作，完成 4,713 份样本的新冠病毒抗体检测工作。完成口岸传染病样本检测65人份。完成1.65万只病媒生物样本的鉴定和病原体检测工作。在大连关区口岸送检的样本中检测到流行性出血热病毒、博卡病毒、库蚊黄病毒。对鲅鱼圈海关送检蝇类样本经分子鉴定，为蛆症异蚤蝇。

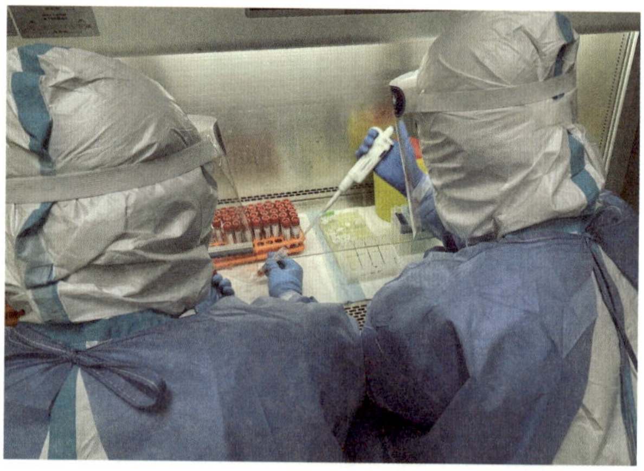

▲2021年10月15日，保健中心实验室工作人员开展新冠病毒核酸检测工作

【出入境传染病监测体检及预防接种】2021年，保健中心检测实验室顺利通过ISO/IEC 17025认可年度评审，认可的检测能力为28个品类的141项检测项目和标准。年内，为满足新冠病毒口岸防控的要求，实验室在2个分地点实验室，新增针对人员鼻咽拭子和冷链食品物表拭子的新冠病毒核酸检测能力2项。完成出入境人员健康体检1.43万人，签发“国际旅行健康检查证明书”1.42万本。出入境人员接种疫苗9,967人次，发放“疫苗接种或预防措施国际证书”4,654本。为大连关区职工健康体检3,177人。

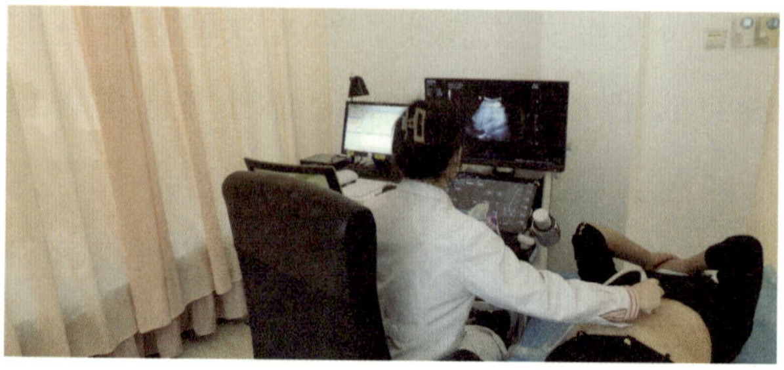

▲2021年8月10日，保健中心工作人员开展出入境传染病监测体检工作

（撰稿人：宋锋林）

大连海关综合技术服务中心

【概况】大连海关综合技术服务中心（以下简称“综合技术服务中心”）是大连海关直属正处级事业单位。2019 年 4 月 30 日，经中央编办批复，将大连出入境检验检疫局综合技术服务中心更名为大连海关综合技术服务中心。2019 年 5 月 5 日，总署批复了大连海关所属事业单位整合调整事宜。2020 年 1 月 16 日，大连海关印发大连海关综合技术服务中心主要职责、内设机构和人员编制的规定。

2021 年，综合技术服务中心各项工作有序推进，始终坚持把政治建设摆在首位，坚决落实“第一议题”制度，扎实开展党史学习教育活动。全年，开展集中学习 12 次、专题党课 4 次、交流研讨 4 次、专题学习 6 次、参观学习活动 4 次。落实“我为群众办实事”活动。帮助职工解决养老保险缴纳、退休时间变更、采暖费发放等问题 12 件。各管理部开展“优质服务年”活动，与 6 个隶属海关管理部签订优质服务承诺书。组建成立应急机动救援分队，一关有急，多关支援。全面推进安全排查整治工作，治理安全隐患 66 处，更新消防灭火器 468 个。对集体宿舍情况进行摸排统计，完成开发区单身宿舍入住准备。与 17 个资金往来单位签署物业、食堂服务合同 28 份。落实党内组织生活制度，组织召开领导班子民主生活会 2 次，党员组织生活会 2 次。

【支部联建】2021 年，为落实好“结对共建　帮扶提升”主题联建活动，发挥先进支部示范引领作用，综合技术服务中心党支部与商品检验处党支部、进出口食品安全处党支部共同开展“结对共建聚合力，学史力行谱新篇”主题党建共建活动。各支部书记对党建工作、党史学习教育开展等方面的情况进行了研讨交流，共同学习习近平总书记“七一”讲话等重要文件精神。支部联建中开展学习先进模范、诵读红色诗歌、交流学习心得等主题活动。全体党员共同学习身边先进模范，重温入党誓词，表达不忘初心、砥砺前行的信念和决心。青年党员朗诵诗歌《你是我永远的信仰》，用文字和声音的力量献礼建党百年。党员代表情真意切谈心得，发自肺腑谈感悟，立足岗位谈打算，凝心聚力促提升。共建党支部以“党建共建”为新起点，加强沟通交流，发挥共建优势，共同深入践行“我为群众办实事”，使党建工作共同迈上新高度。

▲2021 年 8 月 19 日，综合技术服务中心党支部与商品检验处党支部、进出口食品安全处党支部开展支部联建

【“优质服务年”活动】2021 年，综合技术服务中心围绕大连海关“质量提升年”总体要求，在各管理部开展“优质服务年”活动，建立考核机制，完善活动方案，明确职责分工，公开服务承诺，树立服务“动”理念，增强服务“强”本领，

▲2021 年 3 月 12 日，综合技术服务中心负责人到港湾管理部物业指导工作

提高服务“新”水平，强化中心一盘棋意识，形成服务保障一体化体系，开拓后勤工作新局面。与各管理部签订服务承诺书 6 份，要求各管理部按方案要求对分管安保、食堂、物业、车辆等管理工作，制定服务标准、签订服务责任，切实提高服务水平，增强服务本领。

【后勤保障】2021 年，综合技术服务中心本部为各隶属关区制作疫情防控、食堂文化、管理规章、节约水电等宣传板 141 块，宣传活动在大连关区取得良好的反响。各隶属海关管理部采取调整人员岗位、设立负责人、每周多方集中制定菜谱等办法，提高伙食质量。

▲2021 年 8 月 17 日，综合技术服务中心食堂工作人员制作午餐

【绿色节能】2021 年，综合技术服务中心以多种形式普及办公生活节能知识，宣传节能环保、低碳生活的重要意义，积极营造珍惜资源、节能环保的氛围。各管理部在办公楼道及水房张贴节约能源宣传标语；在食堂张贴“厉行节约，反对浪费”

▲2021 年 10 月 20 日　综合技术服务中心工作人员安装节能宣传板

“珍惜粮食，节约能源”等节能海报及提示卡片，倡导光盘行动；降低公共场所照明设施和各办公区域空调使用时间，进一步增强干部职工节能意识。派驻七贤岭海关管理人员采取安装直饮机方式保障关员用水安全，节约日常办公成本。通过一系列活动，引导干部职工树立绿色、共享的发展理念，增强低碳、绿色、环保的生活意识，推进节能型机关建设。

（撰稿人：秦晓辉）

大连海关检测技术交流中心

【概况】大连海关检测技术交流中心（以下简称“交流中心”）是大连海关所属正处级事业单位。前身为国家出入境检验检疫局大连检测技术交流中心，于1985年12月25日经原国家进出口商品检验局批准成立。2002年4月2日，经中央编办批复更名为辽宁出入境检验检疫局大连检测技术交流中心。2019年4月30日，经中央编办批复更名为大连海关检测技术交流中心。交流中心主要承担全国海关各类会议、培训、公务接待等服务保障工作，负责总署大连教育培训基地、人民路39号大楼经营管理工作。

2021年，在大连海关党委的坚强领导下，交流中心深入贯彻落实总署、大连海关两级工作会议和全面从严治党工作会议部署，坚持稳中求进的工作总基调，以落实“质量提升年”要求为主线，克服新冠肺炎疫情带来的阻力和挑战，全面提升党建工作质量、疫情防控质量、服务保障质量、经营发展质量和队伍管理质量，凝心聚力，继往开来，努力开创工作新篇章，为大连海关新时代“一流强关”建设做出应有贡献，各项工作总体上保持平稳发展态势。

【服务保障】2021年，交流中心不断增强全局观念、服务意识，以更高的标准、更强的责任、更实的担当不断提升会议、培训、公务接待等服务保障工作的质量和水平。总署大连教育培训基地共承接全国海关会议、培训22期，2, 810人/天/次，承接地方政府及企事业单位会议、培训24期，3, 258人/天/次，服务保障工作受到相关单位部门肯定和表扬，收到大连市委办公室感谢函，被评为大连市政协会服务保障标杆单位，树立大连海关良好形

▲2021年5月13日，大连海关检测技术交流中心负责大连海关进出口商品质量安全联合风险监测工作会议的服务保障

象；人民路39号大楼圆满完成关区一线借调工作人员和大连国际旅行卫生保健中心检测人员住宿、用餐等保障服务，全年服务保障8,538人次。

【新冠肺炎疫情防控】2021年，交流中心严格落实总署、大连海关及地方政府新冠肺炎疫情防控要求，周密部署，狠抓落实，修订印发《海关总署大连教育培训基地安全应急预案》《人民路39号大楼防疫处置预案》，严格做好干部职工、会议培训人员及其他外来人员管控，严格执行佩戴口罩、测温扫码、通风消毒等常态化防控措施，积极开展爱国卫生运动，消除卫生死角，坚持实行干部职工健康监测"日报告、零报告"制度，从严落实干部职工离连审批制度，定期组织核心岗位人员新冠病毒核酸检测，积极推进干部职工新冠病毒疫苗接种工作，构筑无死角防疫防线，确保各类会议、培训安全顺利开展。

【安全生产】2021年，交流中心深入贯彻落实党中央、国务院及总署、大连海关关于安全生产的各项决策部署和工作要求，扎实推进安全生产工作，有效防范化解重大安全风险。对《大连海关检测技术交流中心安全生产应急处置预案》《大连海关检测技术交流中心疫情防控应急处置预案》进行修订，所属经济实体实行值班经理日巡查、安全小组周巡查等日常监督制度，定期组织全员安全学习培训，组织员工进行消防安全演练及紧急情况人员撤离演练。组织开展安全生产专项排查整治活动，形成安全隐患整治台账，并逐一销号清零，年内先后完成培训基地换热站升级改造、天然气及报警系统升级改造、厨房炉头改造和人民路39号大楼实验室及防疫专用通道改造等重点安全隐患消除工程。

▲2021年10月14日，大连海关检测技术交流中心组织开展消防安全讲座及消防安全演练

（撰稿人：郑　勇）

中国电子口岸数据中心大连分中心

【概况】2002年10月，总署根据中央编办《关于海关总署设立中国电子口岸数据中心的批复》，决定在大连海关设立中国电子口岸数据分中心；2003年8月，中国电子口岸数据中心大连分中心（以下简称“数据分中心”）正式成立，为正处级机构，系总署中国电子口岸数据中心（以下简称“数据中心”）的分支机构。同时，数据分中心作为大连海关的直属事业单位，具有独立法人资格，经费独立核算，实行直属海关和数据中心双重领导。

【技术服务】2021年，数据分中心新增导入接口企业69家，开通接口企业558家，直连总署数据交换节点企业66家，数据分中心直属二级数据交换节点企业140家，大连跨境电子商务综合试验区综合服务平台数据交换节点企业388家。全年，数据分中心直属二级数据交换节传输通道166条，同比增长18.57%；传输信息约1.01亿次，日均27.67万次。全年，接待企业4,093家，入网企业1,538家，变更企业基本信息及人员信息1,188家，制卡4,531张，延期解锁1,366张。大连市公共行政服务中心好差评系统全年无差评。大力推广“网上申报+邮寄”模式线上办理身份认证业务，累计受理线上业务406家。

【“关银一KEY通”】2021年，数据分中心加强与银行间业务沟通，根据其业务需求实地考察、评估，新增并验收中国建设银行大连市分行营业部代办点，方便企业就近办理。自合作代理制卡点工作开展以来，新企业入网279家次，制卡536张。

【“单一窗口”服务】2021年，数据分中心执行规程设立的两级三线服务机制，通过国际贸易“单一窗口”运维服务管理平台做好服务请求的即时登记处置工作。设专人值班提供电子口岸热线（95198）7×24小时服务，全年“95198热线”通话次数1.71万次，二线处理工单1,111个，接待企业181次；设专岗监控

▲2021 年 11 月 15 日，“95198 热线”接线员为企业解决“单一窗口”问题

各类业务群 28 个，及时发现并协助解决大面积系统故障 20 次；新媒体（微信、QQ）受理、远程指导企业问题 2,824 余次，完成各类系统企业配置变更共 20 次。

（撰稿人：王　宁）

第八篇

群众团体

大连海关机关工会

【概况】大连海关机关工会成立于1992年，设工会主席1名（正处级）、工会副主席1名（副处级）。大连海关机关工会负责拟订机关工会工作建设发展规划、制度和年度工作计划并组织实施；指导大连关区各基层工会组织开展工作；组织开展职工文化体育活动和心理疏导工作，指导大连海关机关文体协会建设；开展机关职工福利和慰问相关工作。

【关心关爱】2021年，大连海关慰问干部职工59人次，完成13名困难职工帮扶工作。在职工中开展医疗互助、女职工“两癌”慰问等活动。发布《关于做好疫情防控工作中关心关爱一线干部职工工作的通知》，开通帮扶关怀热线和心理援助热线。

【文体活动】2021年，大连海关组织开展“迎新送福”活动，“同心奋进”杯足球比赛、篮球比赛和拔河比赛，全员广播体操健身活动，“三八”“五四”“六一”等系列节日纪念活动。被国家体育总局授予“2017—2020年度全国群众体育先进单位”荣誉称号。

▲2021年4月14日，大连海关举办“同心奋进”杯足球、篮球比赛

【纪念“建党百年”系列活动】2021年，大连海关组织开展“永远跟党走”群众歌咏活动展演和主题书画摄影作品征集展示活动，组织开展迎接“建党百年”网络知识问答活动，组织“永远跟党走　奋进新时代”工运史和劳模展室参观活动，排演歌舞作品《红船》并参加大连市妇联“颂歌献给党‘最美女声’推选征集活动”，参加大连市直属机关庆祝中国共产党成立100周年“两优一先”表彰大会暨文艺演出。

（撰稿人：王翰实）

大连海关机关团委

【概况】大连海关机关团委成立于1991年，设团委书记1名（正处级）。大连海关机关团委负责拟订大连关区共青团工作建设发展规划、制度和年度工作计划并组织实施；指导大连关区各基层团组织开展工作；推动大连关区志愿服务工作；统筹指导大连关区政工新媒体宣传工作。

【青年思想教育】2021年，大连海关组建68个青年理论学习小组，打造“雏鹰”“七星团队”“青年研习社”等特色青年学习品牌。由各级青年理论学习小组负责开展的“保税航油监管新模式”“跨境电商退货监管”“油气系统智慧监管”等创新项目攻关，多项举措被复制推广，部分课题被总署立项。

【新媒体宣传】2021年，大连海关“梦海连天”公众号实现大连关区全覆盖订阅，用户总数于年底突破5,130人。全年发布稿件330篇，阅读总数13.5万次。被总署“金钥匙”公众号采用发布稿件28篇，4篇文章列当月排行榜前10位。其中，《手绘登轮检疫海关人的一天》荣获“2021国门传播奖”新媒体类二等奖，被中国青年网转载；原创MV《夜空中最亮的星》点击量逾1.5万次，在“金钥匙”公众号当月排名第一位。

【青年志愿服务】2021年，大连海关联合共青团大连市委开展“2021青峰论坛”，专题宣讲海关政策；联合大连自然博物馆举办“国门生物安全”专题展览和知识普及，联合中山区中心小学等10所学校组织国门生物安全进校园系列公益活动，组织讲座13期；联合长兴岛实验小学组织禁毒知识进校园活动，与圣亚海洋世界共同组织生物多样性系列公益活动；聚焦文明城市创建，赴星海公园、中山公园、付家庄等地组织垃圾清理等志愿活动34期，参与人数278人次；赴兴和社区、至诚社区等组织清理卫生及小广告等公益活动13期，参与人数157人次；与大连憨宝工坊开展定期公益活动，助力孤独症障碍者上班；与抗美援朝退伍老兵建立定点帮扶，共帮扶退伍老兵3人；积极开展志愿植树、义务献血活动6期；开展向贫困地区捐款捐物活动，捐赠衣物500余件、图书400余本。金钥匙志愿者服务队被共青团大连市委评为“2020—2021年度大连市青年志愿者行动优秀组织”。

▲2021年6月18日，大连海关志愿者与孤独症障碍者开展篮球互动活动

【团组织基础建设】2021年，大连海关召开大连海关第八次团员代表大会，选举产生机关团委第八届委员会。组织大连海关关区各级团组织158名成员参与团中央推出的“青年大学习”活动。积极开展青年文明号创建工作。年内，关区有2个科室集体获评“全国青年文明号”。

（撰稿人：王翰实）

中国海关学会大连分会

【概况】中国海关学会大连分会由大连、沈阳、长春、哈尔滨、满洲里、呼和浩特6个幅联海关学会组成，新一届中国海关学会大连分会于2018年3月7日成立，李治国担任海关学会大连代表处主任（分会会长），张雷任大连代表处（分会）秘书长。根据中国海关学会“理论研究、建言献策、情况反映、人才培养”的职能定位，大连分会负责组织、协调、督促幅联各海关学会的群众性理论研究，开展年度主题征文征集评审，承办中国海关学会交办的其他工作。

【理论研究】2021年，中国海关学会大连分会制定“大连分会年度论文征集工作时间节点”。前往大连港湾海关、大窑湾海关等部门开展座谈，推动理论研究创作，组织专题培训研讨会及视频会议，辅导论文创作、评审工作。全年，幅联各学会共计征集论文807篇；向《海关研究》杂志荐稿25篇，被刊用9篇；在中国海关学会网站刊载信息6条。在中国海关学会“海关在总体国家安全观中的历史使命与责任担当”主题征文活动中，大连分会幅联各学会的《引入MCN理念，创建“一先四快”安全体系——谈海关如何提高对网络舆情的管控能力》《大数据时代海关数据安全体系建设现状及应对措施》《加强进口粮食检疫监管　保障国家粮食安全》《海关维护货物贸易安全的闭环策略》《探析总体国家安全观视域下海关维护国际产业链供应链安全的路径》5篇论文获优秀论文；《国境卫生安全背景下优化空港口岸海关旅检监管效能的若干思考》《总体国家安全观视角下陆路边境口岸海关安全治理能力研究》《总体国家安全观背景下海关防范化解四项风险　提升执法公信力探究》《疫情安全防护在空港口岸海关完善之策》4篇论文入选征文。在海关总署政工办与中国海关学会联合举办的“纪念中国共产党建党百年”理论文章征集活动中，《发生在日控大连税关的“潜伏”》《大连解放区海关建立及业务开展研究》《难忘的一九四八——接管营口海关》《解放战争时期东北海关的建立及对外贸易研究》《解放战争中延边海关设立与动作及其战略作用》《中国共产党人接管河口海关纪实》《常彦卿：不应忘却的回忆》7 篇论文入选优秀论文。

【组织建设】 2021 年，大连分会幅联各海关学会积极推进学会组织建设。大连海关学会实现大连关区所有部门、隶属海关和企事业单位会员组织全覆盖；哈尔滨海关学会、沈阳海关学会完善《学会章程》《学会会员管理办法》；长春海关结合关区实际进一步明确学会职责任务，保障学会人员、经费安排。呼和浩特海关学会、满洲里海关学会筹备换届工作。长春海关党委责成办公室、政工办、海关学会等相关部门成立年鉴编纂机构，按职责分工做好任务落实。

（撰稿人：饶文斌）

大连海关学会

【概况】大连海关学会第四届理事会于2019年3月6日成立，会长刘吉林，副会长刘双发、刘滨，秘书长宋志超，副秘书长孙耘、孙鹏，现有46个学会小组、会员3,150人。2021年，大连海关学会注重联络员能力培养，组织大连关区学会小组组长及联络员的线上培训工作。对学会的10项制度、规定进行完善，主动与机关职能部门沟通协调，充分发挥学会的职能作用。

【理论研究】2021年，大连海关学会结合大连关区工作实际情况，组织专家对大连关区的理论骨干进行线上和线下指导。全年，收到各类论文357篇，其中“海关在总体国家安全观中的历史使命与责任担当”征文247篇，经专家评审，评选出一等奖8篇、二等奖15篇、三等奖30篇、优秀40篇。与大连海关机关党委联合开展关于“组织庆祝中国共产党成立100周年”理论文章征集活动，收到论文103篇，向中国海关学会报送12篇优秀论文，2篇获得优秀论文奖。其中学会副会长刘双发、秘书长宋志超的纪念建党百年理论文章被《全国海关纪念建党百年理论文章专题征文优秀论文集》收录。5篇论文进入中国海关学会“推进海关制度创新与治理能力建设研究”主题征文活动前30名的优秀论文序列，优秀论文数量位居全国海关第一，主题征文总数量排名第四。向《海关研究》投稿16篇，被刊用8篇。

【成果转化】2021年，大连海关注重理论研究成果转化，在制定《促进理论成果转化管理办法》的基础上，安排专人对年度获奖论文进行梳理，对涉及总署事权和在改革实践中已经落实的内容之外的理论成果，进行研究分析，着手推进理论研究成果的转化工作。适时组织召开“大连海关理论研究成果转化推进会”，与论文作者面对面交流，听取其关于论文成果转化进展情况及转化建议的汇报，提出修改建议，指出研究重点，对理论研究工作作出具体要求。年内9篇论文研究成果的21条重点意见建议完成转化。

【编纂出版志书】2021年，大连海关学会完成辽宁省、大连市的年鉴编纂工作。完成《辽宁省志·海关志》（大连海关卷）（1986—2005），计60万字；《辽宁省志·出入境检验检疫志》（1986—2005），计67万字。两部志书分别在2021年10月28日和2021年12月27日印刷出版。

（撰稿人：宋志超）

第九篇

荣誉榜

先进集体名单

序号	获奖单位	所在单位	获奖名称	授予单位
1	大连周水子机场海关旅检三科党支部	大连周水子机场海关	党建示范品牌（复核）	海关总署
2	大连海关卫生检疫处党支部	大连海关	党建示范品牌（复核）	海关总署
3	大连港湾海关驻和尚岛办事处党总支	大连港湾海关	党建培育品牌（复核）	海关总署
4	大连邮局海关综合业务科党支部	大连邮局海关	党建培育品牌（复核）	海关总署
5	卫生检疫处	大连海关	全国海关系统抗击新冠肺炎疫情先进集体	海关总署
6	大连周水子机场海关	大连周水子机场海关	全国海关系统抗击新冠肺炎疫情先进集体	海关总署
7	大连国际旅行卫生保健中心	大连国际旅行卫生保健中心	全国海关系统抗击新冠肺炎疫情先进集体	海关总署
8	鲅鱼圈海关综合保障科	鲅鱼圈海关	“全国三八红旗集体”	全国妇联
9	大连周水子机场海关旅检四科	大连周水子机场海关	2020年全国“扫黄打非”先进集体	全国“扫黄打非”工作小组
10	大连海关工会	大连海关	“2017—2020年度全国群众体育先进单位”	国家体育总局
11	丹东海关铁路旅检科	丹东海关	第20届全国青年文明号	共青团中央
12	长兴岛海关综合业务科	长兴岛海关	第20届全国青年文明号	共青团中央
13	大连周水子机场海关机关党委	大连周水子机场海关	辽宁省先进基层党组织	辽宁省委组织部
14	大连海关机关团委	大连海关	2021年度“辽宁省五四红旗团委”	辽宁省团委
15	大窑湾海关卫生检疫处党总支	大窑湾海关	大连市抗击新冠肺炎疫情先进基层党组织	大连市委、大连市政府
16	大窑湾海关卫生检疫处党总支	大窑湾海关	大连市抗击新冠肺炎疫情先进集体	大连市委、大连市政府
17	大连周水子机场海关机关党委	大连周水子机场海关	大连市先进基层党组织	大连市委组织部

续表

序号	获奖单位	所在单位	获奖名称	授予单位
18	大连海关卫生检疫处党支部	大连海关	大连市直机关工委先进基层党组织	大连市直机关工委
19	金普海关机关党委	金普海关	大连市直机关工委先进基层党组织	大连市直机关工委
20	大连海关缉私局机场分局党总支	大连海关缉私局	大连市直机关工委先进基层党组织	大连市直机关工委
21	大连海关机关团委	大连海关	2020年度“大连市五四红旗团委”	大连团市委
22	大连长兴岛海关	大连长兴岛海关	2020—2021年度“大连青年五四奖章集体”	大连团市委
23	大连港湾海关综合业务科	大连港湾海关	大连市“三八”红旗集体	大连市妇联
24	大窑湾海关保税监管处保税监管三科	大窑湾海关	大连市“三八”红旗集体	大连市妇联

先进个人名单

序号	获奖人员	所在单位	获奖名称	授予单位
1	孟庆尧	大窑湾海关	全国海关2021年度“百名优秀执法一线科长”	海关总署
2	杨　曦	大连周水子机场海关	全国海关2021年度“百名优秀执法一线科长”	海关总署
3	杜海方	北良港海关	全国海关2021年度“百名优秀执法一线科长”	海关总署
4	杨　杰	邮局海关	2020年全国“扫黄打非”先进个人	全国“扫黄打非”工作小组
5	姜　南	大连港湾海关	2021年全国“扫黄打非”先进个人	全国“扫黄打非”工作小组
6	陶化梅	卫检处	全国海关系统抗击新冠肺炎疫情先进个人	海关总署
7	王　洋	口岸处	全国海关系统抗击新冠肺炎疫情先进个人	海关总署
8	陈　驰	企管处	全国海关系统抗击新冠肺炎疫情先进个人	海关总署
9	于娟娟	大窑湾海关	全国海关系统抗击新冠肺炎疫情先进个人	海关总署
10	范智鹏	大窑湾海关	全国海关系统抗击新冠肺炎疫情先进个人	海关总署
11	刘　畅	大窑湾海关	全国海关系统抗击新冠肺炎疫情先进个人	海关总署
12	杨　雪	邮局海关	全国海关系统抗击新冠肺炎疫情先进个人	海关总署
13	马元鹏	港湾海关	全国海关系统抗击新冠肺炎疫情先进个人	海关总署
14	陶　坤	港湾海关	全国海关系统抗击新冠肺炎疫情先进个人	海关总署
15	邢　东	港湾海关	全国海关系统抗击新冠肺炎疫情先进个人	海关总署
16	宋锋林	保健中心	全国海关系统抗击新冠肺炎疫情先进个人	海关总署
17	马　勇	食品处	全国海关系统抗击新冠肺炎疫情先进个人	海关总署
18	张红兵	机场海关	全国海关系统抗击新冠肺炎疫情先进个人	海关总署
19	杜海方	北良港海关	全国海关系统抗击新冠肺炎疫情先进个人	海关总署
20	何　穹	金石滩海关	全国海关系统抗击新冠肺炎疫情先进个人	海关总署
21	魏秀梅	风险防控分局	全国海关系统抗击新冠肺炎疫情先进个人	海关总署
22	刘　锋	盘锦海关	辽宁省抗击新冠肺炎疫情先进个人	辽宁省委、辽宁省政府
23	纪思宏	缉私局	2021年度辽宁省“最美家庭”荣誉称号	辽宁省妇联
24	白　铭	大连海关政工办	2018—2020年度大连市精神文明建设先进个人	大连市委、大连市政府
25	宋国财	大连港湾海关	大连市抗击新冠肺炎疫情先进个人	大连市委、大连市政府
26	陈海涛	大连长兴岛海关	大连市抗击新冠肺炎疫情先进个人	大连市委、大连市政府

续表

序号	获奖人员	所在单位	获奖名称	授予单位
27	蔡　滨	离退休干部办公室	大连市直机关工委优秀共产党员	大连市直机关工委
28	高玉峰	保健中心	大连市直机关工委优秀共产党员	大连市直机关工委
29	刘　畅	大窑湾海关	大连市直机关工委优秀共产党员	大连市直机关工委
30	黎克巍	大连海关缉私局	大连市直机关工委优秀共产党员	大连市直机关工委
31	王　煜	鞍山海关	大连市直机关工委优秀党务干部	大连市直机关工委
32	蒋丽娜	丹东海关	大连市直机关工委优秀党务干部	大连市直机关工委
33	郑晓东	大连海关缉私局	大连市直机关工委优秀党务干部	大连市直机关工委
34	范智鹏	大窑湾海关	2020—2021 年度“大连青年五四奖章”	大连团市委
35	杨　柯	盘锦海关	2020 年度“大连市优秀共青团干部”	大连团市委
36	张广博	营口海关	2020 年度“大连市优秀共青团员”	大连团市委
37	马鑫源	大东港海关	2020 年度“大连市优秀共青团员”	大连团市委
38	纪思宏	缉私局	2020 年度“滨城十大最美家庭”荣誉称号	大连市妇联
39	纪思宏	缉私局	2020 年度“滨城最美家庭”荣誉称号	大连市妇联
40	刘　佳	口岸监管处	2020 年度“滨城最美家庭”荣誉称号	大连市妇联
41	王长宇	教育处	2020 年度“滨城最美家庭”荣誉称号	大连市妇联
42	李　斌	机场海关	2020 年度“滨城最美家庭”荣誉称号	大连市妇联
43	杜海方	北良港海关	2020 年度“滨城最美家庭”荣誉称号	大连市妇联

大连海关首次荣获“光荣在党50年”纪念章名单

序号	姓名	入党日期	现所在党组织
1	王久成	1947. 08. 27	中共大连海关离退休干部第一支部委员会
2	杨学信	1949. 02. 01	中共大连海关离退休干部第一支部委员会
3	于永杰	1952. 06. 14	中共大连海关离退休干部第一支部委员会
4	董维强	1956. 06. 30	中共大连海关离退休干部第一支部委员会
5	王柏祥	1966. 03. 23	中共大连海关离退休干部第一支部委员会
6	于泽维	1967. 09. 30	中共大连海关离退休干部第一支部委员会
7	陈明星	1968. 06. 23	中共大连海关离退休干部第一支部委员会
8	韩　明	1969. 01. 09	中共大连海关离退休干部第一支部委员会
9	赵凤山	1969. 07. 04	中共大连海关离退休干部第一支部委员会
10	王佩国	1969. 07. 12	中共大连海关离退休干部第一支部委员会
11	李淑苓	1969. 08. 01	中共大连海关离退休干部第一支部委员会
12	姜新庆	1969. 12. 29	中共大连海关离退休干部第一支部委员会
13	鞠凤启	1969. 12. 30	中共大连海关离退休干部第一支部委员会
14	于　成	1970. 01. 26	中共大连海关离退休干部第一支部委员会
15	曹锁连	1970. 09. 19	中共大连海关离退休干部第一支部委员会
16	于秉信	1970. 11. 11	中共大连海关离退休干部第一支部委员会
17	于长德	1970. 12. 03	中共大连海关离退休干部第一支部委员会
18	刘京生	1971. 03. 27	中共大连海关离退休干部第一支部委员会
19	李佩伟	1971. 06. 10	中共大连海关离退休干部第一支部委员会
20	张光彦	1955. 06. 16	中共大连海关离退休干部第二支部委员会
21	刘盛山	1959. 11. 31	中共大连海关离退休干部第二支部委员会
22	苏廷俊	1963. 09. 20	中共大连海关离退休干部第二支部委员会
23	张恒臣	1964. 10. 10	中共大连海关离退休干部第二支部委员会
24	龚赞玉	1965. 07. 01	中共大连海关离退休干部第二支部委员会
25	孙天义	1965. 12. 28	中共大连海关离退休干部第二支部委员会

续表1

序号	姓名	入党日期	现所在党组织
26	卞庆富	1966.05.16	中共大连海关离退休干部第二支部委员会
27	刘文忠	1967.04.25	中共大连海关离退休干部第二支部委员会
28	张德安	1968.10.12	中共大连海关离退休干部第二支部委员会
29	吕建军	1969.04.01	中共大连海关离退休干部第二支部委员会
30	王允恒	1969.04.30	中共大连海关离退休干部第二支部委员会
31	马雁田	1969.11.15	中共大连海关离退休干部第二支部委员会
32	吕功良	1970.02.05	中共大连海关离退休干部第二支部委员会
33	汤天明	1971.03.30	中共大连海关离退休干部第二支部委员会
34	刘恒吉	1951.11.01	中共大连海关离退休干部第三支部委员会
35	龚正惠	1959.06.01	中共大连海关离退休干部第三支部委员会
36	李曦之	1961.04.26	中共大连海关离退休干部第三支部委员会
37	程　焱	1961.11.12	中共大连海关离退休干部第三支部委员会
38	乔庆斌	1961.12.08	中共大连海关离退休干部第三支部委员会
39	黄玉芝	1965.04.15	中共大连海关离退休干部第三支部委员会
40	张　麟	1965.10.30	中共大连海关离退休干部第三支部委员会
41	鞠玉坤	1965.11.10	中共大连海关离退休干部第三支部委员会
42	姜玉万	1966.05.02	中共大连海关离退休干部第三支部委员会
43	赫崇顺	1966.07.30	中共大连海关离退休干部第三支部委员会
44	倪广田	1969.01.08	中共大连海关离退休干部第三支部委员会
45	仲崇福	1970.02.01	中共大连海关离退休干部第三支部委员会
46	张本臣	1970.12.01	中共大连海关离退休干部第三支部委员会
47	侯上原	1971.07.01	中共大连海关离退休干部第三支部委员会
48	靳孝臣	1949.05.01	中共大连海关离退休干部第四支部委员会
49	曹宝山	1965.08.21	中共大连海关离退休干部第四支部委员会
50	李明达	1965.09.27	中共大连海关离退休干部第四支部委员会
51	丛盛芝	1966.01.09	中共大连海关离退休干部第四支部委员会
52	于洪国	1966.09.27	中共大连海关离退休干部第四支部委员会
53	赵元海	1969.09.01	中共大连海关离退休干部第四支部委员会
54	刘玉福	1970.12.20	中共大连海关离退休干部第四支部委员会
55	王云芳	1971.06.01	中共大连海关离退休干部第四支部委员会
56	陈建平	1938.05.01	中共大连海关离退休干部第五支部委员会
57	艾希君	1956.12.07	中共大连海关离退休干部第五支部委员会
58	李宗惠	1959.06.24	中共大连海关离退休干部第五支部委员会
59	李金花	1959.12.29	中共大连海关离退休干部第五支部委员会
60	李登域	1962.07.20	中共大连海关离退休干部第五支部委员会

续表2

序号	姓名	入党日期	现所在党组织
61	郑怀书	1962.09.10	中共大连海关离退休干部第五支部委员会
62	陈淑霞	1964.02.24	中共大连海关离退休干部第五支部委员会
63	温柏贵	1964.03.10	中共大连海关离退休干部第五支部委员会
64	周　杰	1966.12.27	中共大连海关离退休干部第五支部委员会
65	王书发	1969.06.27	中共大连海关离退休干部第五支部委员会
66	赵连发	1969.10.13	中共大连海关离退休干部第五支部委员会
67	陈耀先	1970.02.13	中共大连海关离退休干部第五支部委员会
68	王恩茂	1970.02.16	中共大连海关离退休干部第五支部委员会
69	毕淑兰	1970.05.14	中共大连海关离退休干部第五支部委员会
70	徐洪良	1970.07.25	中共大连海关离退休干部第五支部委员会
71	王寿山	1970.09.08	中共大连海关离退休干部第五支部委员会
72	周其聚	1971.01.23	中共大连海关离退休干部第五支部委员会
73	孙吉慧	1971.02.25	中共大连海关离退休干部第五支部委员会
74	林乐桐	1971.04.26	中共大连海关离退休干部第五支部委员会
75	耿润祥	1971.05.28	中共大连海关离退休干部第五支部委员会
76	刘红宇	1948.11.04	中共大连海关离退休干部第六支部委员会
77	郝秀芬	1949.01.26	中共大连海关离退休干部第六支部委员会
78	林迎春	1949.02.14	中共大连海关离退休干部第六支部委员会
79	夏树彬	1953.03.10	中共大连海关离退休干部第六支部委员会
80	杨景康	1956.09.21	中共大连海关离退休干部第六支部委员会
81	王　莹	1958.08.20	中共大连海关离退休干部第六支部委员会
82	崔宪杰	1959.08.21	中共大连海关离退休干部第六支部委员会
83	王德富	1959.12.08	中共大连海关离退休干部第六支部委员会
84	高守传	1962.05.26	中共大连海关离退休干部第六支部委员会
85	孙玉文	1962.08.23	中共大连海关离退休干部第六支部委员会
86	钱　辉	1962.09.30	中共大连海关离退休干部第六支部委员会
87	关百顺	1965.12.21	中共大连海关离退休干部第六支部委员会
88	张继全	1966.05.03	中共大连海关离退休干部第六支部委员会
89	路春清	1966.05.28	中共大连海关离退休干部第六支部委员会
90	李长忠	1967.04.29	中共大连海关离退休干部第六支部委员会
91	刘宝昌	1969.04.19	中共大连海关离退休干部第六支部委员会
92	朱汉泉	1969.08.17	中共大连海关离退休干部第六支部委员会
93	李万春	1969.10.27	中共大连海关离退休干部第六支部委员会
94	郭莲君	1969.11.25	中共大连海关离退休干部第六支部委员会
95	邹连福	1970.03.30	中共大连海关离退休干部第六支部委员会

续表3

序号	姓名	入党日期	现所在党组织
96	贾旭全	1970.04.12	中共大连海关离退休干部第六支部委员会
97	宋庆义	1970.06.30	中共大连海关离退休干部第六支部委员会
98	姜春丽	1970.09.02	中共大连海关离退休干部第六支部委员会
99	李明超	1970.09.03	中共大连海关离退休干部第六支部委员会
100	张俊臣	1970.09.14	中共大连海关离退休干部第六支部委员会
101	郭新文	1970.09.29	中共大连海关离退休干部第六支部委员会
102	王首才	1970.10.10	中共大连海关离退休干部第六支部委员会
103	汤红兵	1970.10.16	中共大连海关离退休干部第六支部委员会
104	周淑华	1970.10.26	中共大连海关离退休干部第六支部委员会
105	汪洪深	1971.03.12	中共大连海关离退休干部第六支部委员会
106	程春梅	1952.11.29	中共大连海关离退休干部第七支部委员会
107	贺桂兰	1956.05.01	中共大连海关离退休干部第七支部委员会
108	杜宜成	1964.10.13	中共大连海关离退休干部第七支部委员会
109	赵玉琴	1964.12.04	中共大连海关离退休干部第七支部委员会
110	宋振芳	1964.12.27	中共大连海关离退休干部第七支部委员会
111	林克礼	1965.09.20	中共大连海关离退休干部第七支部委员会
112	刘福来	1965.10.23	中共大连海关离退休干部第七支部委员会
113	周军良	1966.05.22	中共大连海关离退休干部第七支部委员会
114	王文丰	1967.10.27	中共大连海关离退休干部第七支部委员会
115	刘国仲	1968.02.10	中共大连海关离退休干部第七支部委员会
116	阎宝山	1969.09.21	中共大连海关离退休干部第七支部委员会
117	刘立功	1969.12.12	中共大连海关离退休干部第七支部委员会
118	王　利	1970.02.12	中共大连海关离退休干部第七支部委员会
119	范细珍	1970.06.12	中共大连海关离退休干部第七支部委员会
120	皇甫奇	1970.07.01	中共大连海关离退休干部第七支部委员会
121	丛武春	1970.12.13	中共大连海关离退休干部第七支部委员会
122	刘才厚	1970.12.26	中共大连海关离退休干部第七支部委员会
123	于淑云	1971.03.22	中共大连海关离退休干部第七支部委员会
124	王学顺	1971.04.23	中共大连海关离退休干部第七支部委员会
125	曲元明	1971.04.27	中共大连海关离退休干部第七支部委员会
126	徐永德	1957.01.26	中共大连海关离退休干部第八支部委员会
127	李维棣	1958.12.28	中共大连海关离退休干部第八支部委员会
128	曲福敏	1960.07.20	中共大连海关离退休干部第八支部委员会
129	孙文启	1961.04.23	中共大连海关离退休干部第八支部委员会
130	王玉民	1961.11.25	中共大连海关离退休干部第八支部委员会

续表4

序号	姓名	入党日期	现所在党组织
131	吕景星	1963. 08. 05	中共大连海关离退休干部第八支部委员会
132	郭登禄	1964. 07. 17	中共大连海关离退休干部第八支部委员会
133	李维葆	1964. 07. 26	中共大连海关离退休干部第八支部委员会
134	李文生	1965. 01. 04	中共大连海关离退休干部第八支部委员会
135	钟维信	1967. 03. 31	中共大连海关离退休干部第八支部委员会
136	荣启山	1968. 08. 09	中共大连海关离退休干部第八支部委员会
137	张希明	1969. 07. 27	中共大连海关离退休干部第八支部委员会
138	刘剑挺	1970. 05. 21	中共大连海关离退休干部第八支部委员会
139	戴武威	1971. 03. 06	中共大连海关离退休干部第八支部委员会
140	梁　光	1971. 03. 09	中共大连海关离退休干部第八支部委员会
141	初奎发	1971. 06. 26	中共大连海关离退休干部第八支部委员会
142	杜书勤	1954. 10. 01	中共大连海关离退休干部第九支部委员会
143	王培安	1959. 08. 22	中共大连海关离退休干部第九支部委员会
144	杜长财	1961. 04. 27	中共大连海关离退休干部第九支部委员会
145	王学海	1961. 06. 19	中共大连海关离退休干部第九支部委员会
146	高殿斌	1964. 03. 04	中共大连海关离退休干部第九支部委员会
147	李吉彦	1964. 12. 28	中共大连海关离退休干部第九支部委员会
148	邵秋菊	1965. 12. 17	中共大连海关离退休干部第九支部委员会
149	崔武豪	1965. 12. 24	中共大连海关离退休干部第九支部委员会
150	石永录	1966. 06. 08	中共大连海关离退休干部第九支部委员会
151	白广文	1966. 11. 13	中共大连海关离退休干部第九支部委员会
152	赵正军	1967. 04. 14	中共大连海关离退休干部第九支部委员会
153	陆相玺	1967. 12. 01	中共大连海关离退休干部第九支部委员会
154	张金华	1971. 04. 28	中共大连海关离退休干部第九支部委员会
155	王明仁	1964. 04. 01	中共大连海关离退休干部第十支部委员会
156	范广新	1965. 06. 27	中共大连海关离退休干部第十支部委员会
157	刘振华	1966. 04. 19	中共大连海关离退休干部第十支部委员会
158	宋树森	1969. 10. 12	中共大连海关离退休干部第十支部委员会
159	丛祥云	1970. 03. 08	中共大连海关离退休干部第十支部委员会
160	刘吉良	1970. 07. 09	中共大连海关离退休干部第十支部委员会
161	于大军	1971. 07. 01	中共大连海关离退休干部第十支部委员会
162	江　南	1969. 09. 03	中共大连海关离退休干部第十一支部委员会
163	郭　峰	1970. 10. 09	中共大连海关离退休干部第十一支部委员会
164	尹宪成	1965. 04. 27	中共大连海关离退休干部第十二支部委员会
165	吴荣富	1969. 12. 03	中共大连海关离退休干部第十二支部委员会

续表5

序号	姓名	入党日期	现所在党组织
166	谭国忠	1971.01.03	中共大连海关离退休干部第十二支部委员会
167	卞洪信	1961.07.8	中共大连海关离退休干部第十四支部委员会
168	凤葆文	1962.03.14	中共大连海关离退休干部第十四支部委员会
169	刘国政	1962.11.23	中共大连海关离退休干部第十四支部委员会
170	钟连滨	1966.02.23	中共大连海关离退休干部第十四支部委员会
171	谭兴礼	1969.11.07	中共大连海关离退休干部第十四支部委员会
172	刘成和	1970.02.27	中共大连海关离退休干部第十四支部委员会
173	李伟杰	1970.12.24	中共大连海关离退休干部第十四支部委员会
174	姚家胜	1966.02.22	中共鞍山海关离退休支部委员会
175	宋成民	1966.07.02	中共大东港海关离退休支部委员会
176	胡兆生	1969.08.19	中共大东港海关离退休支部委员会
177	陈富旺	1971.02.20	中共大东港海关离退休支部委员会
178	冷丛贵	1968.10.30	中共营口海关老干部支部委员会
179	王洪兵	1969.10.27	中共营口海关老干部支部委员会
180	乔兴东	1956.12.04	中共丹东海关离退休干部第一支部委员会
181	张圣哲	1960.11.01	中共丹东海关离退休干部第一支部委员会
182	韩汝宣	1963.06.11	中共丹东海关离退休干部第一支部委员会
183	李贵成	1968.09.28	中共丹东海关离退休干部第一支部委员会
184	郭圣阁	1968.10.24	中共丹东海关离退休干部第一支部委员会
185	姜锦龙	1970.09.21	中共丹东海关离退休干部第一支部委员会
186	崔士平	1971.06.25	中共丹东海关离退休干部第一支部委员会
187	李宝臣	1971.06.28	中共丹东海关离退休干部第一支部委员会
188	于建国	1950.05.04	中共丹东海关离退休干部第二支部委员会
189	王占余	1964.07.22	中共丹东海关离退休干部第二支部委员会
190	刘传海	1966.03.06	中共丹东海关离退休干部第二支部委员会
191	胡德春	1968.12.28	中共丹东海关离退休干部第二支部委员会
192	蔡福生	1969.09.24	中共丹东海关离退休干部第二支部委员会
193	张雅安	1969.09.28	中共丹东海关离退休干部第二支部委员会
194	汪润鸿	1970.01.15	中共丹东海关离退休干部第二支部委员会
195	张富波	1970.01.15	中共丹东海关离退休干部第二支部委员会
196	马文玉	1970.07.01	中共丹东海关离退休干部第二支部委员会
197	周玉保	1970.09.24	中共丹东海关离退休干部第二支部委员会
198	朱永贵	1970.11.01	中共丹东海关离退休干部第二支部委员会
199	蔡树海	1971.01.21	中共丹东海关离退休干部第二支部委员会
200	徐安军	1971.02.12	中共丹东海关离退休干部第二支部委员会

续表6

序号	姓名	入党日期	现所在党组织
201	于性跃	1956.10.18	中共丹东海关离退休干部第三支部委员会
202	金日善	1961.04.22	中共丹东海关离退休干部第三支部委员会
203	金汪基	1967.01.24	中共丹东海关离退休干部第四支部委员会
204	芦永利	1969.04.05	中共丹东海关离退休干部第四支部委员会
205	王振民	1970.01.25	中共丹东海关离退休干部第四支部委员会
206	高希林	1970.03.12	中共丹东海关离退休干部第四支部委员会
207	黄永贵	1970.04.16	中共丹东海关离退休干部第四支部委员会
208	冯　毅	1970.12.17	中共丹东海关离退休干部第四支部委员会
209	黄丽萍	1971.02.23	中共丹东海关离退休干部第四支部委员会
210	那玉书	1948.07.18	中共丹东海关离退休干部第五支部委员会
211	邹霖云	1949.04.09	中共丹东海关离退休干部第五支部委员会
212	孙连家	1953.04.22	中共丹东海关离退休干部第五支部委员会
213	刘占山	1953.07.01	中共丹东海关离退休干部第五支部委员会
214	戴如英	1957.01.25	中共丹东海关离退休干部第五支部委员会
215	李玉璠	1960.08.16	中共丹东海关离退休干部第五支部委员会
216	孙世全	1963.04.13	中共丹东海关离退休干部第五支部委员会
217	于虎勇	1969.04.24	中共丹东海关离退休干部第五支部委员会
218	李　涛	1969.04.24	中共丹东海关离退休干部第五支部委员会
219	牛希贵	1969.12.18	中共丹东海关离退休干部第五支部委员会
220	郭学增	1970.02.07	中共丹东海关离退休干部第五支部委员会
221	高振龙	1969.11.01	中共鲅鱼圈海关人事政工科支部委员会

2021 年度海关扎根艰苦地区边关工作金质奖章人员名录

序号	姓名	所在单位
1	李英梅	丹东海关
2	王昕辉	丹东海关
3	郭建秋	丹东海关
4	庄　厉	丹东海关
5	祝　威	丹东海关
6	刘丽静	丹东海关

2021 年度海关扎根艰苦地区边关工作银质奖章人员名录

序号	姓名	所在单位
1	王　多	丹东海关
2	邱大鹏	丹东海关
3	齐合军	丹东海关
4	安　华	丹东海关
5	胡晓博	丹东海关缉私分局
6	邹环球	丹东海关缉私分局
7	张　林	丹东海关缉私分局
8	王萍杰	丹东海关缉私分局
9	于振丹	丹东海关缉私分局
10	王鹏洲	丹东海关缉私分局
11	张　羽	丹东海关缉私分局

2021 年度海关扎根艰苦地区边关工作铜质奖章人员名录

序号	姓名	所在单位
1	张文良	丹东海关
2	刘　鹏	丹东海关
3	曹　日	丹东海关

第十篇

大事记

大事记

1 月

▲1 日　党委书记居峰、副关长吴志秀到大连周水子机场海关慰问一线工作人员并督导入境航班检疫工作。

▲3 日　党委书记居峰参加大连市冷链产业疫情防控和高质量发展工作会议。

▲4 日　党委书记居峰参加大连市推进冷链产业疫情防控和高质量发展电视电话会议。

大连海关丹东 P2 实验室通过新冠病毒核酸检测资质备案。

▲5 日　党委书记居峰参加辽宁省统筹推进新冠肺炎疫情防控和经济社会发展工作总指挥部视频工作会议。

▲6 日　党委书记居峰参加辽宁省统筹推进新冠肺炎疫情防控和经济社会发展工作总指挥部视频工作会议。

▲7 日　总指挥居峰主持召开大连海关统筹口岸疫情防控和促进外贸稳增长工作指挥部第 41 次会议，传达了海关总署及省市相关会议精神，审议了《大连海关新冠肺炎疫情防控工作人员安全防护管理规定》。

副关长曹建华参加大连市统筹推进新冠肺炎疫情防控和经济社会发展工作总指挥部第 46 次会议。

副关长曲罡参加大连十二届市委常委会第 212 次会议暨市委财经委员会第 10 次会议。

▲8 日　副关长曹建华参加大连市新冠肺炎疫情防控总指挥部办公室工作会议。

副关长曲罡参加骆东升副市长主持的大连市境外防疫工作会议。

▲11 日　党委书记居峰参加大连市统筹推进新冠肺炎疫情防控和经济社会发展工作总指挥部第 47 次会议。

▲12 日　党委书记居峰参加大连市进口高风险非冷链集装箱货物检测和预防性消毒工作部署电视电话会议。

副关长吴志秀参加中国（辽宁）自由贸易试验区大连片区建设工作领导小组第二次会议。

大连海关顺利启动 H2018 系统 3.0 版应用试点。“新一代通关管理系统”定位为关检业务融合后的主要通关作业系统，大连海关为2021年全国首批试点关区之一。

▲13日 总指挥居峰主持召开大连海关统筹口岸疫情防控和促进外贸稳增长工作指挥部第42次会议，对下一阶段大连海关提高思想认识，加强组织领导，严格落实总署各项规定，加强内部管理和个人防护、口岸环节新冠病毒检测和预防性消毒、疫苗接种，强化与联防联控部门的沟通协调等方面工作进行了部署。

政治部主任戴文涛主持召开大连海关处级以上领导班子2020年度民主生活会督导工作会议。

▲14日 党委书记居峰参加全国疫情防控工作电视电话会议。

党委书记居峰主持召开大连海关加强疫情防控部署工作电视电话会议，对大连海关疫情防控工作进行再强调、再部署、再动员。

▲15日 副关长吴志秀参加大连市统筹推进新冠肺炎疫情防控和经济社会发展工作总指挥部第48次会议。

▲16日 党委书记居峰参加辽宁省统筹推进新冠肺炎疫情防控和经济社会发展工作总指挥部办公室专题会议，就加强口岸疫情防控工作，防范境外疫情输入风险做专题发言。

▲17日 副关长吴志秀参加大连市口岸疫情防控工作会议。

▲18日 党委书记居峰参加中日（大连）地方发展合作示范区领导小组会议。

▲19日 党委书记居峰参加大连市委经济工作会议。

▲20日 党委书记居峰参加辽宁省统筹推进新冠肺炎疫情防控和经济社会发展工作总指挥部视频会议。

总指挥居峰主持召开大连海关统筹口岸疫情防控和促进外贸稳增长工作指挥部第44次会议，传达了省市相关会议精神，审议了《关于组建大连海关安全防护监督员队伍的通知》和《关于进一步加强入境船舶新冠肺炎疫情防控工作的通知》。

总检验师王继敏参加全市保供稳价工作电视电话会。

▲21日 党委书记居峰参加大连市统筹推进新冠肺炎疫情防控和经济社会发展工作总指挥部第49次会议。

▲23日 党委书记居峰参加全国安全生产电视电话会议。

党委书记居峰参加全市应急管理和安全生产工作视频会议。

▲25日 大连海关党委召开2020年度民主生活会。会上，党委书记居峰代表党委班子通报了“不忘初心、牢记使命”专题民主生活会和巡视整改专题民主生活会整改措施落实情况，并做了对照检查。

▲26日 缉私局党组书记陈和建主持召开缉私局党组2020年度专题民主生活会。

大窑湾海关高效完成大连关区首例进口高风险非冷链集装箱货物新冠病毒核酸

检测工作。

▲27 日 副关长曹建华主持召开大连海关信息工作关办公会。

▲29 日 政治部主任戴文涛参加 2021 年市直机关党的建设工作暨党组织书记述职评议会议。作为六个现场述职单位之一，戴主任从强化政治引领、加强思想建设、夯实组织工作基础和严格党员教育管理监督等方面作了现场述职。

党委纪检组组长孙大为参加 2021 年全国海关纪检监察工作会议。

▲31 日 大连海关完成大连口岸首列整车过境业务监管。进口整车自大连进境后换装特货专用列车，通过中欧班列从霍尔果斯口岸出境，前往哈萨克斯坦阿拉木图。

2 月

▲2 日 大连海关召开 2021 年预算工作视频会议。

政治部主任戴文涛参加 2021 年领导干部个人有关事项报告工作电视电话会议。

▲3 日 大连海关召开 2021 年大连海关工作暨全面从严治党工作视频会议。会议确定了 2021 年工作的总体要求和全面从严治党工作的总体要求。

▲4 日 海关总署党委研究决定：居峰任大连海关关长；邹峰任大连海关副关长、党委委员。

▲5 日 关长居峰会见中国银行辽宁分行行长陈志能一行。

副关长吴志秀接待英特尔中国公共事务部东北区总监詹兆洪一行到大连海关拜访。

副关长吴志秀参加总署综合业务司关于加强知识产权保护工作的电视电话会议。

▲6 日—8 日 关长居峰参加大连市第十六届人民代表大会第四次会议。

▲8 日 副关长曹建华参加总署安全生产专项整治三年行动工作领导小组会议暨全国海关安全生产电视电话会议。

副关长曲罡参加副省长陈绿平主持召开的相关工作会议。

政治部主任戴文涛主持召开机关党委八届十三次会议。

▲9 日 关长居峰参加大连市统筹推进新冠肺炎疫情防控和经济社会发展工作总指挥部第 50 次电视电话会议。

关长居峰参加大连市第十六届人民政府第七次全体（扩大）会议。

副关长吴志秀参加辽宁省统筹推进新冠肺炎疫情防控和经济社会发展工作总指挥部视频部署会议。

▲10 日 总指挥居峰主持召开大连海关统筹口岸疫情防控和促进外贸稳增长工作指挥部第 45 次会议。会上通报了辽宁省和大连市统筹推进新冠肺炎疫情防控和经济社会发展工作指挥部会议精神。

大连海关党委专题传达学习全国海关缉私工作会议精神。党委书记、关长居峰要求全关上下认真做好会议精神的传达贯彻，以会议精神为指导谋划好今年的打私工作。

▲11 日 关长居峰陪同大连市委书记谭作钧到大连保健中心实验室慰问调研。

▲18 日 关长居峰会见辽宁港口集团党委书记、总经理张翼。

▲19 日 关长居峰参加市长陈绍旺主持的市长办公会议。

▲22 日 关长居峰主持召开海港口岸冬春季疫情防控工作视频调度会议。

▲23 日 副关长曹建华参加 2021 年全国口岸办主任电视电话会议。

▲24 日 关长居峰会见交通银行大连分行行长刘鹏涛。

副关长吴志秀会见大连市自贸办专职副主任李汉国一行。

大连海关顺利启动 H2018 系统 3.0 版第二批应用试点。

▲25 日 副关长曹建华参加 2021 年全国海关政策研究及统计工作电视电话会议。

▲26 日 全体党委委员参加驻署纪检监察组“现场监管与外勤执法权力寻租”专项整治工作动员部署视频会议。

副关长曹建华参加 2021 年全国海关办公室工作电视电话会议。

▲27 日 一级巡视员孙远志参加省政府第 111 次常务会议。

3 月

▲2 日 副关长曹建华参加 2021 年全国海关动植物检疫工作电视电话会议。

副关长吴志秀主持召开大连海关“龙腾行动 2021”电视电话动员会议。

副关长吴志秀参加由大连市市长陈绍旺主持召开的办公会，研究推进港口整合发展任务分解工作事宜。

政治部主任戴文涛在大连参加全省党史学习教育动员大会。

▲3 日 大连海关与辽宁省市场监督管理局签署《进出口商品质量安全风险监测体系建设合作备忘录》。

▲4 日 副关长吴志秀参加 2021 年全国海关综合业务工作电视电话会议。

机关工会组织开展庆祝“三八”国际劳动妇女节文化讲座。

▲5 日 海关总署副署长、政治部主任胡伟以视频会议方式出席大连海关关长任职仪式。

▲8 日 总检验师王继敏参加全省外贸工作电视电话会议。

▲9 日 副关长邹峰参加 2021 年全国海关科技工作电视电话会议。

▲10 日 政治部主任戴文涛参加 2021 年度海关系统考试录用公务员面试、体检和考察工作视频会议。

▲11 日 大连海关召开 2021 年缉私工作会议，确定了 2021 年大连海关缉私工作的总体思路。

关长居峰、副关长曹建华参加全国部分海关重点产品专项调研电视电话会议。

▲12 日 关长居峰参加大连市党史学

习教育动员大会。

大连海关召开2021年关区综合业务专项工作会。

副关长曹建华参加国家卫健委调研组关于冷链食品疫情防控工作座谈会。

▲15日　大连市妇联授予大连港湾海关综合业务科、大窑湾海关保税监管处保税监管三科大连市“三八”红旗集体荣誉称号。

▲17日　大连海关召开“现场监管与外勤执法权力寻租”专项整治工作动员部署会议。

▲18日　关长居峰会见工商银行大连分行行长刘向明一行。

副关长曹建华参加2021年全国海关进出口食品安全工作视频会议。

▲19日　关长居峰参加大连市统筹推进新冠肺炎疫情防控和经济社会发展工作总指挥部第51次会议。

关长居峰参加大连市数字人民币试点工作座谈会。

大连海关召开优化口岸营商环境关务会。会议审议通过了《大连海关“优化口岸营商环境”综合协调推进工作机制》《大连海关2021年度“口岸营商环境质量提升”行动方案》。

辽宁省商务厅副厅长张卫东一行赴大连海关调研。

▲23日　大连海关参战海关总署打击“水客”走私集中收网第一轮行动。

▲24日　关长居峰、党委纪检组组长孙大为对拟提任正处级领导职务干部进行任前谈话和廉政谈话。

▲25日　大连海关党委巡察工作领导小组召开2021年第一次会议。

关长居峰在大连参加省生态文明建设和生态环境保护委员会（扩大）会议。

一级巡视员孙远志参加总署庆祝建党100周年网络安全保障工作电视电话会议。

大连关区首票减免税电子担保证明货物顺利通关。

▲26日　关长居峰会见建设银行大连分行行长李岩梅。

▲29日　关长居峰会见大连市委常委、副市长骆东升。

大连海关召开2020年度隶属海关党委书记、直属党组织书记党建述职现场会。

政治部主任戴文涛主持召开机关党委八届十四次会议。

▲29—31日　大连海关召开2021年第一季度党委理论学习中心组（扩大）学习。深入学习贯彻习近平总书记在党史学习教育动员大会、在全国“两会”期间发表的系列重要讲话精神，对党史进行专题学习，贯彻党的十九届五中全会精神和全国“两会”精神。

▲31日　关长居峰参加国务院发展研究中心来连调研座谈会。

副关长曲罡陪同大连市委常委、副市长骆东升到辽港集团调研。

4月

▲1日　大连海关组织收听收看全国

海关党史学习教育宣讲报告会。

副关长曹建华参加2021年大连海关动植物检疫工作会议。

▲1—2日 副关长吴志秀参加2021年全国海关督察内审工作会议。

▲2日 副关长邹峰出席世行TCC6（中国经济改革促进与能力加强项目）子项目督导工作会议并致辞。

▲7日 大连海关召开2021年度第一轮巡察工作动员部署会暨巡察干部培训班。党委书记、关长居峰作了2021年第一轮巡察工作动员讲话。

大连海关召开“现场监管与外勤执法权力寻租”专项整治工作领导小组会议。

副关长曲罡在大连参加二季度全省安全生产电视电话会议。

▲8—9日 副关长邹峰在厦门参加2021年全国海关财务工作会议。

▲9日 关长居峰会见恒力集团董事长陈建华。

副关长曹建华参加总署海关科技人员跟班作业活动动员电视电话会议。

▲10日 一级巡视员孙远志参加大连市统筹推进新冠肺炎疫情防控和经济社会发展工作总指挥部第52次会议。

▲12日 关长居峰在省政府参加中国（辽宁）自由贸易试验区工作领导小组会议。

大连海关召开“现场监管与外勤执法权力寻租”专项整治工作推进会议。

副关长邹峰陪同财政部预算评审中心调研组到大连周水子机场海关开展海关监管查验技术设备购建及能力提升项目绩效评价调研。

▲12—13日 财政部、海关总署监管设备能力提升项目调研组到大窑湾海关、丹东海关开展专项调研。

▲13日 政治部主任戴文涛出席关区处级干部党的十九届五中全会暨党史学习教育培训班开班仪式并讲专题党课。

大连海关完成国家生物安全二级（P2）实验室建设。

▲14日 大连海关启动2021年首轮实地巡察工作。大连海关党委首轮第一、第二、第三巡察组分别进驻丹东海关、旅顺海关、鲅鱼圈海关和盘锦海关开展实地巡察工作。

大连海关举办“同心奋进”杯足球、篮球比赛开幕式暨揭幕战。

▲15日 大连海关召开2021年进出口食品安全工作会议。

大连海关与辽港集团召开2021年关港联席会议预备会。

一级巡视员孙远志参加省政府常务会议。

▲16日 关长居峰会见英特尔全球副总裁兼英特尔大连公司总经理车广礼。

大连海关与辽港集团召开2021年关港合作联席会议。

副关长曹建华在省政府参加全国食品安全工作先进集体和先进个人表彰电视电话会议。

▲17—18 日 中国合格评定国家认可委员会（CNAS）派员对大连海关所属鲅鱼圈海关综合技术服务中心采用国际标准（ISO 11724）检验煤炭中氟含量项目进行了现场评审，该项目顺利通过评审。大连海关成为全国海关系统首个具备采用国际标准检验煤炭氟含量资质的单位。

▲19 日 乌鲁木齐、汕头、大连海关联合开展打击“水客”走私专项行动。

我国首船进口自乌拉圭的大麦靠泊大连北良港。这是自 2019 年 2 月海关总署发布允许符合检疫要求的乌拉圭大麦进口公告以来，全国首次进口该国大麦。

▲20 日 大连、沈阳、长春、哈尔滨海关举办知识产权海关保护线上联合培训。

▲21 日 丹东海关 P2 实验室正式开展新冠病毒核酸检测。

▲22 日 大连海关召开 2021 年法治工作会议，传达全国海关法治工作会议精神，部署 2021 年法治工作。

▲23 日 大连海关召开督审工作会议，关长居峰出席会议并提出要求。

大连湾里综合保税区和大连大窑湾综合保税区通过联合验收组验收。

▲25 日 副关长曹建华参加大连市冷链物流产业提质增效工作会议。

▲26 日 关长居峰在大连参加辽宁省抗击新冠肺炎疫情表彰大会。

一级巡视员孙远志在大连参加国务院第四次廉政工作会议及辽宁省政府第四次廉政工作会议。

大连海关隶属大窑湾海关、大连周水子机场海关、大连邮局海关、金普海关及大连港湾海关与大连市知识产权局共同签署了《加强进出口环节知识产权保护合作备忘录》。

大连海关开展“全国疟疾日”系列宣传活动。

大连海关开展“4·26”知识产权宣传周活动。

▲27 日 关长居峰在省政府参加 2021 年辽宁五一劳动奖表彰大会。

一级巡视员孙远志参加大连市抗击新冠肺炎疫情表彰大会。

副关长吴志秀在大连参加 2021 年全国海关卫生检疫工作会议。

▲28 日 大连海关召开第八次团员代表大会。会议审议通过了机关团委第七届委员会工作报告，选举产生了机关团委第八届委员会。

▲29 日 关长居峰会见丹东市市长张淑萍一行。

总署政策法规司副司长周军在总署党校大连校区参加海关归类管理制度立法调研。

▲30 日 大连海关机关团委荣获 2020 年度“大连市五四红旗团委”。共青团大连市委授予大连海关机关团委 2020 年度“大连市五四红旗团委”荣誉称号；授予盘锦海关团支部书记杨柯同志 2020 年度“大连市优秀共青团干部”荣誉称号；授

予营口海关张广博、大东港海关马鑫源两位同志2020年度“大连市优秀共青团员”荣誉称号。

5月

▲7日 关长居峰参加大连市“数字大连”建设工作领导小组全体会议。

关长居峰参加大连市开放工作领导小组2021年第一次会议。

▲8日 副关长邹峰主持召开大连海关2021年财务工作会议。传达全国海关财务工作会议精神，部署关区2021年财务工作总体思路及主要任务。

▲10日 大连海关完成RCEP原产地管理信息化应用系统上线工作。

大连海关和大东港海关被国家机关事务管理局、国家发展改革委、财政部联合授予节约型公共机构示范单位荣誉称号，并颁发证书和牌匾。

大连海关圆满完成世界卫生组织对我国首场消除疟疾认证评估工作。

▲13日 东北、内蒙古6关进出口商品质量安全风险监测工作会议在大连召开。

▲13—14日 大连海关组织动植物检疫岗位资质网上考试。

▲14日 副关长吴志秀参加2021年关区卫生检疫工作会议。

总检验师王继敏参加总署食品局进出口食品安全信息工作情况通报视频会议。

▲15日 关长居峰参加大连市统筹推进新冠肺炎疫情防控和经济社会发展工作总指挥部第54次会议。

总指挥居峰主持召开大连海关统筹口岸疫情防控和促进外贸稳增长工作指挥部第46次会议。会上，通报了辽宁省指挥部办公室工作会议和大连市统筹推进新冠肺炎疫情防控和经济社会发展工作总指挥部54次会议精神，传达张际文副署长及总署卫生检疫司相关工作要求，对加强大连关区疫情防控工作进行了工作部署。

▲16日 关长居峰参加辽宁省统筹推进新冠肺炎疫情防控和经济社会发展工作总指挥部第36次会议。

▲17日 总指挥居峰主持召开大连海关统筹口岸疫情防控和促进外贸稳增长工作指挥部第47次会议。通报了5月16日辽宁省和大连市统筹推进新冠肺炎疫情防控和经济社会发展工作总指挥部相关会议精神，针对近期安徽、辽宁等地疫情情况，对下一阶段防控工作提出具体要求。

▲18日 关长居峰参加省政府第121次常务会议。

▲19日 副关长吴志秀主持召开口岸疫情防控视频调度会议。

副关长邹峰参加2021年全国企业管理和稽查工作电视电话会议。

▲20日 大连海关党委巡察工作领导小组召开2021年第二次会议，党委书记、关长居峰主持。会议传达学习了全国巡视工作会议暨十九届中央第七轮巡视动员部署会议精神和胡伟副署长在2021年全国海

关巡察工作推进会议上的讲话，听取了领导小组成员单位落实《关于加强上下联动的实施意见》有关情况，审议听取了2021年第一轮三个巡察组的巡察工作情况汇报。

大连海关与辽宁省教育厅、省市场监督管理局联合开展儿童和学生用品安全守护行动。

▲21日　副关长吴志秀参加2021年全国打击侵权假冒工作电视电话会议。

▲25日　大连海关缉私局破获一起绕关走私冻品进境案。查获涉嫌走私入境猪副类冻品380吨。

▲26日　副关长曲罡参加省政府第122次常务会议。

6月

▲1日　副关长曹建华在连参加全省疫情防控工作视频调度会议。

大连周水子机场海关旅检四科荣获2020年全国“扫黄打非”先进集体荣誉称号。

▲1—2日　中央第一督导组辽宁小组到缉私局开展教育整顿督导检查。

▲2日　大连海关召开进出口危险化学品和危险货物检验和监管工作会议。

一级巡视员孙远志在大连参加全国深化“放管服”改革着力培育和激发市场主体活力电视电话会议。

▲7日　关长居峰会见辽渔集团董事长冯万斌一行。

副关长曹建华参加大连市冷链疫情防控工作会议。

▲8日　中央第一督导组在沈阳听取大连海关缉私局教育整顿工作汇报。

审计署沈阳特派办审计组进驻大连海关开展国家审计。

▲9日　副关长曲罡参加2021年全国海关口岸监管工作视频会议。

大连关区口岸首次截获蛆症异蚤蝇。从装有油菜籽粕的阿联酋船舶中截获大量输入性蝇类幼虫。

▲10日　大连海关召开2021年保密委员会会议。会议宣布大连海关保密委员会成员调整情况，传达总署2021年保密工作要求，进行保密形式任务宣讲并部署全年保密工作任务。

副关长曲罡召开打击跨境电商“断链刨根”专项整治行动工作会议，研究制订大连海关专项整治行动工作方案。

▲11日　副关长曹建华参加大连市统筹推进新冠肺炎疫情防控和经济社会发展工作总指挥部第56次电视电话会议。

▲15日　大连海关组织参加总署党史学习教育专题党课，组织收听了总署党委书记、署长倪岳峰同志向全国海关讲授的专题党课。

政治部主任戴文涛主持召开机关党委八届十五次会议。

▲16日　大连海关召开疫情防控工作电视电话会议。关长居峰传达了副署长张际文在全国海关疫情防控工作电视电话会

议上的讲话精神，并对关区疫情防控工作进行了部署，强调要充分认识当前疫情防控工作的复杂性、严峻性、艰巨性，全面加强口岸疫情防控和内部安全防护等各项工作，坚决防止职业暴露感染。会议还对关区安全生产工作提出了要求。

副关长邹峰参加总署庆祝中国共产党成立100周年网络安全保障工作电视电话会议。

▲17日 关长居峰在大连参加全国、全省、全市安全生产电视电话会议。

副关长曹建华主持召开进口冷链食品疫情防控专项会议。

副关长吴志秀在大连参加全省疫情防控工作视频调度会议。

▲18日 副关长曲罡参加总署企业信用管理制度改革说明视频会议。

▲22日 总检验师王继敏参加省打击侵犯知识产权和假冒伪劣商品工作领导小组会议。

▲22—24日 大连海关召开2021年第二季度党委理论学习中心组（扩大）学习。党委书记、关长居峰以《汲取党史力量 勇于担当作为 奋力走好新时代“一流强关”建设新征程》为主题，面向关区广大党员干部讲专题党课。

▲23日 政治部主任戴文涛参加大连市直属机关庆祝中国共产党成立100周年“两优一先”表彰大会暨文艺演出。大连海关4名党员获得“优秀共产党员”荣誉称号，3名同志获得“优秀党务工作者”荣誉称号，3个集体获得“先进基层党组织”荣誉称号。

▲24日 副关长曹建华参加辽宁省统筹推进新冠肺炎疫情防控和经济社会发展工作总指挥部办公室会议。

▲25日 关长居峰参加大连市全市领导干部大会。

大连海关召开庆祝中国共产党成立100周年“两优一先”表彰大会。

▲30日 副关长曹建华参加全省疫情防控工作视频会议。

7月

▲1日 大连海关组织全员收听收看庆祝中国共产党成立100周年大会。

▲2日 大连海关党委组织专题学习深入学习贯彻习近平总书记在庆祝中国共产党成立100周年大会上的重要讲话精神。

▲6日 驻署纪检监察组组长陶治国在大连海关调研。

副关长曹建华参加2021年“全国食品安全宣传周”海关总署主题日活动视频会议。

总检验师王继敏参加大连市冷链行业疫情防控工作会议。

▲7日 关长居峰参加省政府第128次常务会议。

▲9日 副关长曹建华参加辽宁省统筹推进新冠肺炎疫情防控和经济社会发展工作总指挥部办公会议。

党委纪检组组长孙大为参加驻署纪检

监察组专项汇报电视电话会议。

▲12 日 大连海关召开加强新冠肺炎疫情安全防护工作视频会议。通报关区安全防护工作检查情况，对加强安全防护工作进行再动员、再部署。关长居峰从切实提高政治站位、健全完善制度体系、严格执行操作规范、规范集中封闭管理、全面提升保障水平、坚决抓好内部防控、强化监督考核问责 7 个方面对安全防护工作提出要求。

▲15 日 关长居峰会见大连市委常委、金普新区党工委书记、管委会主任李鹏宇。

政治部主任戴文涛参加全国海关党史学习教育推进电视电话会议。

政治部主任、机关党委书记戴文涛主持召开机关党委八届十六次会议。

大连海关召开“现场监管与外勤执法权力寻租”专项整治工作迎检见面会。会上，党委书记、关长居峰从组织领导、思想引领、问题导向、成果转化 4 个方面汇报了大连海关开展专项整治工作的总体情况，对下一步工作作部署安排，并代表关党委作表态发言。

▲16 日 关长居峰主持召开大连海关疫情防控会议，研究部署疫情防控和安全防护相关工作。

▲21 日 大连海关召开 2021 年科技工作会议。

大连海关党委巡察工作领导小组召开 2021 年度第三次会议。党委书记、关长居峰主持会议。会议听取审议了第二轮巡察实施方案和培训方案，研究通过《大连海关巡察工作联系配合办法（修订）》。

关长居峰参加中共大连市十二届委员会常务委员会第 242 次（扩大）会议。

▲22 日 政治部主任戴文涛参加总署 2021 年初任培训协调会。

▲23 日 副关长吴志秀在大连参加全省疫情防控工作视频调度会议。

党委纪检组组长孙大为在大连参加全国海关纪检机构“精准规范问责、强化政治责任”视频会。

一级巡视员孙远志参加大连市政府第 107 次常务会议。

▲25 日 总署专项整治第四检查组赴丹东海关实地检查。

▲25—26 日 总署专项整治第四检查组到大东港海关、金普海关、北良港海关、旅顺海关实地检查。

▲26 日 副关长曹建华参加大连市冷链行业暨口岸交通疫情防控工作会议。

政治部主任、机关党委书记戴文涛主持召开机关党委八届十七次会议。

大连周水子机场海关机关党委获得“辽宁省先进基层党组织”荣誉称号。

▲27 日 大连海关召开关区党史学习教育工作推进会。党委委员、政治部主任戴文涛主持并讲话，肯定了前一阶段的党史学习教育工作，就推动下一阶段党史学习教育深入开展提出要求。

▲27—28 日 总署专项整治第四检查

组到金石滩海关、港湾海关、大窑湾海关实地检查。

▲**28日** 机关工会组织开展“八一”建军节纪念活动。

海关总署缉私局纪检组组长侯凤莲到海上缉私四中队“党员港湾”调研指导。

▲**30日** 关长居峰、副关长吴志秀参加2021年全国海关自贸区和特殊区域发展工作视频会议。

关长居峰参加大连市统筹推进新冠肺炎疫情防控和经济社会发展工作总指挥部第57次会议。

▲**31日** 副关长曹建华参加“12345政务服务便民热线”直播访谈节目。

8月

▲**2日** 大连市副市长骆东升到大窑湾港调研疫情防控工作。

▲**3日** 大连海关召开2021年度第二轮巡察工作动员部署会。党委书记、关长居峰作了巡察工作动员讲话。

大连市委书记胡玉亭到大连周水子机场海关调研疫情防控工作。

▲**4日** 关长居峰在大连参加国务院全国疫情防控工作电视电话会议。

▲**6日** 大连海关参加全国海关疫情防控工作视频会议。

大连海关召开疫情防控工作视频会议。关长居峰要求各部门单位迅速贯彻落实倪岳峰署长在全国海关疫情防控视频会议上的讲话精神，并对大连海关疫情防控工作提出要求。

大连海关“云眼查”项目配套的可穿戴式AR眼镜正式获得国家实用新型专利授权。

▲**10日** 关长居峰参加大连市政府第八次全体（扩大）会议暨市政府系统“三落实”工作会议。

副关长吴志秀主持召开新冠病毒疫情防控专项工作视频会议。要求要高度重视当前境内外疫情防控严峻形势，持之以恒强化口岸疫情防控工作。

▲**11日** 副关长吴志秀参加大连市新冠肺炎疫情防控总指挥部常态化防控办公室会议。

▲**12日** 副关长吴志秀在大连参加全省优化营商环境推进会。

政治部主任戴文涛参加全国海关2021年第一轮选人用人巡视检查情况通报视频会议。

▲**13日** 一级巡视员孙远志在大连参加全省疫情防控工作视频调度会议。

▲**17日** 政治部主任戴文涛参加市直机关党代会代表人选考察工作。

▲**19日** 关长居峰参加辽宁省新冠肺炎疫情防控指挥部办公会议。

副关长曹建华参加中共大连市委员会常务委员会第248次会议。

副关长曲罡、副关长邹峰在大连参加总署海关事业单位所属企业脱钩工作视频会议。

▲**23日** 大连海关参加总署学习贯彻

习近平总书记“七一”重要讲话精神专题宣讲报告会。

大连海关“进口货物目的地检查新模式”获总署自贸创新举措备案。

▲25 日　副关长曹建华参加大连市食品安全领导小组暨创建国家食品安全示范城市工作推进电视电话会议。

副关长曹建华参加大连市知识产权工作领导小组第一次会议暨第十三届中国（大连）国际专利技术与产品交易会筹备工作会议。

政治部主任戴文涛主持召开机关党委八届十八次会议。会上研究确定了出席省第十三次党代会候选人推荐人选。

党委纪检组组长孙大为参加全国海关纪检机构毫不松懈抓好新冠肺炎疫情防控监督工作视频会议。

▲27 日　关长居峰、副关长吴志秀参加深化业务改革与自贸创新关办公会。

▲30 日　大连海关完成紫光云环境搭建工作。

▲31 日　大连海关完成智能审图信息化平台（2021 版）部署和联调测试工作。

9 月

▲1 日　大连海关参加总署学习贯彻习近平总书记“七一”重要讲话精神读书班暨宣讲交流会。关党委委员、各部门单位主要负责人、各隶属海关科级以上领导干部、党史学习教育巡回指导组成员共计 500 余人在主分会场收听宣讲。

大连海关参加总署全国党建工作专题培训第一单元动员部署视频会议。关长居峰、政治部主任戴文涛及人事处、机关党委全体干部，各隶属海关全体人事政工干部共计 200 余人分别在主分会场收看培训。

▲2 日　关长居峰在丹东会见丹东市委书记裴伟东、市长郝建军。

副关长邹峰在大连参加海关系统第二批培训疗养机构改革工作视频会议。

▲3 日　大连海关召开推进所属企业脱钩处置工作会议。

副关长曲罡参加全国海关风险管理工作视频会议并代表大连海关做交流发言。

▲7—10 日　大连海关召开 2021 年第三季度党委理论学习中心组（扩大）学习会议暨党史学习教育读书班。以学习贯彻习近平总书记“七一”重要讲话为重点，开展了三个专题的学习研讨。党委书记、关长居峰做了动员讲话和学习小结讲话，交流了学习感悟，并围绕学习贯彻“七一”重要讲话精神、开展党史学习教育、全面从严治党、常态化疫情防控、履行监管职责、压缩整体通关时间、深化改革优化服务、推动全年工作落实 8 个方面提出了具体要求。

▲8 日　副关长曹建华参加大连市创建国家食品安全示范城市省级初评工作启动会议。

▲9 日　关长居峰参加省政府第 138 次常务会议。

副关长邹峰在哈尔滨海关隶属大庆海

关参加财务司组织的海关事业单位所属企业脱钩工作督导调研座谈会。

▲10日 大连海关召开压缩通关时间工作会议。

▲11日 关长居峰参加大连市新冠肺炎疫情防控总指挥部第58次会议。

关长居峰在大连参加全省秋冬疫情防控电视电话会议。

▲13日 大连海关统筹口岸疫情防控和促进外贸稳增长工作指挥部召开第54次会议。会议由总指挥居峰主持，传达学习了省、市疫情防控相关会议精神，通报了关区疫情防控相关工作情况，审议通过了《大连海关关于调整统筹口岸疫情防控和促进外贸稳增长工作指挥部领导成员及工作组的通知》，并就近期疫情防控工作提出要求。

▲15日 关长居峰参加大连海关防指监督检查组第一次工作会议。

副关长曹建华参加大连市秋冬季疫情防控电视电话会议。

大连海关召开“现场监管与外勤执法权力寻租”专项整治整改工作视频推进会。

▲15—16日 海关总署缉私局第二批教育整顿第五督导检查组到大连海关缉私局检查督导。

▲17日 大连海关召开全面深化改革领导小组会议。

一级巡视员孙远志参加省政府第140次常务会议。

▲23日 关长居峰、政治部主任戴文涛参加总署党史学习教育第六巡回指导组督导工作汇报会。

大连海关工会被授予“2017—2020年度全国群众体育先进单位”荣誉称号。

副关长曲罡参加总署企业信用管理改革宣贯会并代表发言。

▲23—26日 海关总署党史学习教育第六巡回指导组赴大连海关督导检查。

▲24日 关长居峰参加中共大连市十二届委员会常务委员会第254次会议。

大连海关召开风险防控体系改革推进会议。

副关长邹峰在大连观看全国海关科普讲解比赛决赛。金普海关张瀚匀代表大连海关参赛，取得第六名的好成绩，并首次荣获“全国海关科普讲解十佳选手”称号。

▲27日 党委书记、关长居峰主持召开2021年大连海关党委巡察工作领导小组第四次会议。

▲28日 大连海关、沈阳海关推动“双无”固体废物移交地方处置机制落地。

▲30日 丹东海关铁路旅检科获评“全国青年文明号”。共青团中央通报，大连海关所属丹东海关铁路旅检科被命名为第20届“全国青年文明号”。该集体连续两届获评此项荣誉。

10月

▲7日 副关长邹峰在大连参加海关

国企改革工作推进视频会议。

大连海关金钥匙志愿者服务队组织开展国门生物安全教育之生物多样性主题公益活动。

▲8 日　大连海关举行升国旗仪式庆祝中华人民共和国成立 72 周年。

▲9 日　关长居峰组织召开专项整治工作集中整改阶段总结会议。

大连湾里综合保税区、大连大窑湾综合保税区验收结果获得总署批复通过。

▲11 日　大连海关召开疫情防控工作视频会议。关长居峰做讲话，肯定了前一阶段关区疫情防控工作取得的成绩，并对秋冬季疫情防控工作做出部署。

▲12 日　关长居峰在大连参加全省安全生产工作电视电话会议。

关长居峰参加大连市第四季度重特大事故防范暨安委会全体电视电话会议。

▲13 日　大连海关召开 2021 年度第三轮巡察工作动员部署会。党委书记、关长居峰作了巡察工作动员讲话。

大连长兴岛海关综合业务科获评“全国青年文明号”。共青团中央通报，大连海关所属大连长兴岛海关综合业务科被命名为第 20 届“全国青年文明号”。该集体连续两届获此殊荣。

▲14 日　关长居峰会见大船重工集团董事长杨志忠一行。

▲15 日　政治部主任戴文涛主持召开机关党委八届十九次会议。

▲16 日　副关长曹建华参加大连市四季度重特大事故防范暨安委会全体电视电话会议。

▲21 日　副关长曹建华在厦门参加总署加强海关统计工作专题会议。

政治部主任戴文涛在大连参加全省秋冬季疫情防控视频调度会议。

▲22 日　关长居峰在大连参加全国新冠肺炎疫情防控工作电视电话会议。

副关长曲罡参加中共大连市十二届委员会常务委员会第 257 次（扩大）会议。

▲23 日　副关长吴志秀参加大连市新冠肺炎疫情防控总指挥部第 59 次会议。

▲26 日　关长居峰会见大连市副市长张志宏。

▲29 日　总工程师刘彬彬参加全省秋冬季疫情防控视频周调度会议。

▲30—31 日　中央电视台《共同关注》《中国新闻》《第一时间》《天下财经》《今日环球》等栏目对大连海关查获一起特大外籍船舶走私毒品案进行报道。

11 月

▲1 日　总工程师刘彬彬参加全省秋冬季疫情防控视频周调度会议。

▲3 日　副关长曹建华在大连参加省商务指标运行视频调度会议。

副关长吴志秀在大连参加国务院联防联控机制综合组新冠肺炎疫情防控培训视频会。

▲3—6 日　关长居峰、政治部主任戴文涛、办公室主任田林参加中国共产党大

连市第十三次代表大会。

▲**4 日**　副关长曹建华主持召开疫情防控视频调度会，对疫情防控工作提出要求。

▲**7 日**　大连海关全国口岸首次截获单孢共头霉和篮状菌属真菌病害。

▲**8 日**　关长居峰主持召开大连海关疫情防控工作视频调度会议，对大连海关疫情防控工作进行再动员、再部署。

▲**9 日**　副关长曲罡参加全国海关稽查改革推进会议并作为 5 个直属海关代表发言。

▲**11 日**　副关长吴志秀参加总署综合业务司“问题清零”暨“我为群众办实事”视频推进会。

副关长邹峰参加全国海关年底税收工作视频会议。

▲**13 日**　副署长张际文陪同国务院副总理孙春兰到大连海关检查指导工作。

▲**15 日**　大连海关 12345 热线海关分中心正式启用。

▲**19 日**　副关长曹建华参加总署《进出口食品安全管理办法》宣贯专题培训。

缉私局局长陈和建参加大连市打私疫情防控工作视频会议。

12 月

▲**2 日**　关长居峰参加大连市新冠肺炎疫情防控总指挥部会议。

大连海关召开离退休干部工作领导小组会议，关长居峰出席会议，政治部主任戴文涛主持会议，领导小组各成员单位有关负责同志参加会议。

副关长曲罡在大连参加全国城镇燃气安全排查整治动员部署电视电话会议。

▲**3 日**　副关长曹建华参加辽宁省新冠肺炎疫情防控指挥部办公会议。

政治部主任戴文涛主持召开机关党委八届二十次会议。

▲**6 日**　副关长吴志秀参加大连市新冠疫情防控工作电视电话会议。

▲**6—10 日**　大连海关组织召开 2021 年第四季度党委理论学习中心组（扩大）学习暨党的十九届六中全会精神专题学习班。党委书记、关长居峰做开班动员并宣讲全会精神，从深刻认识和把握党的十九届六中全会的重大意义、以全会精神引领新时代“一流强关”建设步入新征程、持续深入学习宣传贯彻党的十九届六中全会精神等方面交流了学习感悟。

▲**7 日**　关长居峰在大连收视收听全国新冠肺炎疫情防控工作电视电话会议。

副关长曹建华参加辽宁省新冠肺炎疫情防控指挥部办公会议。

党委纪检组组长孙大为参加全国海关纪检机构学习贯彻党的十九届六中全会精神专题学习辅导电视电话会议。

副关长邹峰参加海关国企改革工作推进视频会议。

▲**8 日**　副关长吴志秀参加中国（辽宁）自由贸易试验区工作领导小组会议。

副关长曲罡参加大连市疫情防控一体

化信息平台建设工作研究部署会议。

▲9 日　关长居峰、副关长曹建华、副关长曲罡、副关长邹峰参加落实国家审计整改工作专题视频会议。

副关长曹建华主持召开迎接国务院督导组来连督查进口冷链食品疫情防控工作关办公会。

副关长吴志秀陪同副市长方铁林前往大连机场调研疫情防控工作。

▲10 日　副关长曹建华陪同副市长方铁林前往大窑湾口岸调研疫情防控工作。

副关长曲罡参加全国海关智能审图工作现场会。

▲13 日　副关长吴志秀参加大连市新冠肺炎疫情防控工作电视电话会议。

▲15 日　关长居峰主持召开谋划 2022 年关区工作务虚会。

副关长曹建华参加大连市疫情防控管理平台建设调度会。

▲16 日　副关长吴志秀参加国家新冠肺炎疫情防控工作视频培训会议。

大连海关根据汕头海关移交线索开展“8・30”打击海产品走私专项行动，涉及案值 1 亿元。

庄河港新建泊位通过辽宁省口岸办正式验收。

▲20 日　关长居峰参加大连市疫情防控工作会议。

▲22 日　关长居峰、副关长吴志秀、副关长曲罡、总工程师刘彬彬参加全国海关疫情防控工作视频会议。

▲23 日　关长居峰主持召开谋划 2022 年关区工作务虚会。

副关长曲罡在大连参加全省疫情防控工作电视电话会议。

▲24 日　政治部主任戴文涛主持召开机关党委八届二十一次会议。

▲27 日　关长居峰参加中国共产党辽宁省第十三届委员会第二次全体会议暨省委经济工作会议。

大连关区首次截获检疫性杂草绵毛豚草。

▲28 日　关党委委员和总工程师参加总署直属海关单位党委书记述责述廉述党建视频会议。

副关长曲罡担任政协大连市第十四届委员会委员。

▲29 日　副关长吴志秀参加大连市政府第 119 次常务会议。

总工程师刘彬彬在大连参加全省疫情防控视频调度会议。

▲31 日　关长居峰参加大连市委经济工作会议。

大连海关组织参加海关总署党史学习教育视频总结会。